本课题研究得到上海市普通高校人文社会科学重点研究基地"应用语言学研究所"（SJ0705）以及上海市哲学社会科学规划课题（2009EYY003）经费资助。

/学/思/语/言/学/丛/书/

汉语句法语义标记词羡余研究

邵洪亮 ◎ 著

ON THE REDUNDANCY
OF CHINESE SYNTACTIC-SEMANTIC
MARKERS

中国社会科学出版社

图书在版编目(CIP)数据

汉语句法语义标记词羡余研究／邵洪亮著．—北京：中国社会科学出版社，
2015.5

（现代汉语量范畴丛书）

ISBN 978 - 7 - 5161 - 6205 - 7

Ⅰ.①汉… Ⅱ.①邵… Ⅲ.①汉代汉语 - 句法 - 研究②现代汉语 - 语义 -
研究 Ⅳ.①H109.4

中国版本图书馆 CIP 数据核字(2015)第 106973 号

出 版 人	赵剑英
责任编辑	任　明
特约编辑	李晓丽
责任校对	季　静
责任印制	何　艳

出　　版	中国社会科学出版社
社　　址	北京鼓楼西大街甲 158 号
邮　　编	100720
网　　址	http://www.csspw.cn
发 行 部	010 - 84083685
门 市 部	010 - 84029450
经　　销	新华书店及其他书店

印刷装订	北京市兴怀印刷厂
版　　次	2015 年 5 月第 1 版
印　　次	2015 年 5 月第 1 次印刷

开　　本	710×1000　1/16
印　　张	20
插　　页	2
字　　数	334 千字
定　　价	58.00 元

凡购买中国社会科学出版社图书，如有质量问题请与本社联系调换
电话：010 - 84083683

总　序

　　这套丛书的作者都长期从事现代汉语语法的教学和研究。笃学深思，各有所得。丛书涉及的范围很广，从整体上看，重点在于通过语法结构的分析，达到深入理解语句的目的。

　　通常认为句子属于三维结构，即包括句法、语义和语用。三者的关系怎样，向来有不同的看法。丛书作者以句法为基点，从而阐述语义和语用，这符合认知的规律。表达汉语句法结构的要素，一般认定是语序和虚词。其实，在语言分析的实践中，许多学者已经扩大了形式要素的范围，以"标记"代替虚词。虚词当然是重要的标记，但标记不限于虚词，从书中可以找到这方面的实证。顺便说一句，我以为汉语的句法形式的要素，除了语序与标记之外，还有"节律"。例如单双音节的搭配常影响结构关系。

　　从认知的角度考虑思维活动，历来都关注从感性到理性的过程。其实，高级思维活动还有一个重要的环节，那就是"悟性"。简单地说，从感性到理性是从具体到抽象，这是思想上的一次升华。从理性到悟性，是从抽象到具体，不过，这里的具体不是前边那个具体的回归，它们的范围并不相同。可以认为，这是思想上另一次升华。丛书中论述"量"和"空间"等问题体现了这种观点。

　　目前的语法研究，目标集中在规范化和现代化。语言现代化的内容很广泛，机器翻译和人机对话是主要内容之一。在这方面有许多问题亟待解决。丛书作者在信息处理方面，在短语的规范化方面都做出了有益的探索，正适应了当前的需要。

　　丛书的选题，有些是很少有人讨论过的，给人以新的领会。有些选题是多次见于论著的，作者提出新的见解，能给人以启迪。不同的选题之间有很多互补的地方，这大概也是构成丛书的依据吧。

张　斌

序

　　上海师范大学语法专业历来重视汉语虚词的研究，自20世纪90年代中期开始，做虚词的博士论文总共30余篇，作者中有一些已是海内外汉语语法研究方面的大家了，如张谊生、金昌吉、左思民、李铁根、肖奚强、张亚军诸君；21世纪之后，在认知语法理论、语法化理论的影响下，每年答辩时，以虚词作为研究对象的博士论文也总能看到。其中不乏优秀论文，呈现在读者面前的《汉语句法语义标记词羡余研究》，就是答辩时被评为"优秀"等第中的一篇，论文的内容提要、研究方法、主要观点等还在《语言文字应用》杂志2009年第1期上登载，引起了学界的重视和读者的关注。

　　21世纪的汉语语法研究，应该摆脱过去某一种语言理论一统天下的局面。寻找语法形式与语法意义之间的对应关系，是语法研究的终极目的，探讨这种对应关系背后的认知心理机制则是21世纪汉语语法研究的中心课题。本书主要从语言功能出发，坚持用动态的、发展的、联系的观点，有所选择地运用语义语法学理论、语法化理论、标记理论以及认知和类型学的相关理论，从一种新的视角考察汉语句法语义层面的标记词羡余现象及相关问题。这里的"有所选择"体现了作者实事求是、辩证客观的研究风格，对于在应试教育指挥棒影响下成长起来的年轻一代，有这样的独立思考是不容易的。在本书中，"有所选择"地运用相关理论，较好地解决了汉语语法研究中长久困扰的问题，从而体现出来的作者的独立思考，在很多篇章中出现，例如第五章中分析羡余题元标记词"给"的形成的几种可能途径，以此解释了汉语题元标记词功能羡余产生的原因及过程；第七章在分析"了$_1$"与"了$_2$"共性和个性的基础上，考察了"了$_1$"与"了$_2$"之间、几个"了$_1$"之间所发生的各种组配在语义和语用上产生的差异，从而断定这些"了"在某种时体标记功能上可能出现功能羡余，但它们在句中往往不是真正的羡余成分，而是功能的部分重合，这样的解释令人信服。有真知灼见，不人云亦云，这是我着力推荐《汉语句法语义标记词羡余研究》这本专著的重要原因之一。

　　羡余现象是人类语言的共性，是语言动态发展过程中出现的合理现象。羡余成分的产生、固化、弱化或者功能转移都是有一定理据的。羡余性特征是近数十年间语言学家新揭示的语言的本质特征之一。表达汉语句法结构的要素，一般认定是语序和虚词，虚词的标记作用则是汉语语法特点之一。作者从标记性的角度将虚词分为两类：一类虚词（如句末语气词、语气副词、关联副词、连词等）是一种语用标记，涉及话题标记、焦点标记、关联标记、语气标记等。它们的隐现相对自由，因为它们对句子的基本语义（真值条件意义）不会产生影响，它们原本影响的就是话语的表达功能和修辞效果。另一类虚词（如介词、方位词、时间副词、否定副词、时体助词、表数助词等）本质上是一种语义标记，涉及题元标记、时体标记、数量标记、否定标记等。虚词所具有的语义标记功能，当属句法语义的范畴，它们能够影响句子的基本语义。这本书所指的句法语义标记词主要是指这一类作为语义标记的虚词，重点研究的是题元标记词和时体标记词的功能羡余问题。这种认识体现了作者的语法观：从宏大处着眼，抓住本质发现问题；从细微处入手，通过实例解决问题。所以，立足于具体的语言事实，有细致的描写，也有详尽的分析，更有合理的解释，成为这本书的鲜明特点。这是我着力推荐《汉语句法语义标记词羡余研究》这本专著的又一个重要原因。

　　我一直认为，研究生的培养过程中，导师不应该只是传授知识，更重要的是要让学生学会独立思考问题，学会独立解决问题。这种能力的培养，对博士研究生尤为重要。邵洪亮1998年考过我的硕士研究生，因为外语成绩差几分，结果名落孙山。他在湖州师院教了两年《现代汉语》，得到过徐青教授和徐静茜教授的指导，打下了良好的语言学基础；2000年到上海师大读硕士，跟着张谊生教授做硕士论文，他的虚词研究之路就此开始；硕士毕业之后留在上海师大当教师，教了两年书之后再读博士。这样的经历使他比那些年轻的博士生们显得更加成熟，他的独立解决问题的能力也就显得更加突出。做这篇博士论文可以说是"厚积薄发"的结果。现在有些博士研究生把大把的时间用于听课，经常背着书包在各大校园里逛，看上去很勤奋，很努力，其实是把思考的时间、讨论的时间浪费掉了。当初俞立中教授在上海师大当校长的时候，在一次谈话中，曾经跟我感慨很多博士生导师不知道应该怎样带博士，很多博士研究生不知道应该怎样学习，太热衷于上课听课不是带博士的方式，我深有同感。

《汉语句法语义标记词羡余研究》这本专著不避繁难,既从共时的角度对虚词的语义标记功能及其羡余现象作相对细致的描写,又从历时的角度考察部分羡余标记词的产生、固化、弱化或功能转移的过程和理据,及其对语言系统产生的影响。研究过程力求描写和解释相结合,宏观研究和微观的个案分析相结合,并根据实际情况各有侧重。这种研究方法体现了邵洪亮做学问的风格,事实上也体现了他做人的风格。邵洪亮身上有不少闪光的地方,首要的一点就是自强不息。他大学毕业之后完成了人生的三级跳:从浙东的一个中学生,来到浙北湖州师范学院担任大学教师;又从湖州师院到上海师范大学求学,留在上海师范大学;后来从上海师大去新加坡南洋理工大学。我曾经在一次研究生聚会时说过,凡事认真,时刻准备着,这是邵洪亮成功的原因之一。我推崇他的一些做法,不是看到了现实再去努力,而是只要有希望就去努力。

邵洪亮身上带有浙东人的执拗,就像鲁迅先生评论柔石的性格一样。他的执拗给他带来过快乐,也给他带来过痛苦。大约在 10 年之前,邵洪亮在组建不久的上海师范大学对外汉语学院工作,开始几年的教学测评他的成绩不高。这对一个青年教师来说,教学效果不好是一个沉重的打击。但是邵洪亮还是照样乐呵呵地从教学副院长手中接过各种不同类型的课,还是照样苦不堪言地承担着各种烦人的,消耗时间的社会工作,还是照样认真地备新课、认真地上新课,承受着学生们的各种评价。当时我作为院长还跟他谈过话,批评他在教学上努力不够,现在我很懊悔这一次谈话。2010 年邵洪亮离开学院到新加坡工作后,我才发现他在学院新组建的那些个日子里,担任了这么多新课的主讲任务,做了这么多社会工作,还承受了这么大的心理压力。前不久我到新加坡出差,邵洪亮告诉我他在新加坡南洋理工大学国立教育学院的教学测评中成绩很不错,绝大多数科目在90 多分,我听了后特别欣慰。他的执拗其实就是一种执着,我相信这种执着会使他的学术之路越走越顺畅。

今年 8 月我就要正式退休了。前些日子上海师大新任的朱自强校长找我谈话,说到年长的教授们,应该把主要精力放在年轻学者的培养上,希望我为上海师大再多做几年贡献。我想,张斌先生开创的上海师大语法专业,发展到今天是很不容易的,真心地希望邵洪亮他们能把这个事业继续下去,我也愿意在其中为人才的培养努力工作。

齐沪扬甲午年除夕于上海师范大学

目　　录

第一章 绪论

第一节 相关理论前提

一 语法研究中语义分析的重要性

语法研究可以从句法、语义和语用等不同的角度进行。但句法本身并不是语言的一个自足系统，它跟语义密切关联。把句法独立出来完全是人为的，"有些界限，如共时和历时的界限，句法、语义和语用三个层面的界限，不是语言本身的界限，是研究者为了研究的方便而划定的"（沈家煊，1999：334）。句法分析和语义分析，是从不同的角度对一种语言现象进行描述，前者重语形（即分布），后者重语义。而对于语言本身来说，语形和语义本来就是紧密联系在一起的。从语言功能的角度来看，"语言的功能主要是交流信息，语言的结构是语言为了达到信息交流的目的而自我调适的结果"（沈家煊，1999：9），"句法不见得是语言系统或语言研究的核心，如果有一个核心的话，语义才是核心。因此在研究方法上，在处理形式和意义的关系时，我们既注重形式也注重意义，或者说更注重意义：讲语法而不讲意义是没有什么意义的"（沈家煊，1999：12）。又因为"汉语语法研究中的一些疑难杂症，都是由于偏重语形描述而忽视语义句法研究带来的矛盾"（李葆嘉等，2007：90），因此，对于语义的研究显得更为重要。

吕叔湘在《中国文法要略》中便提出了汉语语义句法研究的补词说，把与动词所关涉的补词分为起词、止词、受词、关切补词、交与补词、凭借补词、处所补词、方面补词、时间补词、原因补词、目的补词、比较补词等，并认为"所有的补词与动词的关系并非同样密切，起词和动作的关系最密切，止词次之，其他补词又次之"（吕叔湘，1956［1947］：

53）。补词实际上就是反映了动语与从属名词性成分之间的语义关系，相当于语义格。吕叔湘（1990［1946］）在探讨主、宾语的区别问题时，列举出了甲 V 乙、甲乙 V、甲 V、V 甲这四类句法形式所对应的语义结构类型，认为可以通过对名词性成分的句法位置和语义角色的考察来寻找确定主、宾语标准的线索。即使在 20 世纪 50 年代，语义学被当作唯心主义的表现形式受到批判之时，在探讨汉语词类的问题时，吕叔湘（1990［1954］）仍指出，在一定条件下从词的意义推定它所属的词类是完全可能的，而且在汉语这种词无变形的语言中，恐怕也是实际上难以避免的。吕叔湘（1990［1979］）又进一步指出句法分析不足以说明动宾结构、动补结构的多种语义关系。

文炼、胡附（1954）也指出：如果执着于单词的结构形式而不顾及结构中的意义，也会走上形式主义的道路。胡附、文炼（1982）又指出：句子分析的终点是确定句型，但确定句型并不等于完成了析句的全部任务。句子里复杂的语义关系须通过进一步的句法分析加以阐明。再后来，由于看到了单纯利用句法分布给词分类的不自足性和种种问题，文炼、胡附（2000）又指出：词类的建立不应该只顾及句法方面的对应，还宜考虑语义、语用方面的联系。只有这样，才能使词类的划分对用词造句起更大的作用。

丁声树等（1961：29—38）区分了主语、宾语与施事、受事两个层面，把宾语分为施事、受事、处所、存在物、主语类别、行为结果、数量和工具八种。

朱德熙（1980）分析汉语同形歧义结构时，进一步提出了"显性语法关系"和"隐性语法关系"两个概念：所谓显性语法关系指的就是通常所说的主谓、述宾、偏正等结构关系。隐性语法关系是隐藏在显性语法关系后面潜在的语法关系，例如"出租汽车"，作为名词性偏正结构，"出租"和"汽车"之间是修饰和被修饰的关系，可是作为动词性述宾结构，"出租"和"汽车"之间是动作和受事的关系。

不过，"在结构主义的框架内，句法语义的概念多从语形句法的概念引申而来，比如隐性语法关系就是显性语法关系的类推"（李葆嘉，2007：106）。

陆俭明（1980）则明确提出了语法结构关系和语义结构关系的对待性，并认为"这是两种不同性质的关系，二者之间不存在一对一的对应关系"，即相同的语法结构关系可以表现不同的语义结构关系，不同的语法结构关系可以表示相同的语义结构关系。因而，一个句子要从两个方面去描写，既要说明其语法结构关系，又要说明其语义结构关系。

我们认为，相对于单纯的句法分析，语义分析显得更为重要。

1. "语法结构关系对句子意义既有直接影响，又有间接影响，而语义结构关系总是直接影响句子的意义。"（李葆嘉，2007：106）因而，从语言理解的角度来看，对语义结构关系的说明更有利于对句子意义的理解。

2. "语法分析当然要切分单位和分类，但是切分和分类并不是语法研究的全部工作，也不是最终目的。例如用分布的原则给词分类，分完大类分小类，小类下面还可以分小小类，分到最后是一个词一个类，因为没有两个词的分布会完全相同。"（沈家煊，1999：333—334）因而，从语言研究的角度来看，解释语言现象是语言研究的最终目的。而句法本身并不是语言的一个自足系统，这就必须在句法分析的过程中导入语义分析，打破已有的界限，注重概括性，收到"以简驭繁"之效。

3. 语法结构的背后总是受到语义的制约。尽管相同的语法结构关系可以表现不同的语义结构关系，不同的语法结构关系可以表示相同的语义结构关系，但并不能否认语义对句法结构的制约关系。如"我吃完了"和"饼干吃完了"，之所以可以用相同的语法结构关系表达不同的语义结构关系，可以从名词的语义特征上找原因加以解释，即前者是高生命度的NP，后者是无生命度的NP。又如"来客人了"和"客人来了"，之所以可以用不同的语法结构关系表达相同的语义结构关系，则可以从动词的语义特征上找原因，即其中的动词是不及物性的。这样，通过名词或动词的语义特征，可以帮助人们透过显性的语法结构关系理解其内在的语义结构关系。这也使得语义结构与句法结构之间的非一一对应性具有了可能性，但这种非一一对应性是相对的，句法受语义制约的对应关系是绝对的。正如汉语中一个二价及物性动词的两个必有论元分布于主语位置和宾语位置（$NP_1 + V + NP_2$），那么其中 NP_1 一定是施事题元，NP_2 一定是受事题元，而不可能相反，即只有"施事＋动作＋受事"（我吃饼干）格式，没有

"受事＋动作＋施事"（饼干吃我）格式。① 沈家煊（1999：10—11）提到：语言的结构，特别是语法结构，跟人对客观世界的认识有着相当程度的对应或"象似性"（iconicity）关系，或者说，语法结构在很大程度上是人的经验结构（人认识客观世界而在头脑中形成的概念结构）的模型。又认为，"象似性原则"包括两个方面，一是"成分象似"，即语言结构的单位跟概念结构的单位一一对应；一是"关系象似"，即语言结构单位之间的关系跟概念结构单位之间的关系一一对应，这又包括疏密关系的象似（即表达两个概念的联系越紧密，表达这两个概念的语词也挨得越近）、数量的象似（即概念上的数量的大小跟词语成素的多少对应）、顺序的象似（即人认识到的事件发生的先后顺序跟语序对应）。语法结构的象似原则正是体现了形式和意义之间的对应或对称关系，尽管这种对称不是绝对的。

4. 一般认为，汉语是典型的语义型语言，语义语法研究更显出其重要性。前面也讲到，汉语语法研究中的一些疑难杂症，都是由于偏重语形描述而忽视语义句法研究带来的矛盾。邵敬敏（2004）指出："事实已经一再证明：汉语语法从语义出发是一条捷径。从这个意义上讲，语义研究也就具有了相对的独立性。也就是说，我们可以从语义出发去研究形式的表现，研究语义的表达手段，研究语义的细微差别所引起的句法上的变化，以及语义对句法的决定作用。"

正是看到其重要性，语法学者们日益重视语法研究中的语义分析。如胡裕树、张斌所倡导的"三个平面"的理论，陆俭明关于语义特征和语义指向的研究，邢福义关于复句各种语义关系的研究，马庆株关于语义语法范畴的研究，袁毓林关于汉语配价语法的研究，以及邵敬敏、李葆嘉等学者积极提倡的"语义语法"理论，等等，逐渐形成了以语义为研究重点的格局。王维贤（1991）就曾指出："现代语言学有语义化的倾向，是指现代汉语语法研究重视语义研究及语义对结构的影响。"

---

① 当然，语言事实上也有例外，如有"十个人吃了一锅饭"和"一锅饭吃了十个人"两种说法。但这可以从整个句式意义上加以解释。陆俭明（2004）认为这是一种表示容纳性的数量结构对应式，这些名词的语义角色性质可以统一概括为：容纳量—容纳方式—被容纳量，并认为这种特殊的句式虽句中包含有动词，但具有"非动态性"的特点，因此句子所凸显的不是一般表示事件结构的句式里所理解的语义关系，如果从表示事件的结构这个角度说，就得说成"这十个人吃了一锅饭"，而它就根本没有对应的"一锅饭吃了这十个人"的说法。

二　广义上的语义和狭义上的语义

先看广义上的语义。比较笼统地看，广义上的语义大致有如下一些层次：①语汇意义，包括单个实词的具体的词汇义和实词与实词组合而形成的语汇义；②语法意义，包括特定的范畴义和实词与实词之间的关系义，其中的关系义又包括语法结构关系义和语义结构关系义（两者既密切相关又有区别）；③句式意义；④语用意义。就是说，广义的语义不仅仅是客观的真值条件，而是涉及人的主观看法和心理因素，是主观和客观的结合。李葆嘉等（2007：21）对此也有基本一致的看法，"广义语义不仅包括实体范畴化的词汇语义和关系模式化的句法语义，而且包括语境范畴化的语用语义"。

我们虽然将语义分出上述一些层次，但这也是人为的，实际上在具体的语义分析的时候，它们之间很难作出明确的分割。比如，词汇义是若干义素的集合，有些义素经常决定该词与其他词语的搭配关系（即类与类的搭配）。就是说，词汇意义中当然地包含着语法意义。词汇意义中的这些表示语法意义的语义成分（语义特征）可以称作范畴义素。[①] 再比如，虽然可以认为句式本身确实有独立的意义，而不能只根据所由组成的词语的意义和词语之间的关系义所推知，但句式义本身又当然地与所由组成的词语的意义及它们之间的关系义有着密切的联系，另外，一些句式义还部分地源于某些语用意义的固化。又比如，对语用意义本身的理解也是充满争议，"语用"和"语义"（排除语用义的意义）两个术语的纠葛一直存在，有时候分析某个意义到底是属于语义的还是属于语用的也有模棱两可的情况。这是语言事实本身的复杂性。实际上，语义问题和语用问题是一个不可分割的连续体，正如语义问题到句法问题也是个逐渐过渡的连续体一样，很难有明确的分割。

再看狭义上的语义。一般看法，狭义上的语义主要是指排除语用意义后的意义，我们暂时称为"基本语义"（若无特别说明，下文中提到的"语义"也指狭义上的语义）。按理，排除语用意义后的语义的内涵是明确的，主要就是包括前面提到的：①语汇意义，包括单个实词的具体的词汇义和实词与实词组合而形成的语汇义；②语法意义，包括特定的范畴义

---

① 　参见马庆株《汉语语义语法范畴问题》，北京语言文化大学出版社1998年版，第6页。

和实词与实词之间的关系义；③句式意义。但是实际上，语义和语用义如何分界是一个棘手的问题。目前，关于语义和语用义分界的依据在理论上归纳起来主要有以下一些[①]：①以真值条件（truth-conditionality）为依据。即语义是语句的真值条件意义，语用义是语句的非真值条件意义。②以命题（proposition）为依据。即语义是命题意义，语用义是非命题意义。③以所言（what is said）还是所含（what is implied）为依据。所言的属于语义层面，所含的属于语用层面。④以语境（context）是否参与为依据。即语义是脱离语境的意义，语用义是具体语境中的意义。

上述四条依据之间互有关联，具有一致性，但又不能完全对应和等同起来，甚至有的依据之间还互有抵牾的部分。

命题是真值条件的载体，是相信、断言、否定和判断的对象，是语句所编码的规约意义，有了命题语句才有真假之说，因而，命题意义可以对应于真值条件意义，非命题意义可以对应于非真值条件意义。命题意义（真值条件意义）不完全取决于词汇、句法结构的规约意义，即语言形式本身还不足以帮助我们识别语句的命题内容，命题的获得离不开语用推理。与此相关的是，一个命题的传达并不一定需要充分的语言编码，语言编码所或缺的信息可以通过语用推理来补足。比如，要确定"他打得不错"这句话的真值条件意义须要先确定"他"的指称，消除"打"的歧义，这只有在具体的语境中通过推理才能实现。再比如，"我吃过早饭"这句话，如果只根据语言形式，该句子为真，当且仅当说话人说这句话之前的任何时候吃过早餐为真，但这显然不是该句子的真值条件意义，其真值条件意义很可能是"我［今天］吃过早饭"，这一命题的获取需要通过语用推理补足省略。因此，真值条件意义在确定指称、消除歧义、补足省略等方面还是需要语境的介入的。在这一点上，与以语境是否参与为依据来确定语义还是语用义是相抵牾的。不过，可以肯定的是，就影响真值条件意义来看，语境的作用是局部的、有限的，它只能影响到语句中的某一词语的意义（如指示词语、歧义词语等），它无法改变该词稳定的规约意义。比如，在不同的语境里，"我"的指称不同，但它始终指"说话人"，这是不会改变的。

---

① 关于语义和语用界面的相关理论的具体介绍和评述，参见冯光武《语用标记语和语义／语用界面》，《外语学刊》2005 年第 3 期。

至于所言和所含，一般认为，所言的基本点是：和语言形式、语法规则密切相关，影响话语的真值条件，是不可取消的（non-cancellability）。问题是所言如何界定，即所言与语句的真值命题之间能不能画等号？所言是否也要有语境的参与？所言承载的是完整的命题内容还是不完整的命题内容，即命题构成图式（schema for the construction of propositional form）①？这三个问题实际上是一个问题。如果认为所言是没有语境参与的，那么所言就是语言的表征，与真值命题之间不能画等号，所言承载的是语句的命题构成图式，因为前面讲过，要获取命题内容须要在具体语境的帮助下确定指称、消除歧义、补足省略等。如果认为所言就是语句的真值命题，那么所言当然需要语境参与，其承载的是完整的命题内容。此外，一般认为，所含又分两种：一种是规约含义（conventional implicature）；另一种是会话含义（conversational implicature）。会话含义当然属于语用义。有争议的是，规约含义归属于语义还是语用义？比如"我［今天］没有吃过早饭"这句话，"今天"影响到语句的真假值，因为"今天没吃过早饭"和"说这句话之前没吃过早饭"当然具有不同的真值条件。因此，如果认为所言只是语言的表征，不等同于真值命题，那么"今天"被排除在所言之外；如果认为所言就是指语句的真值命题，那么"今天"似乎也可以归在所言之内（但是如果从不可取消这点来看，它们又应该被排除在所言之外，因为说话人可以将其取消而不会自相矛盾，比如，"我没有吃过早饭，我都一个星期没有吃过早饭了"）。

总之，语义与语用界面的划定是人为的，是从不同的角度或出于不同的研究目的进行划分的。而在语言事实上，语义和语用之间的边界是模糊的。比如，某个词语的某个语用义固化为某项语义意义，或者某个词语不断虚化，从原来的影响语句的真值条件义发展到不影响语句的真值条件意义，等等，这个过程都是一个不可分割的连续体。因而，将语义和语用义两者分野的任何依据都只能是理论上相对清晰，事实上都存在着例外或模棱两可的现象，具体到某一个词语的语义意义和语用意义往往很难做出明确的分割。

三　本课题对语义做出的限定

本课题研究将语义的概念限定在狭义上的语义，即排除语用意义后的

---

① 这个术语转引自冯光武《语用标记语和语义/语用界面》，《外语学刊》2005 年第 3 期。

意义，并且专门指影响真值条件的意义（命题意义，本书也称基本语义）。

本课题研究之所以将语义的概念限定在狭义上的真值条件意义，除了缩小研究范围，从而使研究能够相对集中，突出研究的重点。更为重要的是因为，本课题研究的句法语义羡余形式（不是"冗余"语病）虽然没有改变句子的某种真值条件意义，但绝大多数的句法语义羡余形式都具有或强或弱的语用意义，因此，倘若从广义上的语义来看，很少有功能完全羡余的形式。

第二节 关于句法语义标记词

一 句法语义标记词：具有语义标记功能的虚词

李葆嘉（2007：21）把语义语法学研究划分为两大部分，其中语义特征、语义单元、语义子场的研究属于词汇语义学领域，语义范畴、语义角色、语义句模的研究属于句法语义学领域。那么，我们接下来所要研究的部分虚词的语义标记功能（如题元标记功能、时体标记功能、数量标记功能、否定标记功能等），当属句法语义的范畴。为了与主要作为语用标记（如话题标记、焦点标记、关联标记、语气标记等）的虚词相区别，我们将具有某种语义标记功能的虚词称为"句法语义标记词"。因此，本课题的名称定为"汉语句法语义标记词羡余研究"即表示我们主要探讨汉语虚词的语义标记功能羡余问题。

每一个词都是形式（语音）和内容（语义）的结合。从语义的角度来看，一般认为，实词承担的语义主要是"词汇意义"，虚词承担的语义主要指"语法意义"（也称"关系意义"①）。所谓的"语法意义"，是从语形语法学的角度提出来的，相当于语义语法学提出的标记化语义。根据语义语法学的观点，"语法意义"是"语义关系"的投影，反映的实际上就是"语义关系"。因此，在语形语法学看来，作为表示语法范畴的一种语法形式——屈折结构类型中的形态、粘着结构类型中的词缀或孤立结构

---

① 参见张静《汉语语法问题》，中国社会科学出版社 1987 年版，第 215 页。现代语义学认为，虚词或功能词可能没有实体语义，但至少具有关系语义。

类型中的虚词，在语义语法学看来，便是表示语义范畴的一种语义标记。[①] 根据语义语法学的观点，人类语言的本质共性是语义性。形态范畴的本质是语义范畴。比如，名词的形态范畴（包括性范畴、数范畴、时范畴、格范畴等）反映了先民从事物的分类、计数和计时等，到立足于事物以观察事物与动作之间的关系或事理关系的原始认知过程，而动词的许多范畴（包括称范畴、时范畴、体范畴、态范畴、式范畴等）反映了先民立足于动作事件，对与动作事件相关的事件角色、时间、状态、施受和虚实的范畴性认知。汉语的许多虚词的功能则是在句法层面上对形态缺失的一种补偿，因而与屈折语或粘着语的词形变化具有相通性质。[②]

　　我们之所以特别提到语义语法学的一些观点，是因为我们同样意识到语法研究中，进行语义功能的考察十分重要。即使对没有词汇意义的虚词的研究，也同样如此。至少在结构形式和意义功能之间是不能太偏重语形而忽视语义的。前面讲过，虚词的语义标记功能当属句法语义的范畴。虚词作为一种语义标记，它在句中的缺省，表现在语义上，会影响到句子的真值语义，主要是通过影响特定的范畴义和实词与实词之间的关系义来影响真值语义（当然，当虚词的这种语义标记功能在句中已由其他成分或语法手段承担了，那么该虚词的缺省不会影响句子的真值条件意义，下面会详细讨论）；表现在句法上，会影响到句子组成单位之间的结构关系，甚至影响句子合法度或可接受度。语形和语义本来就是紧密联系在一起的。

　　虚词的语义标记功能从大的方面概括，主要包括题元标记功能、时体标记功能、数量标记功能、否定标记功能等。[③] 因为，我们前面将本课题的语义限定在狭义上的语义，即排除语用意义后的影响真值条件的意义。因此，虚词的另外一些标记功能，如话题标记功能、焦点标记功能、关联标记功能、语气标记功能等，不在本课题所要讨论的语义标记功能之列，因为它们本身不影响句子的真值条件意义（只是影响语句的语用效果）。但是由于有些虚词具有语义标记功能的同时还具有一定的语用功能，我们

---

　　① 参见李葆嘉等《语义语法学导论——基于汉语个性和语言共性的建构》，中华书局 2007 年版，第 20 页。

　　② 同上书，第 243—274 页。

　　③ 从语形语法学的角度来看，数量范畴、时体范畴都属于一种语法范畴，这种语法范畴不是任何语言都有的。但从语义语法学的角度来看，数量范畴、时体范畴也是一种语义功能范畴，是任何语言都具有的。标记理论本身便是语义学研究领域中的一个重要范畴。

在讨论的过程中会有所涉及。

　　有时，语义功能和语用功能的界限比较模糊。比如"我昨天中午在学生食堂吃的饭"中的"的₂"（为了与结构助词"的"相区别，我们称之为"的₂"，下同），一般认为它是表示过去时制的一个语义标记词。但也有一些学者提出"的₂"在句中并不是什么过去时制的标记成分，而是表达了强调确认语气功能的语气成分。① 如果持这种观点，那么"的₂"的功能应该是语用上的。我们认为，句中的"的₂"确实有指明焦点和强调确认的功能，不过，考虑到"的₂"的时制功能的有无影响到句子的基本语义（真值条件意义），如"你什么时候回的国?"、"你什么时候回国的?"这两个句子和"你什么时候回国?"这个句子在时制上的差别是明显的（它们唯一的形式区别就是"的₂"的有无），而"的₂"指明和确认功能的有无影响的只是句子的语用义。因此，我们姑且认为时制功能是"的₂"的基本功能。事实上，认为"的₂"（特别是位于句末具有时制功能的"的₂"）是语气标记成分（通常所说的语气助词）或者是时制标记成分（通常所说的时制助词），在具有时制功能这一点上是不相排斥的：如果看作语气标记成分，可以认为它是"兼表已然时制功能的语气助词"；如果看作时制标记成分，可以认为它是"兼有确认语气功能的时制助词"。对于"的₂"等一些时体标记成分的分析，我们在本书第六章会较为详细地谈到。我们这儿举"的₂"的例子，目的就是为了说明：尽管语义标记功能有别于语用标记功能，但有时候虚词的语义标记功能与其他一些语用标记功能并不能一刀切。

二　句法语义标记词的功能类别

　　句法语义标记词，主要是通过影响特定的范畴义和实词与实词之间的关系义来影响句子的真值义，进而影响句子合法性和可接受度。句法语义标记词的功能从大的方面概括，主要包括以下几类。

　　（一）题元标记功能

　　题元标记功能又称"赋元功能"、"赋格功能"。所谓的"题元"，即

---

　　① 参见陈国亭、陈莉颖《汉语时、体问题思辨》，《语言科学》2005 年第 7 期。作者认为，"的、正（在）、呢、来着"不用来指示时间或表达体意义，它们是起元语言确认（断定）功能的。

一个名词性成分（NP）在句中承担何种语义角色。虽然现代汉语区分 NP 语义角色的手段可以有多种，包括通过动词的语义特征、通过 NP 本身的语义特征、通过 NP 的句法位置（语序），等等，但通过添加成分（依靠特定的虚词），是区分 NP 语义角色的一个重要手段。虚词是一种形式上的显性的题元标记成分。现代汉语虚词中，能够作为特定题元义的标记成分的，主要包括以下几种：

1. 前置介词。[①] 比如：标记施事题元的"被"、"叫"、"让"、"给$_1$"（同"被"）、"由$_1$"、"为"（wéi，跟"所"字合用）等；标记受事题元的"把"、"将"、"管"（跟"叫"配合使用）、"给$_2$"（同"把"）等；标记与事题元的"和"、"跟"、"同"、"与"、"给$_3$"、"为$_1$"、"替"、"比"、"对$_1$"、"冲$_1$"、"拿$_1$"等；标记关涉题元的"对$_2$"、"对于"、"关于"、"就"、"论"、"拿$_2$"等；标记凭事题元的"以$_1$"、"依"、"照"、"按"、"按照"、"根据"、"通过"、"本/本着"、"据"等；标记因事题元的"为$_2$"、"为了/为着"、"因"、"以$_2$"、"由$_2$"等；标记处所或时间题元的"在"、"当"、"趁"、"乘"、"赶"、"距"、"离"、"自$_1$"、"从$_1$"、"自从"、"打$_1$"、"自打"、"打从$_1$"、"由$_3$"、"由$_4$"、"从$_2$"、"自$_2$"、"打$_2$"、"打从$_2$"、"沿/沿着"、"顺着"、"往"、"朝"、"向"等。

2. 一些词汇意义虚化了的方位词。比如标记处所或时间题元的"上"、"中"、"里"等。

3. 个别助词。[②] 比如被悬空的"被"、"把"、"给"。它们主要标记受事或施事题元。

关于汉语虚词的题元标记功能可参见本书第二章。

---

① 从类型学的角度来看，介词和虚化了的方位词都属于"附置词"（adposition）。所以，我们传统意义上的介词可以称为"前置词"（preposition），意义虚化了的方位词也可以称为"后置词"（postposition）。为了与传统术语相衔接，本书将传统意义上的介词称为"前置介词"或简称为"介词"，并保留"方位词"的名称。

② 具有赋元功能的助词只限于没有后附 NP，被悬空了的"被"、"把"、"给"。几乎所有的语法理论都认为，介词后面是不能悬空的。当"被"、"给"、"把"被悬空，直接位于 VP 前，一般认为它们已经从介词进一步虚化为助词，而不再认为是介词了。虽然"被"、"把"、"给"悬空，已无所谓对其后面未出现的 NP 的赋元功能，但仍对其前面的 NP 具有一定的题元标记功能。例如"那只老母鸡早已被吃了"这句话，如果没有其中的助词"被"，NP"老母鸡"的受事题元义是不明确的，也可以认为是施事题元。

（二）时体标记功能

所谓的"时体"范畴，实际上包含着两个次范畴：一是"时"（tense，又叫"时制"）；二是"体"（aspect，又叫"时态"）。因此，时体标记功能又分时制标记功能、体标记功能。"时"和"体"是一对既有联系又有区别的范畴。"时"和"体"都是用来表示事件的时间信息，但"时"着眼于表示事件何时发生，即标记事件发生的时间在时间轴上相对于说话时间的位置；"体"强调事件在某个参照时间（可能是说话时间，也可能是另外给出的参照时间）中处于进程中的何种阶段，显示何种状态。在印欧语中，动词"体"的变化能够相应反映"时"的不同，"体"与"时"的组合是强制性的，"体"必须与"时"结合。如"完成体"与"现在时"组合而成的"现在完成体"不能与表示过去或将来的时间词语连用。当然，也可以附加词汇手段（时间词语）一起来表现"时"，不过，时间词语的使用只是为了更加明确标记事件在时间轴上的位置，使用词汇手段来表达"时"在印欧语中不是强制性的，只是起辅助作用。

但是，在汉语中，动词本身的形态没有任何变化，"时"主要通过词汇手段体现，包括使用时间名词（如"昨天"、"眼下"、"下周"等）、时间短语（如"去年的今天"、"春节期间"、"他到日本前"）。不过，现代汉语虚词中，个别时制助词（如"的$_2$"、"来着"、"以来"、"来$_1$"、"来$_2$"等）和一些时间副词（如"曾经"、"一度"、"业已"、"业经"、"从来"、"从$_2$"、"历来"、"一向"、"向来"、"素"、"素来"、"终于"、"至今"、"终将"、"终久"、"终归"、"总归"、"必将"、"迟早"、"早晚"等）也具有"时"的标记功能。[①] 陆俭明、马真（1999）认为，通常所说的时间副词，大多不表示"时"，而表示"体"（作者称为"态"）。这个结论与我们的考察结果一致。我们也未找到专职表示"时"的时间副词，上面列举的时间副词都是标记"体"的同时兼有"时"的功能。就是说，它们标记"时"是与"体"捆绑在一起的（参见本书第六章第二节"三"）。那么哪些时间副词算是兼有时制功能呢？辨别的标准可以利用陆俭明、马真（1999）确立的"定时"性。他们按照是不是定时，把时间副词分为定时时间副词和不定时时间副词。定时时间副词，

---

① 参见陆俭明、马真《关于时间副词》，载《现代汉语虚词散论》，语文出版社1999年版；张谊生《现代汉语副词探索》，学林出版社2004年版，第175页。

只能用于说在某一特定时间——或说话前（即"过去时"），或说话时（即"现在时"），或说话后（即"未来时"）——存在或发生的事（如上面提到的一些时间副词）；不定时时间副词，则既适用于说过去的事，也可用于说未来的事（如"已经"等）。因此可以说，只有定时时间副词才兼有"时"的标记功能，而不定时时间副词标记的只是"体"，它们对"时"则是不限定的。

至于汉语表"体"的手段，包括非零形式（即有形的表态手段）和零形式两种。零形式一般限于祈使句，或者有上下文语境的前提下。有上下文语境一般都能够将句子准确地定位于某种"体"范畴。真正能够利用零形式来标记的"体"主要限于"长持续体"（包括动态或静态的长时间持续，以及一段较长时间内的惯常事件、规律性事件或偶发事件等）。因此，非零形式是主要的。现代汉语虚词中，能够作为"体"意义的标记成分的，主要包括以下几种：

1. 表体助词。既包括谓词末位比较单纯的表体助词，比如"着"、"了$_1$"、"过$_1$"、"过$_2$"、"看"、"中"等，也包括句子末位兼有体标记功能的语气词"了$_2$"、"来着"。

2. 时间副词。比如"将"、"将要"、"即将"、"就"、"就要"、"快"、"快要"、"行将"、"必将"、"终将"、"终究"、"终久"、"终归"、"总归"、"迟早"、"早晚"、"正"、"正在"、"在"、"一直"、"直"、"永远"、"永"、"始终"、"老"、"总"、"老是"、"总是"、"从来"、"从$_2$"、"历来"、"一向"、"向来"、"素"、"素来"、"还"、"还是"、"仍"、"仍然"、"仍旧"、"依然"、"依旧"、"照旧"、"照样"、"照常"、"至今"、"成天"、"整日"、"彻夜"、"通常"、"不停"、"时刻"、"时"、"常"、"频"、"屡"、"连"、"经常"、"常常"、"时常"、"往往"、"时时"、"屡屡"、"频频"、"每每"、"连连"、"不断"、"不时"、"随时"、"偶"、"偶尔"、"偶而"、"间或"、"偶或"、"一时"、"有时"、"曾"、"曾经"、"一度"、"已"、"已经"、"早已"、"早就"、"都"①、"业已"、"业经"、"终于"、"刚"、"刚刚"等。

3. 一些意义虚化的趋向动词。比如"起来"、"下去"、"上"、"下

---

① 时间副词"都"有别于范围副词"都"和语气副词"都"。陆俭明、马真（1999）认为"都"作为时间副词时，全句的重音一定在"都"之后，如：明年我都退休了。

来"、"出"、"出来"等。

除虚词以外，少数助动词（"要"、"会"、"能"等）及一些做补语的成分（如"写好"、"写完"、"写成"、"看见"、"学会"中的"好"、"完"、"成"、"见"等）也具有"体"的标记功能。

关于虚词的时体标记功能可参见本书第六章。

（三）数量标记功能

数量范畴也是一个十分重要的语义范畴。它包括"数量"和"级量"两个范畴，区别在于是否能用数量词语显示其可数性。事物、行为以及它们的性质状态都含有量的因素。事物的量与空间有关，行为的量与时间有关，性状的量与程度有关。给空间和时间记量是可数的，性状没有数的区别只有级的差别。其中"数量"范畴又可以分为"数"和"量"两个次范畴，主要区别在于是否有量词参与记量。"数"又有"基数"（或称"整体数"）和"序数"（或称"关系数"）的区别。"量"又有"小量"、"大量"、"全量"之别。另外，由于人的认知的有限性，人们对客观世界数量关系的表述有精确和模糊之分，所以数量范畴有"确量"（或称"精确量"）和"约量"（或称"模糊量"）之分。又由于有时说数量时还伴随着一种与言者的预期量或者某个参照量的比较评价，即对某一个确量或模糊量的满足程度的主观认定，所以数量范畴还有"客观量"和"主观量"之分，区别就在于后者伴随着主观评价。主观量又有"主观大量"、"主观小量"和"主观适量"之别。由于主观量不影响真值语义，而与主观情态相关，因而严格意义上讲，用来标记主观量的词都属于一种语用标记。现代汉语用来表示数量范畴的手段是多种多样的。就现代汉语虚词来看，能够作为各种数量特征的标记成分的，主要限于以下几种：

1. 程度副词。比如：相对程度副词"最"、"更"、"比较"、"稍微"等；绝对程度副词"太"、"过于"、"极其"、"很"、"非常"、"十分"、"一些"、"有些"、"一点儿"、"有点儿"等。

2. 部分范围副词。又包括：统括性范围副词"都"、"全"、"尽"、"净"、"统"、"通"、"共"、"全都"、"通通"、"统统"、"一律"、"一概"、"一例"、"总共"、"统共"、"一共"、"一总"等；唯一性范围副词"只"、"就"、"才"、"仅仅"等；限定性范围副词"最多"、"顶多"、"不过"、"只有"、"就是"、"只是"、"最少"、"顶少"、"至多"、"起码"、"不只"、"足足"、"大概"、"大约"、"大略"、"大致"、"大体"、"大率"、"大都"、"多半"。

3. 表数助词。比如"第"、"初"、"老"、"来"、"把"、"多"、"开外"、"左右"、"上下"、"前后"等。

4. 限定助词"们"。

其中，程度副词主要标记量级，也都属于相对模糊的量；统括性范围副词（或与数量短语一起）主要标记全量；唯一性范围副词主要起"主观小量"的标记作用；限定性范围副词与数量短语一起标记约量；表数助词"第"、"初"、"老"等主要标记关系数中的序数，"来"、"把"、"多"、"开外"、"左右"、"上下"、"前后"等主要与数量短语一起标记约量；限定助词"们"，具有复数的辅助标记功能。

（四）否定标记功能

肯定与否定是非常重要的一组对立的语义范畴。肯定传达的是确定的内容，否定传达的则是对确定内容的否认。沈家煊（1999：43—57）从标记理论的角度，根据使用频率、分布范围、组合形态等标准，认为肯定是无标记项，否定是有标记项。否定词就是一个多加的标志。现代汉语虚词中，能够作为表达否定意义的标记成分的，主要限于否定副词，如"不"、"没"、"没有"、"别"、"非"、"休"、"勿"、"甭"、"莫"等。

上面提到的这些虚词在句中的功能实际上就相当于一个句法语义标记词的作用，因此，为方便起见，我们在书中将这些虚词称为"××标记词"（如"题元标记词"、"时体标记词"）。不过，也有严格意义上所谓的"标记词"，那是一种纯语法化的成分，而我们所涉及的具有某种语义标记功能的虚词许多还未真正虚化到这一步，有的语义标记功能是通过其词汇义体现出来的。比如，同样作为"进行体"的标记成分："正在"占据谓词前的位置，兼有情态功能的"呢"占据句子末尾的位置，具有形态性质的"着"占据谓词末尾的位置。这三个句法位置中，谓词末位的语法化程度最高，该位置上的"着、了、过"被认为是汉语最具形态性质的三个标记。句子末位通常是汉语语气词的位置，其辖域为整个句子。谓词前位一般是状语的位置，其语法化程度相对较低，许多语法著作还不把这一位置上的成分看作纯粹语法范畴上的"体标记"。但是，如果从语义功能上来看，这些虚词都具有"体"意义的标记功能，这是毫无疑问的。

第三节　句法语义标记词羡余现象

一　虚词的可用可不用现象

根据前述，虚词可以分为两大类：

一类虚词（如语气助词、语气副词、关联副词、连词等）是一种语用标记，主要涉及话题标记、焦点标记、关联标记、语气标记等。它们的隐现相对自由，因为它们对句子的基本语义（真值条件意义）不会产生影响①，它们原本影响的就是话语的语用功能和表达效果。

另一类虚词（如介词、方位词、时间副词、时体助词、表数助词、否定副词等）本质上是一种语义标记，主要涉及题元标记、时体标记、数量标记、否定标记等。它们的标记功能是能够影响句子的基本语义的。

本课题所要讨论的句法语义标记词的羡余现象便是指上述第二类作为语义标记的虚词。

按理，作为语义标记的虚词在句中是不能自由隐现的。例如：

（1）a. 书包在桌子<u>上</u>放着。　　　　*b. 书包在桌子放着。

（2）a. 我<u>在</u>日本面条吃腻了。　　　≠b. 我日本面条吃腻了。

（3）a. 中午我在食堂吃<u>的</u>饭。　　　≠b. 中午我在食堂吃饭。

（4）a. 我在北京工作了五<u>年了</u>。　　≠b. 我在北京工作了五年。

（5）a. 我<u>已经</u>在上海住了十年。　　≠b. 我在上海住了十年。

（6）a. 我<u>曾经</u>想当飞行员。　　　　≠b. 我想当飞行员。

（7）a. 领导<u>要</u>来咱学校视察了。　　≠b. 领导来咱学校视察了。

---

① 根据本章第一节所述，我们所谓的"基本语义"或"真值条件意义"，便是指狭义上的语义，而与"语用意义"和"非真值条件意义"相区别。

（8）a. 我<u>一直</u>在开会。　　　　　　≠b. 我在开会。

（9）a. 航空信<u>大概</u>三天会到。　　　≠b. 航空信三天会到。

（10）a. 孩子<u>们</u>真可爱啊！　　　　　≠b. 孩子真可爱啊！

（11）a. <u>别</u>走！　　　　　　　　　　≠b. 走！

　　但是在一定条件下，具有语义标记功能的虚词用与不用却又对句子的基本语义及其合法性不会产生影响，即可用可不用。这是不争的事实。例如：

（12）a. 我在操场<u>上</u>打球。　　　　　＝b. 我在操场打球。

（13）a. 你假期<u>里</u>去哪儿旅游？　　　＝b. 你假期去哪儿
旅游？

（14）a. 孩子们欢快地跳入水池<u>中</u>。　＝b. 孩子们欢快地跳
入水池。

（15）a. 你把书包放<u>在</u>桌上。　　　　＝b. 你把书包放桌上。

（16）a. 他们打算<u>在</u>后天动身。　　　＝b. 他们打算后天
动身。

（17）a. <u>从</u>上海飞往青岛的航班开始登机了。 ＝b. 上海飞往青
岛的航班开始登机了。

（18）a. 杯子叫我<u>给</u>打碎了一个。　　＝b. 杯子叫我打碎了
一个。①

（19）a. 衣服让他<u>给</u>晾干了。　　　　＝b. 衣服让他晾干了。

（20）a. 我刚才在食堂<u>吃</u>的饭。　　　＝b. 我刚才在食堂
吃饭。

（21）a. 经过几个月<u>来</u>的努力，车间现已建成投产。 ＝b. 经过
几个月的努力，车间现已建成投产。

（22）a. 那个感人的场面，我<u>至今</u>还记忆犹新。 ＝b. 那个感人
的场面，我还记忆犹新。

（23）a. 我在北京工作<u>了</u>五年了。　　＝b. 我在北京工作五

---

① 吕叔湘（1999：304、462）明确提道："叫……给＋动"，跟不加"给"意思相同；
"让……给＋动"，跟不加"给"意思相同。

年了。

（24）a. 我已经写了回信了。　　　　=b. 我写了回信了。

（25）a. 他小时候曾经上过三年小学。　=b. 他小时候上过三年小学。

（26）a. 他想要来北京参观。　　　　=b. 他想来北京参观。

（27）a. 不久你将会听到确切的消息。　=b. 不久你将听到确切的消息。

（28）a. 这个问题一直讨论了两个多小时。= b. 这个问题讨论了两个多小时。

（29）a. 他只花了三分钟就（重读）来了。= b. 他花了三分钟就（重读）来了。

（30）a. 你再稍微吃一点儿吧。　　　=b. 你再吃一点儿吧。

（31）a. 包裹海运大概要一个月左右。　=b. 包裹海运要一个月左右。

（32）a. 那些孩子们真可爱啊！　　　=b. 那些孩子真可爱啊！

（33）a. 小心别摔跤！　　　　　　=b. 小心摔跤！

（34）a. 我差点儿没被掉下来的石块砸到。= b. 我差点儿被掉下来的石块砸到。

例（12）—（34）a 与 b 的基本语义都相同。其中，例（12）—（19）虚词的隐现未影响到相同 NP 的语义角色；例（20）—（28）虚词的隐现未影响到句子的时体表达；例（29）—（31）虚词的隐现未影响到量的表达；例（32）虚词的隐现未影响到数的表达；例（33）—（34）虚词的隐现未影响到否定的表达。有的甚至连语用上的一些细微差别也很难区分（语用问题下面还会谈到）。①

吕叔湘（1999：8）在谈及现代汉语语法特点时，也曾把"常常省略虚词"作为其中的一个特点，并举出了省略掉介词的例子：

---

① 在对外汉语教学过程中，也经常会有留学生问到类似的某一组句子之间的语义区别问题。

（35）他能（　　）左手写字。

（36）我（　　）前头带路。

例（35）省去了表示工具的介词"用"或"拿"；例（36）省去了表示空间的介词"在"。句子中虽然省去了某个介词，但是句中 NP 的语义角色仍然是明确的。

面对这些作为语义标记的虚词可用可不用的现象，我们通常的解释是：汉语是分析型语言，虚词作为一种添加手段，标记某种语法意义不像印欧语等形态语言的屈折变化那么固定。相对于印欧语在词汇层面上的形态变化，汉语虚词的使用是在句法层面上对形态缺失的一种补偿，其使用具有一定的灵活性。因此，常常出现虚词省略的现象实属正常。

说虚词的使用具有"一定的灵活性"揭示的还只是一种表象，或者说揭示的是虚词可以隐现的可能性。并未揭示出虚词隐现背后的原因和条件。因此，本课题将会就以下几个主要问题展开讨论：具有某种语义标记功能的虚词在一定条件下能够自由隐现，其原因和条件到底是什么？这些在一定条件下能够自由隐现的虚词，用与不用在表达效果上是否有差别？而这又会给虚词本身带来什么样的结果？这些问题也正是本课题研究的出发点。

本课题研究主要从语义功能的角度加以解释。虽然虚词所具有的语义标记功能在句中通常是不能缺失的，但是在语言动态的历史发展过程中，当这种标记功能可以由句子中其他语言成分或语法手段体现，那么该虚词的语义标记功能羡余，其隐现便不会影响句子的基本语义。

根据黎天睦（1994）的研究，标记性理论（markedness theory）有三个原则，假定标记为 X，标记的意义为 Y，那么：①凡是有标记 X 出现的地方，必有 Y 意义；②标记 X 不出现的地方，可能有 Y 意义，也可能没有 Y 意义，这要看句子中其他成分及其意义而定；③因此可以说，有 X 的地方必有 Y 意义，但无 X 的地方未必无 Y 意义。据此，黎天睦又认为："汉语语法语素有意义交叉之处，两个语素往往可以省去一个。非但动词的标体小品词有时可以省去，连指示代词、指示形容词、连词、介词有时也可以省去，省去之后意义不变。"作者的表述正好部分说明了句法语义标记词功能羡余的情况（即我们在上文提到的具有某种语义标记功能的虚词在一定条件下的可用可不用现象）。实际上，在一个句子中，当 Y 意义既由标记词 X 标明，同时又由另外的语言成分或语法手段 X'标明（就是说，即使没有标记词 X，在句子中 Y 意义也必然存在），那么可以认为标记词 X 在标明 Y 意义这一点上是羡余了。至于 X 是否是句子的羡余成分，要看它是否还具有其他的语义功能、语用功能和修辞意图，问题更加复杂，我们在下面（本节"三"）再详细讨论。

综上，所谓虚词使用的"灵活性"，实际上包含着两种情况：一是有些虚词本质上是一种语义标记，这种语义标记功能是能够影响句子的基本语义（真值条件意义）的，它在一定条件下之所以能够自由隐现而不影响基本语义，一定跟它的语义标记功能羡余有关，即句子中有其他的语言成分或语法手段蕴涵了该虚词的标记功能；二是有些虚词本质上是一种语用标记，它原本影响的就是话语的语用功能和修辞效果，不影响句子的真值条件意义，它的隐现当然也就相对自由。

二　构成羡余的形式与手段

虚词语义标记功能羡余，主要有以下几种情况。

一是同现的虚词之间语义标记功能相同或具有蕴涵关系，它们的交叠造成羡余。其中又可以分为同类虚词和不同类虚词两种。

1. 同类虚词之间的语义标记功能羡余的情况并不多见，主要包括以下几种：

①介词之间。比如"他来自偏僻的农村"中同为处所题元标记的"自"和"于"，其中"自"比"于"有着更为具体的题元标记功能，表示"起始点"，蕴涵了"于"的处所题元标记功能，因此，"于"在该句中的处所题元标记功能是羡余的。

②副词之间。比如"他一直不停地说"中的"一直"和"不停"都具有"长持续体"的标记功能，因此，它们在体标记功能上是互为羡余的。

③助词之间。比如"我在北京工作了五年了"中的句子末位的"了$_2$"是兼有"实现体"标记功能的句末语气词，其功能已经蕴含了谓词末位的"了$_1$"的"实现体"标记功能，因此，"了$_1$"的体标记功能是羡余的（参见本书第七章）。

2. 不同类虚词之间的语义标记功能羡余的情况，主要包括以下几种：

①介词与方位词。比如"你把这本书放在桌上"中同为处所题元标记的"在"和"上",其中方位词"上"还具有位置和维向的"指别功能"①,比介词"在"有着更加具体的题元义,它实际上已蕴涵了抽象的处所题元义,因此, "在"在该句中的处所题元标记功能是羡余的。

②介词与助词。比如"虫子都被我们给消灭光了"、"衣服让他给晾干了"中的介词"被"、"让"和助词"给"都具有施事题元的标记功能,因此,它们在施事题元标记功能上是互为羡余的。

③副词与助词。比如"他小时候曾经上过三年小学"中时态副词"曾经"和表体助词"过"都具有"经历体"的标记功能,因此它们在体标记功能上是互为羡余的。不过,在体标记的选择使用上,人们倾向于使用那些虚化程度更高的形式,因而,单独使用"曾经"表达"经历体"是有一定的条件限制。② 又如"包裹海运大概要一个月左右"中限定范围副词"大概"和表数助词"左右"在约量的标记功能上也是互为羡余的。

二是当虚词与某个实词语同现时,实词语的语义已经表达了该虚词的语义标记功能而造成羡余。比较典型的情况如下:

1. 意义抽象的方位词附在典型的时地名词语后,方位词的处所题元或时间题元的标记功能是羡余的。比如"你假期里去了什么地方旅游"、"墙头上站着些人"、"我在操场上打球"中的"假期"、"墙头"、"操场"都是典型的时地名词语,因此,方位词"里"、"上"在句中的赋元功能是羡余的。

2. 方位词与要求带处所词语的 VP 共现时,方位词的处所题元标记功能也是羡余的。尽管有些 NP 本身既可表示处所,又能表示事物,但当它

---

① 参见储泽祥《汉语"在 + 方位短语"里方位词的隐现机制》,《中国语文》2004 年第 2 期。方位词除了具有"指别功能",还具有"转化功能",即一个实体名词带上方位词便可转化为处所名词语,如"桌子"→"桌子上"、"椅子"→"椅子上",而"在"的转化功能很弱,如"桌子"→"＊在桌子"、"椅子"→"＊在椅子"、"电梯"→"＊在电梯"、"马路"→"＊在马路"。

② 体标记可占据的语法位置包括:谓词前位、谓词末位、句子末位。一般认为,谓词末位语法化程度最高,谓词前状语位置,语法化程度相对较低。龚千炎(1995)观察到,汉语的副词"将要"和"正在"是必有成分,没有它们便不能表示该种态。"曾经"和"已经"是可有成分,没有它们还可以通过表体助词"过"和"了"表示该种态。

在要求带处所词语的 VP 后做宾语时，一定表示处所。即要求带处所词语的 VP 对其后的 NP 有"择定功能"。比如"孩子们欢快地跳入水池中"中的"水池"位于要求带处所词语的 VP"跳入"后，其处所题元义是明确的，因此，方位词"中"在句中的赋元功能也是羡余的。

　　3. 介词"在"附在典型的时地名词语之前，其赋元功能是羡余的。比如"我在明天动身"中"在"的隐现不影响"明天"作为时间题元的角色。

　　4. 表复数的指量短语"这群"、"那些"或表概数的数量短语"一群"、"一些"、"几位"等与表数助词"们"一起配合使用时，"们"的复数标记功能是羡余的。比如"那些孩子们真可爱啊"、"还有几位'大师'们捧着几张古画和新画"中"们"的复数标记功能在句中是羡余的。

　　三是 NP 的句法位置可以帮助区分 NP 的语义角色，已经实现了某虚词的题元标记功能，该虚词若仍在 NP 的左右位置出现就造成其题元标记功能羡余。

　　比如，介词"被"在受事主语句中的题元标记功能经常是羡余的，如"歌本儿被别人借走了"中"被"的隐现不影响句中 NP 的题元义。当然，要使"$NP_{受} + NP_{施} + VP$"这样的受事谓语句被接受，其中 NP 的语义特征，特别是它们的"生命度等级"和"控制力强弱"起了非常重要的作用。当一个及物动词支配的两个 NP 与动词之间，以及两个 NP 之间的关系表现得十分明确的话，"$NP_{受} + NP_{施} + VP$"是很容易被接受的，比如，"米饭"、"我"、"吃"三者之间的关系是非常明确的，所以"米饭我吃完了"中 NP 的题元义是明确的，句子的可接受度也是很高的。而"树梢"、"斜阳"、"涂"三者之间的关系是比较抽象和模糊的，所以"＊树梢斜阳涂上一层金色"中 NP 的题元义便表现得难以捉摸，句子是不能被接受的。这样看来，句法位置对 NP 题元义的标记作用还是相对有限的，会受到其他因素的制约。

　　四是习语性构式中因习惯性的凝固（即构式化）而造成否定标记词的否定功能羡余。

　　否定标记词的否定功能羡余，就是通常所说的"羡余否定"。羡余否定并不是一种匀质的现象，从其产生的机制来看，主要有以下几种类型：

1. 概念叠加，构式整合。① "一个概念往往可以从正反两个方面进行表述，尽管表述的角度不同，侧重点不同，但核心语义相同。所谓概念叠加，其实就是人脑对某一概念的正反两个角度的表达方式的叠加，或曰两种心理意象的叠合。"（江蓝生，2008）汉语中的许多羡余否定式是由具有相同语义的正反两个概念表达式叠加整合而成的。比如"小心，别摔跤"，本身是一个复句，内含正反两种表述。当它受到"小心摔跤"这种动宾结构的类推作用，其分句间的分界消失，叠合紧缩，便产生了"小心别摔跤"这种羡余否定格式。同样，"我差点儿没摔跤"也是"我差点儿，没摔跤"（内含正反两种表述）受到"我差点儿摔跤"这种偏正结构的类推，叠合紧缩形成的。尽管从基本语义上来看，"小心摔跤"、"差点儿摔跤"分别与"小心别摔跤"、"差点儿没摔跤"一致，但它们产生的心理机制并不相同，肯定式是一种正向思维，羡余否定式则是正反思维的一种糅合，即："小心（摔跤）"（正向思维）+"别摔跤"（反向思维）→"小心别摔跤"；"我差点儿（摔跤）"（正向思维）+"我没摔跤"（反向思维）→"我差点儿没摔跤"。再如"难免不 VP"、"除非 X 不 VP"、"没 VP 之前"、"除了 X 之外"等羡余否定式，也可以认为是概念叠加与构式整合的结果："难免 VP"（正向思维）+"不 VP 很难"（反向思维）→"难免不 VP"②；"除非 X 才 VP"（正向思维）+"否则，不 VP"（反向思维）→"除非 X 不 VP"；"没 VP"（状态，反向）+"VP 之前"（时段，正向）→"没 VP 之前"；"除了 X"（剔除，反向）+"X 之外"（范围，正向）→"除了 X 之外"。

2. 语境吸收，隐含脱落。某些否定词的否定义被它所处的整个格式吸收（或称"补足"），即使不出现否定词，格式本身也已经带有了否定义。比如"妻子非让我陪她逛街不可"中的"不可"可以省略而不影响基本语义。③ 这种由格式本身补足所缺失的否定词的否定义，应该源于认

---

① 参见江蓝生《概念叠加与构式整合》，《中国语文》2008 年第 6 期；张谊生《试论主观量标记"没"、"不"、"好"》，《中国语文》2006 年第 2 期；王助《现代汉语和法语中否定赘词的比较研究》，《外语教学与研究》2009 年第 6 期。

② 可以认为，"难免不 VP"的构式化过程同时也是"难免"的语法化过程，由"难免不 VP"表达"难免 VP"时，可以认为"难免"的"免"已经虚化，"难免"一词已派生出"难以/难于"这一义项。

③ "非 VP 不可"之所以成为羡余否定式，正是因为后起的"非 VP"与之基本语义相同。

知上的"完形"。

3. 同形异义，异构同义。有些词词形相同但意义迥异或有差别，而由它们组成的肯定与否定的不同形式，正好基本语义趋同，使人觉得其中的否定式也是一种羡余否定。比如"好伤心"与"好不伤心"，前者的"好"是程度副词，而后者的"好"原为反诘副词（义同"岂"），经过所在句式的语法化（从反问句转换成感叹句），"好不"也完成了词汇化，成为一个程度副词，表示程度深（伴有较为强烈的主观性），因而"好伤心"与"好不伤心"的基本语义正好相同。相反地，"好容易"与"好不容易"，前者的"好"原为反诘副词，用反问表示否定，随着使用范围扩大，在陈述句中做状语，引申出了"很不容易"的意思，而后者的"好"却是一个程度副词，因而"好容易"与"好不容易"的基本语义也正好相同。① 又如，"怀疑 X（没/不）VP"肯定与否定的对称与不对称，也是与其中的"怀疑"具备两个不同的义项（表疑惑与表猜测）有关：当肯定式与否定式中的"怀疑"都表疑惑或都表猜测时，它们在语义上是对称的；当肯定式与否定式中的"怀疑"一方表疑惑，另一方表猜测，它们在语义上就不对称了，也让人觉得其中的否定式也是一种羡余否定。

4. 主观评注，显示情态。有些意义已经虚化了的否定词，说话人根本不是用作逻辑否定，实际上是说话人在表述客观命题时主观情态和语气的自然流露，是一种表示主观性评注的辅助手段。② 比如"不一会儿"、"没几天时间"中的"不"、"没"，它们出现在表时、表量的概数短语前，其作用就是对客观量进行主观减量。又如"别是 NP/VP 吧"中的"别"，已经没有了否定标记功能，它主要用于句子层面加强测度语气，并传递出一种担忧的情绪。因此，严格来讲，这种情况并不属于真正的"羡余否定"，因为这些否定词本身已经派生出了不表否定的语用义，已经从一个语义标记词变成了比较典型的语用标记词。例如《现代汉语词典》（第 6 版）中"别⁴"的第二个义项便是"表示揣测"。

---

① 参见江蓝生《"好容易"与"好不容易"》，载《历史语言学研究》第 3 辑，商务印书馆 2010 年版。

② 参见张谊生《羡馀否定的类别、成因与功用》，载《语言学论丛》第 31 辑，商务印书馆 2005 年版。

三　虚词句法语义功能羡余与羡余度等级

前面（本章第二节）讲过，虚词的题元标记功能、时体标记功能、数量标记功能、否定标记功能等在本质上属于句法语义的范畴（与词汇语义相区别），这种句法语义功能（即虚词的语义标记功能）不仅影响句子的基本语义（真值条件意义），有时还会伴随着一种句法强制性：一旦这种句法语义功能缺失，句子可能也会不合法，如"小王被小李骗了｜＊小王小李骗了"、"我吃了饭过来｜＊我吃饭过来"；相反，如果虚词的句法语义功能羡余了，那么与之密切相关的句法强制性也往往会减弱直至解除。

不过，句法本身具有一定的独立性，有时并不是语义动因所能够作出解释的。比如，当 V 后接复杂形式（包括加时态助词、加无定宾语等情况），"在"在处所题元的标记功能上虽然羡余，但在句法上仍必须强制出现，所以，"在"没有相对应的省略形式，如"我把这本书放在了桌上｜＊我把这本书放了桌上"、"你写个名字在上头｜＊你写个名字上头"、"他写了几个字在黑板上｜＊他写了几个字黑板上"、"他放了两本书在桌上｜＊他放了两本书桌上"。在这一点上，我们认为可能是联系项居中，即核心相近原则和直接成分尽早确认原则在起作用。因而，这种句法强制性也是语义动因不足以解释的。① 这种情况下，"在"在句中的功能是属于非羡余的。此外，当介词后附的 NP 比较长时，通常不宜省略，其中的介词在句法上可以起到明显的分界作用，如"我们明天八点在上海师范大学行政楼三楼的一间办公室里开会"，如果其中的"在"省略，句子便不太合乎语感。② 因此，其中的"在"在句法上是有所需要的。在句中的功能也应看作非羡余的。

---

① 参见刘丹青《语序类型学与介词理论》，商务印书馆 2003 年版，第 127—128 页。这种句法强制性目的是为了避免范域歧义，从这个角度而言，它跟语义也是有一定的关系。

② 参见陈昌来《介词与介引功能》，安徽教育出版社 2002 年版，第 247—251 页。作者认为，介词的隐现跟句子的复杂与否有关。述谓动词所带的相关成分越多，句子结构越复杂，越需要用介词来帮助显示和标记语义成分的性质，显示出各成分跟述谓动词之间的结构关系。作者还指出，在可用和可不用的介词中，处于句首更容易省略，不过，若句首词语比较复杂，同样倾向于使用介词。此外，当介词短语前面有副词修饰时，介词就不能省略，如：就在你们中间我发现了异己分子｜＊就你们中间我发现了异己分子。

　　总之，虚词的题元标记功能、时体标记功能等语义标记功能使其在句法上也具有一定的强制性，但反过来，虚词的语义标记功能羡余不一定导致其在句法上也羡余，有时句子的"节律"、单双音节的搭配等也会影响到句子的可接受度。因此，一个虚词虽然其题元标记功能或者时体标记功能等语义标记功能羡余了，在句中到底是不是属于羡余成分，有下面几种情况：第一，如果仅仅是语义功能羡余，但在句法上必须强制出现，那么这个虚词在句子中的功能是属于非羡余的，不属于句子的羡余成分。第二，如果语义功能羡余，伴随着句法的强制性也解除了，那么还要看它是否还有别的什么特殊的语用功能。如果该虚词没有其他的语用功能，那么当它的语义标记功能羡余的时候，它在句子中的功能便是完全羡余了。如果虚词本身还有其他的语用功能，虽然它的有无不影响句子基本的语义和句法，但在语用表现、表达效果上产生了或多或少的差别，那么我们认为这个虚词在句中属于基本功能羡余，而不能看作完全羡余。当然，我们对语用功能的判断和把握，有时难免带有一定的主观性，但作为理论的前提和出发点，以及我们努力发掘的方向应该是合理的。第三，有时候某个虚词同时具有两种语义标记功能，而羡余的只是其中的一种语义标记功能（这主要是指一些兼有时制和时态两种功能的时体成分），在这种情况下，我们认为是语义功能半羡余，如果虚词的语义功能半羡余，那么它在句中的功能当然也是非羡余的，不属于句子的羡余成分。

　　因此，某种语义标记功能羡余的虚词，在句中存在一个羡余度等级序列。① 我们根据虚词在句中的羡余度高低，规定了 A、B、C、D 四个从高到低的等级：

　　A 级，功能完全羡余。某个虚词的语义标记功能羡余，同时伴随着句法强制性也解除了，而且也很难判定这个虚词还有别的什么语用功能。它的隐现不仅未影响句子的基本语义及其合法性，而且也没有什么明显的语用差别。例如：

　　（37）a. 他弯腰走进那个小山洞里。
　　　　　b. 他弯腰走进那个小山洞。

---

　　① 在生成语言学中，羡余的概念已经用规则加以形式化，即能使描写形式简化的羡余规则（redundancy rules）。有各种数学方法来证明语言分析中羡余的性质和程度。

例（37）中的 VP"走进"后的 NP"小山洞"，不管有没有后附方位词"里"，它的处所题元义是明确的，因为"小山洞"位于"走进"后面，必定是一个处所名词，即"走进"本身对其后的名词性成分具有"择定功能"。方位词的隐现，不但没有影响到句子的基本语义和句子的合法性，而且二者也没有什么明显的语用差别。因此，这种情况，可以认为方位词"里"是句中真正的羡余成分。

B 级，基本功能羡余。某个虚词的语义标记功能羡余，同时伴随着句法强制性也解除了，但虚词本身还有其他的语用功能。虽然它的有无不影响句子的基本语义及其合法性，但在语用功能、表达效果上产生了或多或少的差别。例如：

（38）a. 我昨天坐飞机回的上海。

b. 我昨天坐飞机回上海的。

c. 我昨天坐飞机回上海。

一般认为，例（38）a、b 中"的$_2$"基本的句法语义功能是过去时制标记功能，但因为句中有了表示过去时制的时间词语"昨天"，"的$_2$"的时制标记功能羡余了。不过，"的$_2$"本身还有一个附加的语用功能，即"指明焦点的作用"（张谊生，2002：34），焦点主要是时间、处所、方式、原因等。比如，例（38）a、b 是把方式"坐飞机"作为焦点。[1] 这样看来，例（38）a、b 中"的$_2$"的隐现虽然不影响句子的基本语义和句子的合法性，但在表达效果上是有差别的。[2]

同样，"虫子被我们给消灭光了"中"给"的隐现虽然也不影响句子

---

[1] 吕叔湘主编（1999：162）将这种语用功能表述为"强调已发生的动作的主语、宾语、时间、地点、方式等"；邢福义（1996：238）也将之表述为"强调"，其中"的$_2$"位于句中"更强调已然时态"，移到句末"更强调确认的语气"。

[2] 前面提到过这样一个问题，即有没有可能"的$_2$"的基本功能就是语用功能——指明焦点和强调确认的功能，它的表示过去的时制功能正是因为其有指明焦点和强调确认的功能而产生的？我们认为这是可能的。但我们主要考虑到"的$_2$"时制功能的有无影响到句子的基本语义（如：你什么时候吃的饭？≠你什么时候吃饭？），而"的$_2$"指明和确认功能的有无影响的只是句子的语用义。因此，我们姑且认为时制功能是"的$_2$"的基本功能。

的基本语义和合法性，但助词"给"具有强化处置义，增强处置效果的语用功能（参见本书第二章第三节），因此，它在句中也只能属于基本功能羡余。

前人研究较多的羡余否定词大多也属于这种情况。比如"差点儿VP"与"差点儿没VP"、"VP之前"与"没VP之前"等，尽管否定式与肯定式基本语义相同，但表达重点、感情色彩还是有异。

C级，语义功能羡余。某个虚词的语义标记功能虽然羡余了，但在句法上仍必须强制出现。它的隐现影响到句子的合法性。本节前面讲到，这主要是因为句法本身具有一定的独立性，有时并不是语义动因所能够作出解释的。我们在前面已经举了处所题元标记词"在"的例子，这儿再举个羡余否定格式"没/未VP（以/之）前"的例子：

（39）a. 他还没结婚之前，一直住在这儿。

　　　b. 他没结婚之前，一直住在这儿。

　　　c. 他结婚之前，一直住在这儿。

　＊d. 他还结婚之前，一直住在这儿

例（39）a、b、c的基本语义一致，其中a、b中"没"的否定标记功能是羡余的。但是，只有b中的"没"可以省略，而a中的"没"却不能省略。这是因为a中还有一个表示延续义的副词"还"，它修饰"没结婚"，不能修饰"结婚"。因此，a中的"没"虽然其否定标记功能羡余，但在句法上具有强制性，是不能省略的，例（39）d是不合法的句子。

D级，语义功能半羡余。某个虚词羡余的语义标记功能只是这个虚词所具有的两种语义标记功能的其中一种。因此，更确切地说，这种情况只能看作虚词语义标记功能的部分重合现象。它的隐现会影响到句子的基本语义及其合法性。一些兼有时制（时）和时态（体）两种功能的时体成分经常会出现这种情况。例如：

（40）a. 那时为了搞实验，我曾经没日没夜地泡在实验室。

　　　b. 那时为了搞实验，我没日没夜地泡在实验室。

例（40）a中的"曾经"兼有标记时制（过去时）和标记时态（经

历体）的功能。因为句中它和表示过去的时间词语"那时"同现，所以其时制标记功能是羡余的，因此，例（40）a 与 b 的时制意义相同。但是，a 与 b 所反映出来的时态意义是有差别的，前者是有标记的"经历体"，后者是无标记形式，在一定的上下文语境中，既有可能是"经历体"，也有可能是"过去进行体"。因此，a 中的"曾经"在句中只能属于语义功能半羡余。再比如，"在"有时候是体标记的"在"和处所题元标记的"在"的合体，例如：

  （41）a. 我在教室里看书。
     b. 我教室里看书。

  例（41）a 中的"在"兼有标记时态（进行体）和标记处所题元的功能。因为句中处所题元标记"里"蕴含了"在"的处所题元标记功能，所以"在"的处所题元标记功能是羡余的。但是，例（41）a 和 b 所反映出来的时态意义是有差别的，前者是有标记的"进行体"，后者是无标记的形式，在不同的语境中其时态意义有多种可能性。

  从 A→B→C→D，是一个羡余度由高到低的等级序列。倘若从严格意义来看羡余成分，一个虚词只有符合 A 的情况才算是句中真正的羡余成分，此时，这个虚词在句中可以完全自由地隐现。但是，如果仅仅考虑句子的真值条件意义，那么一个虚词如果符合 B 的情况，也可以看作句中的羡余成分。而 C、D 两种情况都不能看作句中的羡余成分。在本课题研究中是将句子的羡余成分作宽泛的理解，即把 A 和 B 两种情况都看成是句子的羡余成分。不过，我们在讨论虚词的语义标记功能羡余的时候不可避免地会牵涉 C、D 两种情况。

  表 1-1 简要说明虚词的某种语义标记功能羡余后，它在句中的羡余度等级：

表 1-1

	语义标记功能半羡余	语义标记功能羡余	无句法强制性	无明显语用功能	句中的羡余度等级
虚词1	/	+	+	+	A
虚词2	/	+	+	−	B
虚词3	/	+	−	−	C
虚词4	+	−	−	−	D

　　总之，我们主要研究的是虚词的某种基本的语义标记功能的羡余现象，以及该虚词在句中的羡余情况。要判断一个虚词某种语义标记功能是否羡余，便是要看该虚词的这种语义标记功能是否可以由句子中的另一语言成分或语法手段独立体现。而要判断该虚词是否是句中的羡余成分，则要看该虚词的隐现是否影响句子的基本语义和合法性，具体地说，需要符合下面的三个条件：第一，该虚词某种基本的语义标记功能可以由句子中的另一语言成分或语法手段独立体现；第二，语言事实中存在着另一种非羡余形式与之相对立，且都合乎语法规范；第三，羡余形式与非羡余形式的基本语义一致，但允许有一些细微的语用差别。因此，从整个句子来看，一个虚词的某种语义标记功能羡余并不等于它在句中是一个羡余成分，实际上，它可能是句中的羡余成分，也可能不是。关于这一点，我们会在下面几个章节的研究中都有一定的说明。

　　值得一提的是，前面我们虽然对所谓的羡余成分作出了界定，但分析某个虚词是否是句中的羡余成分只是我们研究的目的之一，并非是我们的最终目的。我们研究的重点是，考察虚词基本的语义标记功能的羡余情况，以及它在句中的地位，并分析虚词语义标记功能羡余的成因、演变过程和可能结果。

四　羡余句法语义标记词的语用功能

　　根据前述，虚词的语义标记功能羡余，实际上是语言动态发展的结果。倘若一个虚词其语义标记功能羡余，同时伴随着句法强制性也解除了，我们便将之界定为句中的羡余成分（羡余句法语义标记词）。但这种羡余成分还有两种情况：第一种情况，该成分在句中的隐现没有什么明显的语用差别，处于羡余度等级最高的 A 级"功能完全羡余"；第二种情况，该成分在句中还具有一定的语用功能，它在句中的隐现会在表达效果上产生或多或少的差别，处于羡余度等级序列中的 B 级"基本功能羡余"。

　　第一种情况相对较少。比如"孩子们欢快地跳入水池中"，其中 VP"跳入"后的 NP"水池"，不管有没有后附方位词"中"，它的处所题元义是明确的，因为"水池"位于"跳入"后面，必定是一个处所名词，即"跳入"本身对其后的名词性成分具有"择定功能"。方位词"中"的隐现不但没有影响到句子的基本语义和句子的合法性，而且两者也没有什么明显的语用差别。根据语言经济性原则，句中真正的羡余成分在形式上倾向于省略或弱化。又如：

(42) a. 我把课本落在教室了。 ＝ b. 我把课本落教室了。

(43) a. 我们打算在下周一讨论这事儿。 ＝ b. 我们打算下周一讨论这事儿。

(44) a. 你把书包放在桌上。 ＝ b. 你把书包放桌上。

例（42）—（44）a 中介词"在"与典型的时地名词语或者与方位词组配，介词"在"的隐现未造成句法、语义差别，而且它们在句中也没有明显的语用功能，可以认为也是句中真正的羡余成分。因此，它在句中经常省略或以弱化的形式出现。

第二种情况占大多数。本节我们主要分析这种情况。

如果语义标记功能羡余的虚词在句中还具有一定的语用功能，虽然该虚词的隐现不影响句子的基本语义，但在表达效果上产生了或多或少的差别，那么该虚词在句中只能属于基本功能羡余，不属于句中真正的羡余成分，因而是不会轻易省略或弱化的。语言表达中，在基本的真值逻辑语义陈述清楚的基础上，人们选择使用这些虚词成分的目的便是凸显其语用功能。[①] 这些虚词的语用功能主要体现在以下几个方面：

一是明晰层次。例如：

(45) a. 我们明天八点在学校行政楼 302 会议室里开会。
b. 我们明天八点学校行政楼 302 会议室里开会。

例（45）a 尽管介词"在"的处所题元标记功能是羡余的，但由于

---

① 按照传统的说法，凸显语用功能实际上就是发挥修辞作用。修辞作用可以分为创新性和调节性的。创新性的修辞作用，即导致语言超乎常态去表达更多类型的经验，旨在发掘语言的潜力，大致相当于"积极修辞"；调节性的修辞作用，即在语言的常规表达中，通过某些语言手段的使用而深化、强化语言的表达力，大致相当于"消极修辞"。羡余句法语义标记词所具有的修辞作用应当属于调节性的。

后附的 NP 比较长，其中的"在"可以起到明显的分界作用。因此，其中的"在"在表达上是有所需要的。

二是凸显语气。语气有强弱、缓急之分。语义标记功能羡余的虚词有时会起到凸显语气的作用。大致包括以下几种：

1. 加强肯定语气。例如：

    （46）a. 他已经在上海工作十年了。

          b. 他在上海工作十年了。

例（46）a"已经"的"实现体"标记功能是羡余的，因为句子末位的语气词"了$_2$"兼有"实现体"标记功能。但"已经"在句中还具有加强肯定语气的作用。

2. 加强否定语气。例如：

    （47）a. 让他别去，他非要去不可。

          b. 让他别去，他非要去。

例（47）a 否定词"不可"的否定标记功能是羡余的，因为它的否定意义在一定的条件下被整个构式所吸收，即使"不可"不出现，"非要V"构式也具有了双重否定的意义。但是，"不可"在句中具有加强否定语气的作用。

3. 加强测度语气。例如：

    （48）a. 包裹海运大概要一个月左右。

          b. 包裹海运要一个月左右。

例（48）a 副词"大概"的约数标记功能是羡余的，因为助词"左右"已经具有约数的标记功能。但是，"大概"在句中具有加强测度语气的作用。

4. 加强警示语气。例如：

    （49）a. 小心别摔跤！

　　b. 小心摔跤！

　　例（49）a 否定词"别"的否定标记功能是羡余的。但是，"别"在句中具有加强警示语气的作用。

　　5. 舒缓语气。例如：

　　　（50）a. 我在北京工作了五年了。
　　　　　 b. 我在北京工作五年了。

　　例（50）a 谓词末位"了₁"的"实现体"标记功能也是羡余的，因为句子末位的语气词"了₂"兼有"实现体"标记功能。但是，其中的"了₁"还具有舒缓语气的作用。

　　三是指明焦点。例如：

　　　（51）a. 我刚才在食堂吃的饭。
　　　　　 b. 我刚才在食堂吃饭。

　　例（51）a 中"的₂"具有过去时制标记功能，但因为句中有了表示过去时制的时间名词"刚才"，"的₂"的时制标记功能羡余了。不过，"的₂"本身还有一个附加的语用功能，即"指明焦点的作用"，把处所"学生食堂"作为焦点。因此，a 中"的₂"的隐现虽然不影响句子的基本语义和句子的合法性，但在表达效果上是有明显差别的。又如：

　　　（52）a. 他找了个干净的地方放下了行李。
　　　　　 b. 他找了个干净的地方放下行李。
　　　　　 c. 他找个干净的地方放下了行李。

　　例（52）a 连动式中的两个"了₁"之间在"实现体"标记功能上是互为羡余的，但它们的隐现会影响表达效果。"了₁"在句中所具备的语用功能，"可以凸显所在区域的信息重心，提高所在区域的信息量"（陈忠，2006：554）。因此，几个"了₁"共现，或"了₁"出现在不同位置，对连动式内部的信息焦点会产生一定的影响。

四是强化语义。例如：

> （53）a. 虫子被我们给消灭光了。
> 　　　b. 虫子被我们消灭光了。

例（53）a 助词"给"的施事题元标记功是羡余的。但助词"给"具有强化处置义，增强处置效果的语用功能。因此，它在句中隐现虽然不影响句子的基本语义和合法性，但在表达效果上会有明显的差别。又如：

> （54）a. 他没毕业之前不谈恋爱。
> 　　　b. 他毕业之前不谈恋爱。

例（54）a 副词"没"的否定标记功能在句中是羡余的，因为它的隐现也不影响句子的基本语义。但"毕业之前"主要表示时段（其中"没毕业"这一状态义是隐含的，并非表达的重点），而"没毕业之前"除了表示时段之外，主要强调了"没毕业"的状态和"谈恋爱"的条件（只有毕业了才会谈恋爱）。

江蓝生（2008）曾指出，语言形式的主观性/客观性跟信息量大小密切相关：语言形式的主观性越强，其信息量越大，反之亦然。上述一些句法语义功能羡余的虚词在句中所体现出来的语用功能正好说明了这一点。

第四节　汉语句法语义标记词羡余研究现状

一　羡余问题研究的总体情况

语言中的羡余现象是指语言形式超过了所表意义的需要，语形相对于语义有所剩余的情形。羡余现象是人类语言的共性，是语言动态发展过程中出现的合理现象，也就是说，羡余成分的产生、固化、弱化或者功能转移都是有一定理据的。伍铁平（1983）指出，自然语言的模糊性特征、语言的生成性特征和羡余性特征不妨说是近数十年间语言学家新揭示的语言的三个本质特征。江蓝生（2013：284）也指出，"羡余现象是反映自然语言本质特征的语言现象，涉及范围广泛，表现形式复杂，汉语的羡余现象更是有别于印欧语，目前的研究还很不够，还有扩大视角、深入挖掘的广阔空间"。

"就汉语历史看，羡余现象存在于上古以来的每一个发展阶段；就其范围看，不仅它的各个要素，而且包括记录它的汉字都有羡余问题。"（李申，1998）

无论在语音层面、文字层面、构词层面、表述层面都普遍存在着羡余现象。比如："灰不溜秋"（形容灰色）中的"不溜秋"是语音层面羡余的固化[①]；"溢"字的" 氵 "是文字层面羡余的固化；用于某些双音节形容词前面表示程度深的词"好不"中的"不"是构词层面羡余的固化[②]；"胜利凯旋"中的"胜利"则可以认为是表述层面羡余的固化。实际上，表述层面的羡余，还可以分为词汇语义的羡余和句法语义的羡余，如前"胜利凯旋"中的"胜利"属于词汇语义层面的羡余现象，即"凯旋"已经蕴涵了"胜利"的含义。又如"你把书放在我桌上"中的"在"属于句法语义层面的羡余现象，即方位词"上"的处所题元标记功能已经蕴涵了"在"的处所题元标记功能。再如在德语 *die schönen Bäume* 这一名词短语中，表示复数标记的居然就有四处（即冠词、形容词词尾、名词复数 – e 和 a 的变音），它们在数的标记功能上是互为羡余的。

对现代汉语中的羡余现象，尤其对构词层面和词汇语义层面的羡余现象的研究是汉语学界比较感兴趣的课题，前人已经有过较多的研究。有一定争议的问题，主要就是对"羡余"本身如何理解。"羡余"又写作"羡馀"（韩陈其，2001；张谊生，2001、2005/第 31 辑等），也有学者称为"冗余"（刘丹青，2003；戴耀晶，2004 等）或者"多余"（吴安其，1991 等）。《现代汉语词典》（第 5 版）还没有"冗余"词条，但《现代汉语词典》（第 6 版）新增了"冗余"词条，它只有一个义项"多余的；

---

① 江蓝生（2013：283—300）提出了"语音羡余词"的概念，专指那些在原词音节结构的基础上改变或增加音节结构，从而产生的音节结构上有多余，但意义和功能与原词无别的新词。作者从连读音变、合音叠加、分音裂变三个方面分别举例说明了各类语音羡余词的来源、结构和特点。

② 作为词单位的"好不"不同于跨层的"好 + 不"，前者都可以换用"好"，如"好热闹"和"好不热闹"的意思都是很热闹，是肯定的。后者则是程度副词"好" + 否定结构"不VP"，是强化否定。由于同形的词单位"好不"的存在，为避免歧义，程度副词"好" + 否定结构"不 VP"较少使用，其中最常见的是"好不容易"。

不必要的：精简~的岗位和人员 | 这句话显得~，可以删去"。因此，倘若称为"冗余"或"多余"，从字面上看似乎有认为羡余现象是一种语病之嫌，而实际上，我们知道羡余现象绝非是一种语病。"羡余"作为一个词条，在《现代汉语词典》（第5版）中便已经出现，它的一个义项是"属性词。多余的：~成分 | 语言中的~现象"。这样看来，"羡余"一词用来描述这种语言现象，近年来已被大多数学者接受而基本上已经固定下来。石毓智（1993）、李申（1998）等的文章中都使用了"羡余"一词。

从信息理论的角度来看，羡余度（也叫冗余度、剩余度或多余度）是用来说明信息源发送信息的效率，羡余信息指超过传递最少需要量的信息量。语言是信息的载体，羡余信息在语言中表现为羡余成分。《现代汉词典》（第6版）将"羡余"词条解释成"多余的"，带有一定的模糊性。事实上，按照信息论的观点或者词典的释义，都是无法将语言的"羡余"现象与"冗余"、"累赘"现象区分开来的。目前比较一致的看法是：语言的"羡余"是合理合法的"多余"，而"冗余"、"累赘"是一种语病的"多余"。保留羡余成分是"求繁"，是信息传递的足量原则在起作用，而删除累赘是"求简"，是语言表达的经济原则在起作用。但问题是，有时候所谓的合法与不合法之间的界限也是模糊的，因为"求繁"与"求简"本身就是一对矛盾。我们认为，按照语言表达中的足量原则和经济原则，羡余成分的产生应该都是有理可循的，羡余成分往往还具有一定的语用功能，主要包括情态功能（也称人际功能，即强化语义表达）和篇章功能。也就是说，语言表达中羡余成分的有无虽然不会影响句子真值条件意义，但也往往存在着细微的语用差别。实际上，一个合法句子中某个语言成分纯粹多余的现象理应是不常见的。不过，对羡余成分这种功能的辨别有时确实存在着困难。一个词或短语的使用对一个人来说可能是完全不必要的（因而是羡余的），而对另一个人来说则可能产生细微的意义变化，因而是区别性的。[①] 王灿龙（2004）将实际语言运用中的语用因素分为强语用因素（strong pragmatic factors）和弱语用因素（weak pragmatic factors）。前者具有常规性、稳定性且作用明显、直接，后者具有临时性、变动性且作用隐晦、间接。强语用因素作用的结果一般会造成一种不可忽视也无法回避的语言现象，但弱语用因素作用的结果常常会为人习焉不察，因而在语言运用中

---

① 参见 [英] 戴维·克里斯特尔《现代语言学词典》，商务印书馆2000年版，第301页。

带有一定的随意性。王助（2006）在研究否定羡余成分时，也有类似的看法，认为用不用否定羡余成分从理论上分析出的差别是否是每位说话人主观上想表达的差别是很难判定的。因此，有学者建议从下面两个方面考虑羡余与累赘的区分：一是凭借人们的语感，一是参照表达实际。① 但是，因为语感有时难以把握，表达实际又有口语与书面语之分，有时还受方言影响，所以，这两个方面只能是一个相对可取的方法。把两者合起来，实际上是一个语言习惯问题，即语言中有些羡余现象是由于经常使用并且已经被使用该语言的人们习惯而成为一种思维和言语的定式。如"南北气温相差悬殊"、"此事造成至少3名以上的平民丧生"、"它介乎于两者之间"等，判断它们是羡余还是累赘，要借助于使用频率的科学统计。语言是发展的，羡余现象的分析也是一个动态的过程。

　　另外，羡余现象单单是从语义上加以界定，还是考虑了句法因素（包括节律）、语用因素？如果全面考虑语义、句法和语用上与非羡余形式的一致性，那是最为严格意义上的羡余，即我们前面（本章第三节"三"）提到的"功能完全羡余"的情况。按照语言表达的经济原则，这种情况应该是少见的。事实上，目前对羡余的研究主要是从基本语义（真值条件意义）的角度作出界定的，即承认羡余形式和与之对应的非羡余形式之间可以存在语用及节律上的区别。戴耀晶（2004）认为，所谓"冗余"（即我们所谓的"羡余"），"指的是在一个语言结构体当中，某个符号形式所表现的语义内容不是理解它所在的语言结构体的意义时所必需的"。张谊生（2005/31辑）在框定羡余否定的范围时，明确指出羡余否定式和相关肯定式"基本语义一致，但在语用上却存在着细微而重要的区别"，作者所谓的"基本语义"跟我们的理解一致，即"真实条件"（truth condition）意义。石毓智（2001：223）也认为，"纯粹的羡余否定词是没有的，它们都有一定的作用，最常见的是加强否定语气"。王灿龙（2004）在考察"VP之前"和"没VP之前"所具有的可互换的同一性时，也"主要是就基本语义来说的，没有太多地考虑语用的因素"。这些都是对羡余成分较为宽泛的理解。是否具有一定的语用功能，以及是否符合汉语的节律结构，也可以作为将羡余形式与累赘形式作出区分的参照条件之一。

　　不过，就句法语义层面上界定某个虚词是不是羡余成分，我们认为不

---

① 　参见朱楚宏《词语累赘与信息羡余》，《荆州师范学院学报》2002年第6期。

仅要考虑到它的基本语义功能，还要考虑到句法要求，因为尽管语义标记的明确度与句法的强制性具有一定的关联，但句法本身有其自身的独立性，有时并不是语义动因所能够作出解释的。因此，如前（本章第三节"三"）谈到的，如果某个虚词仅仅是语义功能羡余，但在句法上必须强制出现，那么这个虚词在句子中的功能是属于非羡余的，不属于非羡余成分。就介词来看，刘丹青（2003：181）也有同样的看法，"作为虚词，介词的使用不仅有语义动因，也有句法动因，所以冗余的介词并不都能省略"。

事实上，前人对羡余现象研究的关注点主要还是在词汇语义层面上的羡余现象。虽然关于现代汉语句法语义层面羡余现象的研究也是语法学界比较感兴趣的一个课题，但对句法语义层面羡余现象的研究远未系统深入。目前，句法语义层面羡余现象的研究主要集中在否定标记词的功能羡余（即通常所说的"否定羡余"）问题。但对题元标记词、时体标记词、数量标记词的羡余现象基本还未作过较为全面、系统的研究。而对这一些羡余现象作系统考察是很有必要和很有价值的。如何更进一步从较为宏观的角度分析句法语义层面的所有标记词的羡余现象，它们之间有什么共性，各类标记词羡余现象的产生有哪些共同的理据和认知机制在起作用，等等，都值得思索。当然要解决这些问题必须首先从不同类别的标记词羡余的微观考察开始。

二　否定标记词羡余研究

前人对否定标记词的羡余现象进行过深入的研究。对羡余否定从结构、语义和语用的角度作过细致的分析，对羡余否定的类别、成因和存在理据也从类型学、认知等角度进行过较为详尽的考察。

石毓智（2001：214—223）比较详细考察了一些羡余否定形式：①好＋不＋形，如"好不漂亮"、"好不热闹"；②"差点儿/几乎/险些"＋没＋VP，如"差点儿没闹笑话"、"船几乎没翻了底"、"险些没把他撞倒"；③小心＋别＋VP，如"小心别打碎杯子"；④难免＋不＋VP，如"一个人难免不犯错误"；⑤不＋时间词，如"不一会儿他又回来了"、"不几天事情就办完了"；⑥在＋没＋VP＋之前，如"在没修赵州桥之前，一条河横断南北，阻碍了人们的往来，造成了不便"；⑦有些情况下，否定式和肯定式是从不同的角度来表达相同的意思，如：孩子怀疑事情还没有办完＝孩子怀疑事情已经办完。作者指出，"好不漂亮"、"好不热闹"等中的形容词加上否定词"不"后就不能再用程度词修饰，如果硬在否定式之前加一个程度词，就会使否定词"不"失去否定的功能，因此，其中的否定词"不"都是羡余的。[①] 作者在解释"差点儿 + 没 + VP"的羡余形式时，用"积极成分"和"消极成分"来分别替换"企望发生的事"和"不企望发生的事"的说法，认为积极成分的述语和补语之间是可分离的，消极成分的述语和补语之间是不可分离的。用"差点儿"和"没"一块否定积极成分时，相当于对积极成分的结果否定了两次，根据否定之否定等于肯定的原则，整个句子仍是肯定含义。而"差点儿"和"没"一块否定消极成分时，符合数学中的分配律，分别对消极成分进行否定，而并不是对消极成分的结果补语进行双重否定，"没"在这里实际上失去否定的功能，只起加强否定语气的作用。同样，"小心"和"别"，"难免"和"不"出现在消极成分之前，跟"差点儿"和"没"出现在消极成分前一样，使其中一个否定词失去否定作用，从而形成了又一种肯定式和否定式同义的现象。此外，作者认为时间词"一会儿"和"几天"等是离散的，本来不能用连续否定词"不"否定，因此，硬加上"不"就使得它失去了否定的功能而只起强调的作用。最后，作者指出，有一些表面上看起来是羡余否定，实际上是两种表达不同意义的结构。比如"在没有来之前我们不知道事情的真相"跟"在来之前我们不知道事情的真相"的意思差不多，而实际上两者的含义并不完全等值，前者强调"不知道真相"一直延续到否定结构中的动词"来"实现这一时刻才结束，后者没有这种强调功能，有可能在"来"之后很长时间还不知道。

关于"VP 之前"与"没（有）VP 之前"互换关系，王灿龙（2004）得出的结论是：就"VP 之前"来看，能否为"没 VP 之前"所替换，关键是看"VP 之前"所表示的时间义。如果"VP 之前"倾向于表示临近 VP 的时间，那么它就不能替换成"没 VP 之前"；相反，如果"VP 之前"倾向于表示 VP 发生之前的一个整体时间，那么它就可以被"没 VP 之前"所替换。就"没 VP 之前"来看，当它明显倾向于表示 VP 未然时的整体时间，即主句激活它的宏观时点义时，它就可以为"VP 之前"所替换。

[①] 作者同时指出，"容易"与"漂亮"、"热闹"等不同，"容易"加上"不"之后整个短语仍能用程度词修饰，就是说，在程度词和"容易"之间插入的否定词"不"是有实际意义的。作者认为，之所以"好容易"与"好不容易"在动词修饰语的位置上是同义的，准确地说不是因为"好不容易"中的"不"羡余，而是因为"好容易"中空缺了否定，即由于"好"和"容易"的语义特点使得没有否定词的"好容易"仍具有否定的含义。

　　戴耀晶（2000）也简要讨论了"没 VP 以前"这一羡余否定格式
（文中将"羡余否定"称为"冗余否定"）的成因，认为该格式产生羡余
否定的原因与平行格式"VP 了以后"所产生的羡余肯定有关，是汉语系
统内各要素相互制约的结果。戴耀晶（2004）又主要从语义的角度对汉
语祈使句中的羡余否定格式"小心别 VP"作出了分析。作者指出，在汉
语中，有些句子带上否定标记"别"和不带否定标记"别"语义上基本
相同，都是表示消极方面的防止类语义。并指出，祈使句"小心别 VP"
格式所表示的羡余否定要受到较多的语义条件限制。主要有：①句类限
制，即句类是祈使句，表示未来事件；②"小心"与 VP 的语义关系限
制，即"小心"表示提醒听话人注意，与 VP 之间在语义上是提醒和内容
关系（在句法上可分析为动宾结构），而不是表达描写和行为的语义关系
（在句法上分析为偏正关系）；③VP 动词的语义特征限制，即 VP 中的动
词短语是非可控词语。作者最后指出，羡余否定现象是具体语言中的习惯
用法。对汉语中的羡余否定现象只能进行具体的个案分析。一方面，应该
承认这些现象的产生是语言符号和符号组合受到任意性原则支配的结果；
另一方面，这些冗余现象的产生都有一定的理据，在使用上并不能任意类
推，要受到较为严格的语义和句法条件制约。

　　张谊生（2005/第31辑）则比较系统地分析了羡余否定的类别、成
因与功用。作者将羡余否定的类别和形式分为四类八种：表时量与表度量
（不一会儿｜没过几天）、表回顾与表推测（差点儿没 ~ ｜保不定 ~ 不
~ ）、表劝戒与表责备（小心别 ~ ｜责怪 ~ 不该 ~ ）、表先时与表后接
（没有 ~ 之前｜除非 ~ 不 ~ ）。作者指出，从羡余否定形成的原因来看，
主要有五种不同的来源：①标记评注类，即有些羡余现象中的否定词，实
际上是说话人在表述客观命题时主观情态的自然流露，是一种表示主观性
评注的辅助手段。较典型的标记评注就是那些在概数短语前出现的表时、
表量的"不"和"没"。① ②叠合紧缩类，即有些羡余否定实际上是由同

---

　　① 张谊生在后来（2006）的研究中明确将其中的"没"、"不"看作主观量标记。认为
"没"、"不"所起的作用不同于逻辑否定，加上或去掉"没"、"不"，句子的基本语义不会改
变。从实际的表达功用看，它们都是表示说话人主观情态的典型量标记，其作用就是对客观量进
行减量的主观评价，表达一种认识情态（epistemic modality）。因此作者认为，从真值条件意义上
讲，可以认为其中的"没"、"不"是羡余否定成分，但从预设和实际表达效果看，羡余否定式
和相对应的肯定式是不同的。

一命题的正反两种表述叠合归并形成的，都是在肯定表述的基础上，再附加一个否定性主观意愿紧缩而成的。首先，现在跟在"小心、后悔"后面的否定性谓词宾语，作为表示说话人的主观愿望的附加说明，本来是一个解说性或追补性的后分句，如：这书上面有名人的手迹，叫校工小心（，）别遗失了｜他真的有点后悔（，）不该为了一点小事而离家出走。其次，"差点"类羡余否定句和"保不住"类羡余否定句一开始都是在肯定式的基础上合并同类、保留否定形式之后形成的，如：……回头一看，我差点［叫出来，幸好］没叫出来。③隐含脱落类，即受语言经济性原则的制约，一些后接复句的中间推断过程在语言发展、进化中，经常性地被省略或隐含了，或者是在语法化的影响下，有些复句的依存关系由凝固而脱落了，从而形成了关联过程中的羡余否定现象。从语言发展和衍生的角度看，所有的"除非……才……"句式，都是在"除非……不……"基础上形成的，如："你们以为混过这股风就没事了吗？不行啊！娃子们！除非我死了［，只有死了，］才拉倒，死不了，总要和你们见个高低。"④复现添加类，即由于说话人对某些词语所含的否定义素，或者理解不够清楚，或者觉得力度不够，就在相关表述中有意无意地又加上一个否定，以强化否定效果。一些含有否定义素的"以免、免得、省得"等连词和"拒绝、避免、防止、抵赖、减少"等动词后面，往往再添加一个否定词，如："只有现在认真检查，多加提防，才能避免今后再度/［不再］出现这样的问题。"⑤语气情态类，即有些已经虚化了的否定副词是用于表示整个句子的语气情态的，它们既可以在句子层面加强确定或揣测语气，也可以同相似的语气情态词语替换。"别不是"的"别"和"不"都已经没有否定义了，如：看这样子，是想逃跑吧/不是想逃跑吧/别是想逃跑吧/别不是想逃跑吧。此外，作者指出，羡余否定式与肯定式之间存在着语用差异，大致涉及互有联系的四个方面：①主观倾向，与相应的肯定式相比，几乎所有的评注标记类羡余否定式都具有更强的主观倾向。②主观意愿，表示揣测类的羡余否定式隐含有较强的主观意愿。③主观评价，责备类和劝戒类羡余否定式比肯定式的主观评价态度更明确。④主观视点，后接类羡余否定式与相应肯定式的差异主要在于视点的不同。最后，作者认为，以往一般论著所说的羡余否定，其实并不是一种匀质的现象。

江蓝生（2008）进一步用概念叠加和构式整合对汉语中的诸多正反

同义结构的生成及语用动机作了统一的解释。所谓的概念叠加和句式整合，是在两个意义基本相同的概念之间发生的，意义相同的两个概念叠加后，通过删减其中的某些成分（主要是相同成分）的方法，整合为一个新的句式。这种句法创新现象既发生在构词层面，也发生在句法层面。构词层面，如：现今＋如今→现如今；果然＋不出所料→果不然；难道＋不成→难不成。句法层面，如：差点儿 VP（接近到达 VP）＋没 VP（没有到达 VP）→差点儿没 VP；难免 VP（正说）＋不 VP 很难（反说）→难免不 VP；没 VP（状态）＋VP 之前（时段）→没 VP 之前（兼表状态和时段，但以表状态为主）；除了 X（刨除）＋X 之外（某范围之外）→除了 X 之外。作者研究认为，以上各句式产生的动因也有差别："差点儿没 VP"和"没 VP 之前"是由原型否定式缺位引起的；"难免不 VP"是正反同义表达式因思维的断裂而叠加在一起的；"除了 X 之外"是语义相同的前置式与后置式的叠加。叠加式一般都具有强调的功能，其语义蕴含并不简单地等于原来两式意义之和，而仍有侧重，往往产生出主观化的新的情态语义，使之在表达上独具特色，这也是这些叠合式得以存在的原因。

江蓝生（2010）又进一步回答了表示肯定的"好不悲伤"（义同"好悲伤"）和状语位置上表示否定的"好容易"（义同"好不容易"）的由来。指出助动词"好"在反问句中表示反诘，产生反诘副词用法。"好不悲伤"最初为反问句，其中的"好"为反诘副词（相当于"岂"），经过句式的语法化，完成了从反问句到感叹句的转换。"好容易"最初应该是"岂容易、哪儿那么容易"的意思，用反问句表示否定；随后范围扩大，在陈述句中做状语，引申出"没那么容易、很不容易"的意思。而"好悲伤"、"好不容易"的"好"是程度副词，故意思是"很悲伤"、"很不容易"。根据江蓝生的研究，肯定义的"好不悲伤"源自反问句的转用，这种转用是句式功能语法化的结果，"好不悲伤"与"好悲伤"语义不相对称是因为两个"好"的语义和功能不同造成的；否定义的"好容易"也是源自反问句的转用，而与"好不容易"无关（"好不容易"的出现远远晚于"好容易"），两者语义不相对称，也是因为两个"好"完全不同。因而，确切地说，"好不容易"中的"不"未羡余，"好不容易"即为程度副词"好"修饰"不容易"；"好容易"中也未空缺否定，因为其中的"好"原本就是一个反诘副词，修饰"容易"，构成反问句，继而当构式的隐含义固化或凸显后，其功能扩展到陈述句中做状语，其发展过程为：好容易！（反问句：哪那么容易！）→好容易 VP！（在反问句做状语：哪那么容易 VP！）→好容易 VP！（在陈述句作状语：好不容易 VP）。作者在文中也说明了"好容易"、"好不容易"一式二义的情况：由于"好"一身兼有表程度和表反诘两种功能，所以"好容易"既可表示"岂容易"（只有在陈述句做状语时），也可表示"很容易"；"好不容易"既能表示"很不容易"（好＋不容易），也能表示"很容易"（好不＋容易）。学界之所以普遍认为"好不容易"中的"不"羡余，是因为汉语中存在与之异构同义的"好容易"，两者在形式上的差异只在于"不"的有无。

王助（2009）则讨论了汉语否定羡余词（即我们所说的"羡余否定标记词"）的特性：汉语否定羡余词广泛存在，只是每个人使用否定羡余词的范围和频率不一样；个别情况下还可以看到双重否定羡余词的现象，比如"别不是什么小姐吧"；有时，句中的否定词到底是不是否定羡余词并不容易确定，比如"没两个月"，表示"不到两个月"时，"没"不是羡余否定词，表示"仅仅才两个月"时，"没"是个否定羡余词；使用羡余否定词的频率通常低于不使用羡余否定词的频率，各句式中使用否定羡余词的频率相差很大；使用否定羡余词首先是一种个人的语言习惯，同时可以表示强调，包括加强否定语气或肯定语气；否定羡余现象往往是人们在话语时正思维和反思维的二元合一[①]，比如："当心被黑社忽悠"（正思维）＋"别被黑社忽悠"（反思维）＝"当心别被黑社忽悠"；否定羡余词有时使得句子不合逻辑，但这是约定俗成的，不影响理解；一般说来，否定羡余词主要是一种口语现象，但也较经常地出现在书面语中。

实际上，羡余否定现象并非是汉语所独有的，在英语、法语等语言中也存在这种现象。对此，奥托·叶斯柏森（1988：482）认为，在强烈的感情影响下，说话者想要绝对保证否定的意义得到充分理解，因此，他不仅把否定词加在动词上，而且加在句中任何易于构成否定的成分上：事实上他给整个句子蒙上了一层否定色彩而不是把否定局限在一个地方。Hopper & Traugott，（2003：117）也涉及了法语否定结构中的羡余否定现

[①]　这与江蓝生（2008）提出的"概念叠加"有相通之处。江蓝生认为，一个概念往往可以从正反两个方面进行表述，因而所谓的概念叠加，其实就是人脑对某一概念的正反两个角度的表达式的叠加，或曰两种心理意象的叠合。基于经济原则和句法规则的约束，概念不能简单叠加，需要在结构上进行整合，使之既简约又能在表层结构上与汉语语法的原型句式兼容。

象，指出法语书面语的否定结构中的否定标记词的构成，动词前是 *ne*，动词后主要是 *pas*，并认为 *pas* 在否定式中是对 *ne* 的一种无标记的补足项，而在口语中 *ne* 则经常脱落，仅剩下 *pas*，如 *je sais pas*（I don't know）。

王助（2006）曾专门对现代汉语和法语中的否定羡余成分（文中也称"否定赘词"）进行了比较研究。作者指出，汉语和法语中的否定赘词都出现在各自语言中的某些固定句式、结构中。这些固定的结构中用与不用否定赘词在理论上分析是可以有某些思维上或程度上的差别，但这种理论上分析出的差别是否是每位说话人主观上想表达的差别则很难判定。在汉语中，用与不用否定赘词首先是一种个人语言习惯问题，其次才是表达某种强调的作用，而法语中，用不用否定赘词是个语级的问题，典雅语中较常见，大众语中较少用。最后，作者认为，汉语和法语是差别很大的两种语言，但它们恰好都具有否定羡余成分的现象（尽管表现形式不尽相同）。这里面有偶然因素，但在某种重合的语言现象中也可以反映出人们在思维模式和表达方式上具有的某些共性。

三　其他句法语义标记词羡余研究

学界在对汉语句法语义标记词羡余问题的微观研究中，除了对否定标记词的羡余现象作了相对详尽的考察之外，对其他句法语义标记词的羡余现象也有零星涉及。黎天睦（1994）就曾指出："汉语语法语素有意义交叉之处，两个语素往往可以省去一个。非但动词的标体小品词有时可以省去，连指示代词、指示形容词、连词、介词有时也可以省去，省去之后意义不变。"

刘丹青（2003：181）曾揭示了汉语介词在题元标记功能上的羡余现象（作者称为"冗余现象"）。作者指出，一般所说的汉语介词不能连用，只是局限于二级前置词，"其实介词连用或前后搭配都是人类语言的常态，并遵循共同的范域规则，这是由介词的不同的抽象度造成的，汉语并非例外"。"在语义抽象等级不同的情况下，框式介词或介词连用可能会造成语义上的冗余现象，因为具体的题元义有时已包括了更抽象的题元义，比如方位后置词就蕴涵了处所题元，所以表示抽象方所题元的'在'就可能是冗余的，'在桌子上'就等于'桌子上'。另一方面，当方所后置词的位置义并不很具体，而只是标明方所题元时，后置词也可以是冗余

的，前后置词取其一即可。所以'在学校里'就等于'在学校'或'学校里'。"此外，作者指出，方位词短语做定语时，由于方位词已经有从属语标记的作用，所以与其连用的一级后置词"的"也是冗余的。在普通话中这个"的"是句法上强制性的，如"房间里的客人 | ＊房间里客人"。但在方位后置词更虚化的吴语中，"的"的对应词此时可以省略，方位后置词兼有定语后置词的作用。

齐沪扬（2000：181—183）也曾探讨了作为格标记的介词省略的语义制约。作者注意到：许多表示关涉、时间、空间的介词经常可以省略；大多数表示施事、受事的介词可以通过移位，将介词后的词语移至其他位置，然后将其中的介词省略掉；意义较虚的介词，使用频率较高，在使用中则往往可以省略；介词前后词语的不同意义，会对介词能否省略产生影响。作者的这些发现是有益的。介词的上述隐现规律恰恰也可以从介词的题元标记功能羡余的角度来加以解释。我们在本书第二章会较为详细地谈到，现代汉语区分 NP 语义角色的主要手段有四种：通过动词的语义特征、通过 NP 的句法位置、通过 NP 本身的语义特征、通过添加特定的虚词。比如，抽象的具有处所或时间题元标记功能的介词用于典型的时地名词语前，其题元标记功能往往是羡余的（在天即将黑的时候，打工的人回来了→天即将黑的时候，打工的人回来了）。又比如，与二价动作动词同现的 NP，主语位置往往是施事题元，宾语位置往往是受事题元，因此，如果由"把"标记的受事题元位移至动词后的宾语位置，"把"就可以（而且必须）省略掉了（我不小心把玻璃打碎了→我不小心打碎了玻璃）。再比如，"在"比方位词的题元义更为抽象，方位词蕴含了"在"的处所题元义，因而介词"在"往往可以省略。

齐沪扬、唐依力（2004）又专门探讨了带处所宾语的"把"字句中 V 后格标的脱落现象。作者指出，动词的语义特征、格标记的虚化程度、处所宾语 L 和"把"后宾语 O 的语义特征、节律等都会影响到格标的隐现。又指出，在实际的语言运用中，只要语义不受影响，人们倾向于选择脱落的形式，因为它符合语言表达的经济性原则。作者认为，语言表达通常受两股势力的左右。一是语言表达者总想表达得全面而精确，那就是尽量追求形式和意义之间的象似性；二是表达者又总想省力，也就是尽量追求效率和经济性。因此从语言表达看，标记模式是最佳的解决方案。常用的无标记项在形式上简化或弱化，这样就兼顾了语言的象似原则和经济原则。"把 + O + V + L"句式中格标脱落这一现象就极好地体现了标记模式的原理。

当然，作为格标记的介词隐现问题有时也并不是语义动因所能够作出完全解释的，因此，陈昌来（2002/安徽教育出版社：243—254）既从语义的角度，也从句法和语用的角度对制约介词隐现的机制进行了一些有益的探索。

储泽祥（2004/第 2 期）则专门对汉语"在 + 方位短语"里方位词的隐现机制作了探索，涉及方位词的语义功能、句法强制性及韵律配置作用。在作者所列的方位词的几个方面的隐现机制中，"语义需要"是对方位词隐去的限定范围最小的，也就是说，在满足句法和韵律的前提下，由语义需要来最终决定方位词的隐现，即"位置不必具体、维向不必确定的情况下，方位词都可以隐去"。究其原因，正是因为，"当方所后置词的位置义并不很具体，而只是标明方所题元时，后置词也可以是冗余的，前后置词取其一即可"（刘丹青，2003：181）。刘丹青（2002/第 5 期）也曾提到，壮侗语的方位词只在语义需要时使用，如果语义不需要，前置词就足以介引处所题元。

储泽祥等（2006）进一步探讨了处所角色宾语属性标记的隐现情况。作者认为，后置方位词是处所属性标记，"N·方"凭借自身的语义获取处所角色身份，在很大程度上不依靠动词来赋元。如果 N 本身能表示处所，后置方位词的处所属性标记功能因为羡余而可能隐去不用。

张谊生（2013）考察了介词（包括介词性语素）叠加的方式与类别、作用与后果。作者指出介词叠加的方式与类别主要有六种：并列式与归并式、附加式与嵌套式、融合式与累积式。作者认为，介词叠加主要是为了强调、协调和别义，并指出介词叠加的后果主要体现在两个方面：并列叠加的词汇化趋势、结构错配的附缀化性质。

除了上述题元标记词的研究之外，张谊生（2001）已经注意到"N们"虽然不能同表确数义的数量词语共现，但却可以同表示概数义的词语共现，如"一群大夫们"、"那些投降主义者们"、"几位'大师'们"。作者认为，这些概数表达式同"们"共现其实是一种词语搭配的羡余（文中称"羡馀"）现象；纯粹从逻辑的数量概念看，这些"们"都是多余的"重复"，因为前面的词语都已显示了"群体"概数义；然而从交际的表达效果看，这些"们"又是必要的，因为它们进一步强调和突出了"们"的群体性，可以起到配合的作用。类似这种数量标记成分羡余的情况，在其他形态相对丰富的语言中更是常见的，比如，戴维·克里斯特尔（2000：301）认为英语中"The bird flies"（鸟会飞）这样的句子就有羡余成分，因为主语和动词都有单数标记，理论上讲，英语只需使用 the bird fly 和 the birds fly 就可明确区分单数和复数。

此外，张谊生（2006）在研究主观量标记"没"、"不"、"好"时涉及了主观赋量标记的羡余问题。① 作者引用了白梅丽（1987）的研究结论，即在语义关系一致（均为左向）的情况下，从说话人对情景的期望和评价的角度看，"就"是负向的，表减值强调，而"才"是正向的，表增值强调。作者据此认为，可以与减量标记"没"、"不"共现的只能是"就"，而不能是"才"，如："一位日本太太进去方便了一下，出来迈出没几步就［*才］忍不住弯腰吐了一地。"反过来，可以与增量标记"好"共现的只能是"才"，而不能是"就"，如："敲了好一会门，叫了好半天的，这才［*就］打开了一条缝。"作者同时指出，如果"才"的语义指向右面表示减值，那么"才"可以和"没"共现，如：才来了没几天。

总之，根据目前的研究情况，我们有必要对现代汉语句法语义标记词的羡余现象作更为全面、深入、系统的研究。相信这些基础性研究将对汉语语法研究、对外汉语教学以及中文信息处理在相关领域的深入起到积极作用。

第五节　本课题的研究方案

一　研究内容和拟解决的关键问题

本课题研究旨在对汉语的句法语义标记词的羡余现象作较为全面、系统的研究。因为否定标记词羡余研究相对比较成熟，已有不少成果。因

---

① 严格来说，主观赋量标记当属语用标记。考虑到它们是从语义标记词发展而来，经历了语义功能弱化、羡余，语用功能得以凸显的过程，因此，在我们的研究中，对这类标记词也有所关注。

此，我们接下来主要研究题元标记词、时体标记词、数量标记词的羡余问题。但由于汉语的数量标记，尤其主观赋量标记羡余问题相对复杂，并且许多主观赋量标记事实上已经是一种比较典型的语用标记（它们本身不影响句子的真值语义），再加上书稿的篇幅有所限制，因此，我们在本书中暂时着力研究题元标记词和时体标记词的功能羡余问题。虽然也涉及数量标记词的羡余现象，但将数量标记词羡余的具体问题留待今后进一步加以系统、深入的探讨。

本课题拟解决的关键问题如下：

1. 对各类句法语义标记词的功能及其羡余现象作出界定，并将之与语用标记词作出区分。对句法语义标记词羡余现象的"合理合法"性提出自己的看法。这是本项目研究的基础。

2. 在前人研究的基础上，主要对题元标记词、时体标记词的羡余现象分别作较为全面、系统的微观考察。主要包括：

①从共时的角度对这些标记词的语义标记功能，以及它们可能具有的语用功能作出相对细致的描述；

②从历时角度考察这些标记词羡余现象的产生、发展和结果，即标记词的产生、固化、弱化或功能转移的过程，以及对语言系统可能产生的影响；

③从语言系统本身的历时变化和功能角度探讨汉语句法语义标记词羡余现象存在的原因和理据。任何一个语法形式的应用都要以其语法意义为基础。因此，从语言经济性角度来看，纯粹的"羡余"最终都会被取消，而存在着的"羡余"都应该有其存在的理据。

二 拟采取的研究方法和技术路线

本课题主要从语言功能出发，坚持用动态的、发展的、联系的观点，有所选择地运用语义语法学理论、语法化理论、标记理论以及认知和类型学的相关理论，从一种新的视角考察汉语句法语义层面的标记词羡余现象及其相关问题。本课题在研究过程中，立足于具体的语言事实，力求做到：

1. 共时研究和历时研究相结合。共时平面标记词的羡余现象可以通过历史考察加以说明，而标记词的产生、固化、弱化或功能转移的历时过程在共时平面上也可以得到验证。不过，我们的历时考察主要还是为了解释共时的语言现象。

2. 描写和解释相结合。在客观的共时和历时描写中，从语言功能，以及语言系统本身的历时变化和认知角度探讨汉语句法语义标记词羡余现象存在的原因和理据。

3. 宏观研究和微观的个案分析相结合。宏观研究是建立在微观研究的基础上的，宏观研究又是微观研究的起点和终点。全文除了第一章绪论之外，第二章是对汉语题元标记词功能羡余现象进行宏观考察。第三、四章是对处所题元标记词"在"的羡余问题进行个案分析。第五章是对羡余题元标记词"给"形成的原因及过程进行个案分析。第六章是对汉语时体标记词羡余的现象进行宏观考察。第七、八章是对"实现体"标记词"了₁"、"了₂"、"已经"以及"都"之间体功能的羡余问题进行个案分析。第九章是对由语义标记词虚化而来的语用标记"还是"以及"一个样"中的"个"进行个案考察。虽然，我们的写作过程是从宏观到微观，可我们实际的操作过程却是先从微观入手，对个别标记词的羡余现象及其产生的原因、过程和趋势等进行了一系列的微观考察，之后我们才有可能做到从宏观上加以论述和探讨。

4. 共同语研究与方言研究相结合。适当利用方言研究的成果来佐证共同语研究中得出的某些结论。甚至还利用一些外语的研究成果，来说明人类语言中关于标记词羡余的某些共性。

当然，因为题元标记、时体标记等各有其复杂性，因此，根据不同的难点问题，我们在具体的研究中会有所侧重而非平均用力：有的侧重于共时考察，主要考察羡余标记词隐现的语用差异；有的侧重于历时考察，主要考察羡余标记词的产生、发展、趋势，及其对语言系统的影响；有的侧重于从宏观上对一系列的羡余现象进行描写；有的侧重对个案进行深入的分析，在描写的基础上加以解释。此外，我们不刻意追求各章节字数内容的平衡，而是依据语言事实本身的复杂性来写。对有心得、较为复杂的问题加以讨论与深究，而前人多有研究的内容略或不写。

另外，在语言事实的采用和描写上，我们视不同情况分别采用问卷调查、语料检索、统计分析等定量研究方法，并适当运用归纳法加以整理、归纳和分类。文中除了部分常用例句自拟之外，有的来源于《现代汉语八百词》（增订本）、《现代汉语词典》（第6版）等工具书及相关参考文献，有的来源于北京大学汉语语言学研究中心（CCL）语料库，部分来源于国学网站。因为例句数量较多，若是一些没有争议的常用例句，为节约篇幅起见不一一注明出处，若是一些比较特殊的例句，或者需要特别说明的，也会注明例句的出处。

三　研究特色与创新之处

1. 羡余现象是语言动态发展过程中出现的合理现象，出现在语言的各个层面。前人研究的关注点主要还是在词汇语义层面上的羡余现象，对句法语义层面羡余现象的研究远未系统深入。本课题则从虚词的语义标记功能入手，对句法语义层面的羡余问题作了大致的梳理。

2. 学者对句法语义层面羡余现象的研究主要集中在否定标记词的功能羡余问题，但对其他语义标记词的功能羡余问题基本还未作过系统的研究。本课题在对句法语义标记词及其羡余现象作出界定的基础上，较为系统地研究了题元标记词、时体标记词的功能羡余问题。

3. 本课题既从共时的角度对虚词的语义标记功能及其羡余现象作相对细致的描写，又从历时的角度考察部分羡余标记词的产生、固化、弱化或功能转移的过程，及其对语言系统产生的影响。

总的来看，本课题展开的一系列研究都是前人未曾深入探讨过的，具有一定的开创性，也为语言研究开拓了新的思路。在本课题研究期间，"语言成分羡余、省略、脱落等现象研究"这一课题于 2010 年首次进入"国家社会科学基金项目课题指南"，相信已经引起了学界足够的重视。本课题的研究成果大部分已在国内外一些重要学术刊物，以及一些重要学术会议上发表、转载或介绍。希望笔者所作的研究能为以后研究相关课题的学者提供有益的参考。

第二章 汉语题元标记词功能羡余研究

第一节 关于汉语虚词的题元标记功能

一 区分NP语义角色的主要手段

一般认为，汉语缺少严格意义的形态变化。因此，一个名词性成分（NP）在句中承担何种语义角色（题元），在形态上是区分不出来的。现代汉语区分NP语义角色的主要手段有以下四种：

1. 通过动词的语义特征。即依靠动词的配价情况。比如，与性状类一价动词同现的NP是系事题元[①]，如"小王病了"、"这种款式很流行"。再如，与"存在"类二价动词共现的NP往往是系事题元和处所题元，如"小王在101教室"、"北京市位于华北平原北部"。

2. 通过NP的句法位置。即依靠一定的语序。比如，与二价动作动词同现的NP，主语位置往往是施事题元，宾语位置往往是受事题元，如"小李表扬了小王"、"他握了一下我的手"。不过，因为经常会由于某种语用需要而改变语序，故也是"非先后之序所能毕达"。

3. 通过NP本身的语义特征。比如，一些典型的时间词语和处所词语，其自身能够反映一定的题元义，如"明天"、"周末"、"几分钟后"、"读大学期间"等是典型的时间词语，在句中往往充当时间题元；"门口"、"湖心"、"教室里"、"学校西边"等是典型的处所词语，在句中往往充当处所题元。再如，在吴方言，以及受吴方言影响的江淮官话中，存在"$NP_受 + NP_施 + VP$"（这碗汤侬喝掉｜作业我做完了）和"$NP_施 + NP_受$

---

① 参见陈昌来《现代汉语语义平面问题研究》，学林出版社2003年版，第115页。系事是性状动词所描述的对象，是性状动词所联系的主体，不具有施动能力。

+VP"（侬这碗汤喝掉丨我作业做完了）这两种格式。其中，施事题元或受事题元的区分，主要就是依靠 NP 的"生命度等级"和"控制力强弱"来判断的。

4. 通过添加特定的虚词。比如，介词"把"后接的 NP 往往是受事题元，如"我把玻璃杯打碎了"、"学校把他开除了"。再如，介词"在"后接的 NP 是处所题元或时间题元，如"他在教室看书"、"这事儿发生在革命年代"。

上述四种手段往往是共同发挥作用，使名词性成分的语义角色得以明确。其中，句位和虚词是形式上显性的赋元手段。

二　关于汉语虚词的题元标记功能

具有题元标记功能的虚词主要就是指前置介词、一些意义虚化了的方位词、个别助词。题元标记功能是它们基本的语义功能。①

方位词的题元标记功能相对比较单纯。标记它所由构成的 NP 是一个处所题元或时间题元。储泽祥、彭建平（2006）也曾明确指出后置方位词是标示处所题元身份的标示灯，是属性标记。

具有题元标记功能的助词主要是比况助词，以及没有后接 NP，被"悬空"了的"被"、"把"、"给"。② 比况助词标记它所附的 NP 是一个比事题元。③ 而被悬空的"被"、"把"、"给"，虽然已无所谓对其后面未出现的 NP 的题元标记作用，但仍对其前面的 NP 具有一定的赋元作用。例如：

（1）那只老母鸡早已被吃了。

（2）桌子高头有一瓣西瓜，三仔，你把吃得。（转引自胡德明

---

①　除了题元标记功能，介词和意义抽象的方位词在句法上还有一定的功能转化作用、管约和标界作用、联缀作用等。

②　几乎所有的语法理论都认为，介词后面是不能悬空的。当"被"、"给"、"把"被悬空，直接位于 VP 前，一般认为它们已经从介词进一步虚化为助词，而不再认为是介词了。

③　参见陈昌来《现代汉语语义平面问题研究》，学林出版社 2003 年版，第 291—293 页。比事是语义结构中用来对主事的某方面进行比拟的事物。

2006①）

　　（3）家里的水龙头我给修好了。

　　（4）虫子都给消灭光了。

　　（5）我把家里的水龙头给修好了。

　　（6）虫子都被我们给消灭光了。

　　这种题元标记功能带有辅助性质，因而常常是羡余的。但有时这种题元标记功能却是不可或缺的，若去掉会影响句子的基本语义。如前例（1），如果没有"被"，那么"那只老母鸡"到底是施事题元还是受事题元是有歧义的。又如"我一共被偷走了三个手机"，如果没有"被"，"我"便成了施事题元。

　　张谊生（2003）认为，例（1）这样的"被 V"句中的动词具有共同的语义特征，即都是二价动词，但"凡是进入'被 V 句'的二价动词，原来的两个必有论元必定要有一个（一般是施事论元）变成可有论元"。"施事尽管在语义上是存在的，在形式上也大都能补出来，但实际上都没有出现，也不必或不宜出现。"这就表明，助词"被"标记在它前面出现的 V 的必有论元是受事题元。石定栩、胡建华（2005）将悬空的"被"看作"被动标记"，并从"被动标记"的角度认为，"被"以动词短语为补足语，"当 VP 成为'被'的补足语以后，V 失去了分配受格的能力，但保持赋予受事角色的能力，所以 V 的补足语 NP₁ 具有受事的地位，但却必须移到主语位置上去以便取得主格"。这也表明，"被"前主语位置上的 NP 具有受事题元的身份。

　　助词"把"则标记在它前面出现的 V 的两个必有论元（NP），其中紧挨"把"的 NP 是施事题元，位于句首主语位置的 NP 是受事题元，如例（2）。

　　助词"给"出现在口语中，其标记功能有些复杂：如果其前同时出现 V 的两个必有论元，那么在无其他题元标记（如介词"把"、"被/叫/教/让"）的情况下，则标记紧挨"给"的 NP 是施事题元，另一个位于句首主语位置的 NP 则是受事题元，如例（3），其中"给"相当于助词

---

　　① 作者记录的是隶属江淮官话的清水方言，意思为"桌上有一瓣西瓜，三仔，你把它吃掉"。据我们考察，在吴方言区的一些地方方言中也存在"无宾把字句"。

"把";如果其前只出现 V 的一个必有论元,则标记该 NP 是受事题元,施事题元省略或隐含了,如例(4),其中"给"相当于助词"被";如果其前同时出现 V 的两个必有论元,且有其他题元标记,如"把"、"被"等的情况下,则与"把"、"被"等共同标记位于"给"前的 NP 是受事题元或施事题元,其中"给"在题元的标记功能上是羡余的,如例(5)、(6)(参见本章第二节"二")。

　　前置介词的赋元功能相对比较复杂。不同的介词有各自典型的题元标记功能。但有的介词经常出现一些非典型的题元标记功能,如"把"后 NP 的典型的语义角色是受事,但如"几碗酒就把他喝趴下了"中的"他"却是动作的施事,"正在节骨眼上偏偏把老张病了"中的"老张"是系事。不过,非典型的语义角色与典型的语义角色之间还是具有一定的共性,即"把"后的 NP 都受到某种致使力量的影响而出现某种结果。从这个角度来看,"把"的标记功能还是稳定的,而且,从典型性来看最易受到某种致使力量影响的 NP 的确是"受事"。下面简单列举一下一些常用介词比较典型的题元标记功能[①]。

　　1. "被"、"叫/教"、"让"、"给₁"(同"被")、"由₁"、"为"(wéi,跟"所"字合用)等标记其后接的 NP 是一个施事题元。本书所谓的"施事"取较为宽泛的概念,包括了有生的施动体和无生的施动体。例如:

　　　　(7)这套书被人借走了一本。

　　　　(8)把窗户关上点ₙ,别叫风吹着。

　　　　(9)行李让雨给淋了。

　　　　(10)羊给狼吃了。

　　　　(11)准备工作由我负责。

　　　　(12)这种艺术形式为广大人民所喜闻乐见。

　　2. "把"、"将"、"管"(跟"叫"配合使用)、"给₂"(同"把")

---

　　① 每一类内部的成员之间由于来源、虚化途径和虚化程度不同,因而难免在语义、句法、语用上存在或多或少的差异,对这种差异,许多学者曾分专题进行过深入探讨,我们不再一一赘述。

等标记其后接的 NP 是一个受事题元。所谓的"受事"也取较为宽泛的概念，大致相当于"客体格"（Objective）的含义，包括动作的承受者或相关客体。例如：

（13）你把衣服洗洗吧。

（14）请将门关上。

（15）他长得又矮又胖，大家都管他叫小胖子。

（16）你给录音机搁的屋里头，……（转引自王健 2004）

3．"和"、"跟"、"同"、"与"、"给$_3$"、"为$_1$"、"替"、"比"、"对$_1$"、"冲$_1$"、"拿$_1$"等标记其后接的 NP 是一个与事题元。这儿所谓的"与事"也取宽泛的含义，大致包括以下几种：

①一般所说的，由"和"、"跟"、"同"、"与"等标记的狭义的"与事"。① 例如：

（17）我和大家讲讲他过去的经历。

（18）有事要跟群众商量。

（19）有啥事，我都同他说。

（20）我们要有长期与困难作斗争的准备。

②由"给$_3$"、"为$_1$"、"替"等标记的"受益对象"。例如：

（21）他给我们当翻译。

（22）老先生欣然为这本书写了一篇序。

（23）他倒真替你找到了这份材料。

③由"比"等标记的"比较对象"。例如：

（24）许多同志都比我强。

---

① 这组词是典型的连、介兼类词，只有在充当介词时才具有与事题元的标记功能。连、介区分可以使用替代、互换、分解、插入、题化、转换等六种方法。

④由"对₁"、"冲₁"、"拿₁"等标记的"动作对象"。其中"拿₁"后面的动词只限于"当、没办法、怎么样、开心、开玩笑"等少数几个。[①]例如：

（25）他对我表示谢意。

（26）他扭过头来冲我笑了笑。

（27）别老拿他开玩笑。

我们之所以把上面四个小类归在一个大类里边而不是分立开来，是因为它们之间的界限并非十分明确，小类的划分只是反映大致的情况。比如，介词"和"、"跟"、"同"、"与"等，其后接的 NP 也可以是"比较对象"，如"今天跟昨天比，气温下降了五度"。又如，介词"对₁"常常可以替换"和"、"跟"、"同"、"与"而不影响基本语义，如"有啥事，我都同他说 | 有啥事，我都对他说"。再如，介词"给₃"后接的 NP 还可以是一般的"动作对象"，如"我给他去了个电话"，甚至有时是"动作的受害者"，如"小心别把玻璃给人家碰碎了"。不过，它们之间还是具有较强的共性，它们后接的 NP 的语义角色大致相当于"Dative"（与事格）概念，所以统一归在一个大类里。

4. "对₂"、"对于"、"关于"、"就"、"论"、"拿₂"等标记其后接的 NP 是一个关涉题元。其中"拿₂"后面的动词限于"说、讲、看"或"比、比较、衡量、分析、观察"等。[②]例如：

（28）对（于）这个问题，大家的意见是一致的。

（29）关于运输问题，我想再说几句。

（30）这部作品就语言看来，不像宋朝的。

（31）论产量，改良稻种比一般稻种高两成左右。

（32）拿全年平均成绩来看，小张比小王好。

5. "以₁"、"依"、"照"、"按"、"按照"、"根据"、"通过"、"本

---

① 参见吕叔湘主编《现代汉语八百词》（增订本），商务印书馆 1999 年版，第 393 页。

② 同上。

（着）"、"据"等标记其后接的 NP 是凭事题元。^① 所谓的凭事题元，包括以下几种：

①由"以₁"等标记的"工具"或"材料"。^②"工具"和"材料"本来就具有密切相关性。例如：

（33）以合成橡胶代替天然橡胶。

②由"依"、"照"、"依照"、"按"、"据"、"按照"、"根据"、"通过"、"本（着）"等标记的"方式"或"依据"。"方式"和"依据"也具有密切的相关性。例如：

（34）这件事，你就依照他说的去做。

（35）咱先按照年龄分组。

（36）计划还要根据群众的意见加以修改。

（37）我们要通过不同的渠道了解情况。

（38）本此方针，采取如下措施。

（39）本着求同存异的原则，我们坦率地交换了意见。

"工具"、"材料"和"方式"、"依据"之间的界限也并非十分明确。比如，"以₁"介引的 NP 也可以是"方式"或"依据"，如"平均每户以四口人计算"。又如，"通过"介引的 NP 也可以是某种媒介（"工具"或"材料"），如"植物通过阳光，把水和二氧化碳合成有机物质"。

6. "为₂"、"为了（着）"、"因"、"以₂"、"由₂"等标记其后接的 NP 是因事题元。^③ 因事题元主要包括"目的"和"原因"，两者本来就紧密相关。例如：

（40）大家都为这件事高兴。

---

① 参见陈昌来《现代汉语语义平面问题研究》，学林出版社 2003 年版，第 175 页。

② "用"和"以₁"一样也可以后接工具、材料题元，但前者是动词，后者一般认为是介词。参见《现代汉语词典》（第 6 版），商务印书馆 2012 年版，第 1569、1538 页；吕叔湘主编《现代汉语八百词》（增订本），商务印书馆 1999 年版，第 626、613 页。

③ 参见陈昌来《现代汉语语义平面问题研究》，学林出版社 2003 年版，第 277 页。

（41）为了培育下一代，我愿意终身从事教育工作。

（42）我们因这个问题讨论了一个上午。

（43）安徽祁门以盛产红茶而著名。

（44）由感冒引起了肺炎。

7. "在"、"当"、"趁"、"乘"、"赶"、"距"、"离"、"自$_1$"、"从$_1$"、"自从"、"打$_1$"、"自打"、"打从$_1$"、"由$_3$"、"由$_4$"、"从$_2$"、"自$_2$"、"打$_2$"、"打从$_2$"、"沿（着）"、"顺着"、"往"、"朝"、"向"等标记其后接的 NP 是处所题元或时间题元。相对抽象的时间关系是由空间关系隐喻形成的，因此，二者是共用一套题元标记词的。其内部又可以细分出较为具体的题元义，包括以下几种：

①由"在"、"当"、"趁"、"乘""赶"等标记的"处所或时间的位置"。① 其中"当"、"趁"、"乘"、"赶"等多标记时间题元。例如：

（45）当我回来的时候，他已经睡了。

（46）趁着休息的时候他给我理了发。

（47）我大约赶年底就回来。

②由"从$_1$"、"自"、"自从"、"打$_1$"、"自打"、"打从$_1$"、"由$_3$"等标记的时间或空间的"起始点"。其中"自从"、"自打"、"打从$_1$"等大多标记时间的"起始点"。例如：

（48）他从楼上跑下来。

（49）本次列车自北京开往乌鲁木齐。

（50）自从他离开北京，我们一直没见面。

（51）老郑刚打县里回来。

（52）儿子自打离家以后，没有回来过。

（53）打从春上起，就没下过透雨。

---

① "距"、"离"等也都可以后接处所或时间题元，但一般把它们看作动词。参见《现代汉语词典》（第 6 版），商务印书馆 2012 年版，第 705、791 页；吕叔湘主编《现代汉语八百词》（增订本），商务印书馆 1999 年版，第 359 页。

（54）明晨七点由首都机场起飞。

③由"从₂"、"打₂"、"打从₂"、"由₄"、"沿（着）"、"顺着"等标记的"经由点"。多指处所。例如：

（55）列车从隧道里穿过。

（56）打水路走，两天可以到。

（57）公交车打从公园门口经过。

（58）参观美术展览请由东门入场。

（59）雨水顺着帽沿直流。

④由"往"、"朝（着）"、"向（着）"等标记的"方向或目标"。例如：

（60）这趟车开往上海。

（61）舰队朝海岛驶去。

（62）水向低处流。

"朝"、"向"等标记的"方向或目标"有时也可以看作一种"动作对象"。比如"他朝我挥手，我朝他点头"、"向人民负责"。

第二节　汉语虚词题元标记功能羡余现象

一　虚词与其他手段的赋元功能重合

虚词与其他手段的赋元功能重合而造成羡余，主要涉及下面一些情况。

（一）方位词与典型的时地名词语

意义抽象的方位词附在典型的时地名词语后，其题元标记功能经常是羡余的。例如：

（63）a. 上个月里他来过一次。　　　＝b. 上个月他来过一次。

（64）a. 他五岁上死了父亲。　　　　　= b. 他五岁死了父亲。

（65）a. 你假期中去了哪里旅游？　　　= b. 你假期去了哪里
旅游？

（66）a. 教室里坐满了学生。　　　　　= b. 教室坐满了学生。

（67）a. 墙头儿上站着些人。　　　　　= b. 墙头儿站着些人。

（68）a. 渣滓洞监狱中关押过很多革命烈士。 = b. 渣滓洞监狱
关押过很多革命烈士。

例（63）—（68）a 与 b 的基本语义都相同。b 中的时地名词语，尽管没有后附方位词，但它们所表示的时间或处所题元义是明确的。因此，例（63）—（68）a 中的方位词"里"、"上"、"中"等的题元标记功能羡余了。"教室"、"墙头儿"、"渣滓洞"有时也可以看作事物名词，如"教室灯火通明"，但在存现句式中，它们一定是处所题元，如例（66）—（68）b。储泽祥等（2006）在探讨处所角色宾语属性标记的隐现情况时认为，后置方位词是处所属性标记，"N·方"凭借自身的语义获取处所角色身份，在很大程度上不依靠动词来赋元，但如果 N 本身能表示处所，后置方位词的处所属性标记功能因为羡余而可能隐去不用。

（二）方位词与要求带处所宾语的 VP

要求带处所宾语的 VP 主要包括具有［＋位移］、［＋趋向］义的 VP（如"来"、"去"、"到"、"进"、"出"、"上"、"下"、"回"、"入"、"往"、"返"、"开往"、"走进"、"返回"、"抵达"、"离开"等）和表现位置义的关系动词（"在"、"位于"等）。尽管有些 NP 本身既可表示处所，又能表示事物，但当它在要求带处所宾语的 VP 后做宾语时，一定表示处所。即要求带处所宾语的 VP 对其后的 NP 有"择定功能"。此时 NP 后附的方位词的题元标记功能也是羡余的。例如：

（69）a. 我去行政楼里办点儿事。　　　= b. 我去行政楼办点
儿事。

（70）a. 他已经回宿舍里了。　　　　　= b. 他已经回宿舍了。

（71）a. 现在小王正在邮局里。　　　　= b. 现在小王正在邮局。

（72）a. 孩子们欢快地跳入水池中。　　= b. 孩子们欢快地跳入
水池。

（73）a. 他弯腰走进那个小山洞里。　　＝b. 他弯腰走进那个小山洞。

（74）a. 建国大厦位于繁华的人民路上。＝b. 建国大厦位于繁华的人民路。

例（69）—（74）a 与 b 的基本语义都相同。b 中的动词语"去"、"回"、"在"、"跳入"、"走进"、"位于"后的 NP，尽管没有后附方位词，但它们所表示的处所题元义是明确的。因此，例（69）—（74）a 中的方位词"里"、"中"、"上"等的题元标记功能是羡余的。

（三）介词"在"与典型的时地名词语

这儿所指的时地名词语暂时不包括加方位词的情况（加方位词的情况，下面会专门讨论）。介词"在"附在这些时地名词语之前，其题元标记功能是羡余的。例如：

（75）a. 我把课本落在教室了。　　　　＝b. 我把课本落教室了。

（76）a. 在广场中央矗立着一座纪念碑。＝b. 广场中央矗立着一座纪念碑。

（77）a. 我们打算在下周一讨论这事儿。＝b. 我们打算下周一讨论这事儿。

（78）a. 在暑假，我们参加了社会实践。＝b. 暑假，我们参加了社会实践。

例（75）—（78）a 与 b 的基本语义都相同。b 中的时地名词语，尽管没有前加介词"在"，但它们所表示的处所或时间题元义是明确的。因此，例（75）—（78）a 中的介词"在"的题元标记功能经常是羡余的。

（四）助词与句位

助词"把"、"给"在受事主语句（NP$_受$ + NP$_施$ + VP）中的题元标记功能是羡余的。例如：

（79）a. 格些$_{这些}$旧衣裳你把拿走。（转引自胡德明 2006）＝b. 格些$_{这些}$旧衣裳你拿走。

(80) a. 寝室我<u>给</u>打扫了一下。　　　　=b. 寝室我打扫了一下。

例 (79)、(80) b 中 NP 的题元义与 a 中对应的 NP 的题元义是一致的。可见例 (79)、(80) a 中"把"、"给"的题元标记功能是羡余的。这是因为，在及物动词的两个必有论元同时位于 VP 前所形成的受事主语句中，NP 的题元义是明确的，即两个 NP 的句位决定了它们的语义角色。再看下面一个例子：

(81) 他说，歌舞是一位朋友给请的，晚上放的焰火是另一个朋友请的，就连一些规模不大的企业朋友，也都买上三万、五万的炮仗助兴。(网上报道:《太原老板耗千万巨款娶儿媳》)

其中第一个分句中用了助词"给"，与之并列的第二个分句中却又没有"给"。"给"的有无都没有影响句子的基本语义。但考虑到"把"字句、"给"字句所特有的语用功能，具有更强的处置意味，我们暂且认为其中的"把"、"给"在句中属于基本功能羡余（参见本章第三节）。

（五）介词与句位

介词"被"在受事主语句中的题元标记功能也是经常羡余的。例如：

(82) a. 苹果被我吃完了。
　　 =b. 苹果我吃完了。

(83) a. 歌本儿被别人借走了。
　　 =b. 歌本儿别人借走了。

(84) a. 这些民间小调被我们改编成了一套器乐组曲。
　　 =b. 这些民间小调我们改编成了一套器乐组曲。

例 (82) — (84) b 中 NP 的题元义与 a 中对应的 NP 的题元义是一致的。因此，例 (82) — (84) a 中"被"的题元标记功能是羡余的。

但介词"被"的题元标记功能也经常是不能被忽略，因而是非羡余的。例如：

(85) a. 芦花被微风吹起。

　　? b. 芦花微风吹起。

（86）a. 我被一阵雷声惊醒。

　　? b. 我一阵雷声惊醒。

（87）a. 夜空被五彩缤纷的焰火照得光彩夺目。

　　? b. 夜空五彩缤纷的焰火照得光彩夺目。

（88）a. 那人被我痛骂了一顿。

　　? b. 那人我痛骂了一顿。

（89）a. 我被他吃了一个"车"，这盘棋就输了。

　　＊b. 我他吃了一个"车"，这盘棋就输了。

（90）a. 树梢被斜阳涂上一层金色。

　　＊b. 树梢斜阳涂上一层金色。

　　例（85）—（88）b 中没有介词"被"，句子中各个 NP 的题元义不是十分明晰，理解起来比较费力，因此句子本身的可接受度比较低；例（89）、（90）b 中没有介词"被"，句子中各个 NP 的题元义难以捉摸，整个句子压根儿就不能被理解。

　　很明显，要使"NP$_受$ + NP$_施$ + VP"这样的受事主语句被接受，其中 NP 的语义特征，特别是它们的"生命度等级"和"控制力强弱"起了非常重要的作用，而不是句位本身所能够独立发挥用的。当一个及物动词支配的两个 NP 与动词之间，以及两个 NP 之间的关系表现得十分明确时，"NP$_受$ + NP$_施$ + VP"是很容易被接受的，甚至在吴方言等一些方言中，"NP$_施$ + NP$_受$ + VP"这样的语序也是被接受的。比如，"我"、"苹果"、"吃"三者之间的关系是非常明确的，所以"苹果被我吃完了"可以说成"苹果我吃完了"或"我苹果吃完了"，其中 NP 的题元义始终是明确的，所以句子的可接受度也是很高的。再如，"树梢"、"斜阳"、"涂"三者之间的关系是比较抽象和模糊的，所以"树梢被斜阳涂上一层金色"不能说成"＊树梢斜阳涂上一层金色"或"＊斜阳树梢涂上一层金色"，否则其中 NP 的题元义难以捉摸，句子是不能被接受的。

　　上面我们还仅限于对比较抽象的题元义进行讨论。一些较为抽象的题元义本身还可以细分出较为具体的题元义。如处所题元或时间题元可以细分出"起始点"、"经由点"、"方向或目标"等。所以，当然还可以进一步讨论虚词标记这些较为具体的题元义时的功能羡余问题。比如，

"从₁"、"自"、"打₁" 等标记"起始点"的介词，如果它所介引的 NP 是一个典型的时地名词，且句中 VP 具有趋向义或者起始义时，这些介词的"起始点"的标记功能经常是羡余的。例如：

（91）a. 从上海飞往青岛的航班开始登机了。＝b. 上海飞往青岛的航班开始登机了。

（92）a. 这辆大巴士是从北京过来的。＝b. 这辆大巴士是北京过来的。

（93）a. 老郑刚打县里回来。   ＝b. 老郑刚县里回来。

（94）a. 明晨七点，自学校门口出发。＝b. 明晨七点，学校门口出发。

（95）a. 自打念大学开始，他没要过家里钱。＝b. 念大学开始，他没要过家里钱。

（96）a. 打从春上起，就没下过透雨。＝b. 春上起，就没下过透雨。

（97）a. 该次航班从虹桥机场起飞。   ＝b. 该次航班虹桥机场起飞。

二 虚词之间的赋元功能重合

虚词之间的赋元功能重合而造成羡余，主要涉及下面几种情况。

（一）介词"在"与方位词

介词"在"与方位词同现的时候，"在"的处所题元或时间题元的标记功能是羡余的。例如：

（98）a. 你把这本书放在桌上。   ＝b. 你把这本书放桌上。

（99）a. 在院子里的那棵铁树开花了。＝b. 院子里的那棵铁树开花了。

（100）a. 这事儿在高速公路上发生的。   ＝b. 这事儿高速公路上发生的。

（101）a. 小王是在领导离开后退席的。＝b. 小王是领导离开后退席的。

（102）a. 在他出事之前，我就警告过他。= b. 他出事之前，我就警告过他。

例（98）—（102）a 与 b 的基本语义都相同。b 中的方位短语"桌上"、"院子里"、"高速公路上"、"领导离开后"、"他出事之前"，尽管没有前加介词"在"，但它们所表示的处所或时间题元义是明确的。因此，例（98）—（102）a 中的介词"在"的题元标记功能是羡余的。

为什么介词"在"与方位词同现的时候，"在"的处所题元或时间题元标记功能是羡余的，而方位词往往不是羡余的，因而也往往不能省略的呢？这是因为：第一，"在"的语义抽象等级相对更高，而方位词往往有着更加具体的题元义，具有一定的指别功能（指别位置和维向的作用），它们实际上已蕴涵了抽象的处所或时间题元义。第二，方位词还具有转化功能，即一个实体名词带上方位词便可转化为处所名词语（如"桌子"→"桌子上"、"椅子"→"椅子上"），而"在"的转化功能很弱（如"桌子"→"＊在桌子"、"椅子"→"＊在椅子"、"电梯"→"＊在电梯"、"马路"→"＊在马路"）。① 但是"在"的择定功能是明显的，即当一个身兼处所名词和实体名词的词的前面加上"在"，那么这个词表达的一定是处所义，在句中充当处所题元，如"他日本面条吃腻了"、"上海我不想逛了"中的"日本"、"上海"一般看作实体名词，在句中分别做领属题元和受事题元，而"他在日本面条吃腻了"、"在上海我不想逛了"中的"日本"、"上海"只能看作处所题元。②

接下来，我们再举一个比较有意思的例子进一步说明这个问题：

（103）a. 我是［在(从大阪飞往上海的) 飞机上］和她认识的。

---

① 我们不能说"在"完全没有转化功能，如在下面句子中的"在"就具有了转化功能：a. 毕达哥拉斯曾说："在一切事情，中庸是最好的。"（转引自邹韶华 2007）b. 初次在电梯相见时就想说，可总不能太冒昧。（转引自储泽祥 2004 年第 2 期）。

② 关于方位词的"转化功能"、"择定功能"和"指别功能"，参见储泽祥《汉语"在＋方位短语"里方位词的隐现机制》，《中国语文》2004 年第 2 期。作者认为方位词的主要语义功能是"范畴方所化"，范畴方所化又可以分为三个层次：一是转化性的，如从"椅子"到"椅子上"，是从事物到方所，"上"有转化作用。二是择定性的，如"外事处"既可指事物，又可指方所，而"外事处里"只能表示方所，"里"有择定作用。三是指别性的，如"窗口上"与"窗口"比，方位词"上"有指别位置和维向作用。

（引自日本第63回中国语检定试验2级，介词短语的分析符号是作者添加的）

b. 我是 [在(大阪飞往上海的) 飞机上] 和她认识的。

c. 我是 [(从大阪飞往上海的) 飞机上] 和她认识的。

d. 我是 [(大阪飞往上海的) 飞机上] 和她认识的。

例（103）a、b、c、d 四个句子都是可接受的。a 两个介词的管辖范围是不同的，介词"在"所介引的 NP 是"从大阪飞往上海的飞机上"，"从"所介引的 NP 是"大阪"。根据前述，当"在"所介引的 NP 本身是一个"X 上"的方位短语，其题元义是明确的，"在"的处所题元标记功能是羡余的；当"从"所介引的 NP 是一个典型的处所名词语，且"从 NP"所修饰的 VP 具有趋向义，那么"从"的"起始点"的标记功能也是羡余的。因此，例（103）b、c、d 三个句子虽然相对于 a 省略了"在"或"从"或两者同时省略，但都未改变句子中各 NP 的题元义。

不过，一般来说，介词所介引的 NP 比较长，通常不宜省略，其中的介词在句法上可以起到明显的分界作用，如"我们明天八点在上海师范大学行政楼三楼的一间办公室里开会"，如果其中的"在"省略，句子便不太合乎语感。又如"明晨七点，咱从学校门口出发"，如果其中的"从"省略，变成"明晨七点，咱学校门口出发"，句子可能会产生不同的分析结果（"咱"可能是主语，也可能是定语），这也是由于介词省略后，分界不明确造成的。

（二）助词"给"与介词"被"

助词"给"与介词"被"、"叫（教）"、"让"等同现的时候，它们的施事题元的标记功能是互为羡余的。前面讲过，本书所谓的"施事"取较为宽泛的概念，包括了有生的施动体和无生的施动体，例如：

（104）a. 衣服让他给晾干了。（转引自吕叔湘主编 1999：227）

=b. 衣服让他晾干了。

=c. 衣服他给晾干了。

（105）a. 杯子叫我给打碎了一个。（同上）

=b. 杯子叫我打碎了一个。

=c. 杯子我给打碎了一个。（同上）

（106）a. 房间都让我们给收拾好了。（同上）

　　　　＝b. 房间都让我们收拾好了。

　　　　＝c. 房间我们都给收拾好了。（同上）

（107）a. 这些学生被老师给批评了一顿。

　　　　＝b. 这些学生被老师批评了一顿。

　　　　＝c. 这些学生老师给批评了一顿。

　　例（104）b、c 中的"他"，例（105）b、c 中的"我"，例（106）
b、c 中的"我们"，例（107）b、c 中的"老师"，这些 NP 作为施事的
题元义都是明确的。因此，（104）—（107）a 中的介词"被"、"叫"或
"让"与助词"给"在施事题元的标记功能上是互为羡余的。吕叔湘
（1999：304、462）分别指出："叫……给＋动"，跟不加"给"意思相
同；"让……给＋动"，跟不加"给"意思相同。正是这个道理。

　　（三）助词"给"与介词"把"

　　助词"给"与介词"把"等同现的时候，"给"的受事题元的标记
功能是羡余的。例如：

（108）a. 他把衣服给晾干了。　　　＝b. 他把衣服晾干了。

（109）a. 我把杯子给打碎了一个。　　＝b. 我把杯子打碎了
一个。

　　（110）a. 我们把房间都给收拾好了。　＝b. 我们把房间都收拾
好了。

　　例（108）—（110）a 与 b 的基本语义都相同。b 中 NP 的题元义都
是明确的，所以例（108）—（110）a 中"给"的题元标记功能也是羡
余的。

　　（四）介词"跟"与比况助词

　　介词"跟"、"像"与比况助词"似的"、"一样"、"一般"等同现的
时候，"跟"、"像"的比事题元标记功能是羡余的。即典型的比况助词
"可以离开前置词独立介引基准"（刘丹青，2003：159）。例如：

　　（111）a. 小张跟一阵风似的跑回来。　　＝b. 小张一阵风似的跑

回来。

（112）a. 人群跟海潮似的涌了过来。   = b. 人群海潮似的
涌了过来。

（113）a. 他的话像利刀似的刺伤了我的心。 = b. 他的话利刀似
的刺伤了我的心。

例（111）—（113）a 与 b 的基本语义都相同。b 中 NP 的题元义都
是明确的，所以例（111）—（113）a 中"跟"、"像"的比事题元标记
功能是羡余的。在状语位置，比况助词"似的"一般不能省略。例如：

（114）a. 他像宝贝似的被人珍爱着。   = b. 他像宝贝被人珍
爱着。

这可能是联系项居中原则在起作用。这种句法强制性的目的是划清界
限，减少分歧，方便理解。① 不过"像"作为一个动词时，"像……似
的"可以省略"似的"，动词"像"独立标记其后的 NP 为比事题元，
"似的"的比事题元标记功能是羡余的。例如：

（115）a. 她的身材像芦柴棒似的。   = b. 她的身材像芦柴棒。

第三节　汉语虚词题元标记功能羡余的结果

一　虚词题元标记功能羡余所出现的两种情况

汉语虚词题元标记功能羡余，本质上属于句法语义层面的羡余现象，
因而也往往会导致其句法的强制性丧失。因此，一般情况下，虚词题元标
记功能的羡余，便是指它基本的句法、语义功能羡余了。②

汉语虚词题元标记功能羡余后，会出现两种情况：

---

① 参见刘丹青《语序类型学与介词理论》，商务印书馆 2003 年版，第 127—128 页。
② 当然，在特殊情况下，会出现题元标记功能虽然羡余了，但这个虚词本身还具有一定的
句法强制性，这种情况我们已经在前面（第一章第三节"三"）专门说明和解释了。

第一，如果该虚词本身几乎没有其他的语用功能，或者语用功能并不明显，那么，这个虚词题元标记功能的羡余，即意味着这个虚词在句中的功能也几乎完全羡余了。比如，当意义较为抽象的方位词与典型的时地名词语组配在一起（你假期里去了哪里旅游），或者与要求带处所角色宾语的VP组配在一起（孩子们欢快地跳入水池中）的时候，其中方位词的题元标记功能是羡余的，去掉后不会影响到语义的完整性和句子的合法性。同时，它的语用功能也并不明显。因此，可以认为其中的方位词在句中是属于功能完全羡余的。再比如，当介词"在"与典型的时地名词语组配在一起（我在明天十二点动身），或者与方位词组配在一起（在他出事之前，我就警告过他）的时候，其中介词"在"的题元标记功能是羡余的。同时，它的语用功能也不明显，因而也可以认为"在"在句中也是属于功能完全羡余的。

第二，如果该虚词本身还具有某种语用功能，那么，这个虚词的题元标记功能的羡余，只能表明其基本的句法、语义功能的羡余，并不意味着这个虚词在句中的功能是完全羡余的。比如，受事主语句（NP$_受$ + NP$_施$ + VP）中的助词"把"、"给"（格些$_这些$旧衣裳你把拿走｜寝室我给打扫了一下），在句中的题元标记功能是羡余的，因为它们可以省略而不影响句中各个NP的题元义，未改变句法和语义的完整性。但其中的"把"、"给"还有一定的语用功能，即能够激活并强化它们的后置成分语义的受动性[1]，具有较强的处置意味。因此，虽然它们的赋元功能羡余了，但它们在句中只能是基本功能羡余而并非功能完全羡余。再比如，介词"把"与助词"给"同现构成套用格式（他把衣服给晾干了）的时候，"给"的题元标记功能是羡余的，"给"的省略不影响句法和语义的完整。但它与"把"共同构成的套用格式本身也还有一定语用功能，"'给'的出现，使处置带有了受动的性质"（温锁林、范群，2006），使"施受关系"更加凸显。因而"给"在句中也只能是基本功能羡余而并非功能完全羡余。

下面主要介绍这两种情况分别会出现什么样的可能结果。

二　形式上的弱化与脱落

如果是第一种情况，即虚词本身几乎没有其他的语用功能，或者语用

---

① 参见温锁林、范群《现代汉语口语中自然焦点标记词"给"》，《中国语文》2006年第1期。

功能并不明显，那么，该虚词题元标记功能羡余，即意味着该虚词在句中的功能也羡余了。根据语言经济原则，它在形式上就有可能弱化或脱落，因为其弱化或脱落不会影响句子的句法、语义和语用。下面仍以表义抽象的方位词和介词"在"为例加以简单说明。

先看方位词。如前例（63）—（74），当意义较为抽象的方位词与典型的时地名词语或要求带处所宾语的 VP 组配在一起的时候，方位词的隐现基本上未造成句法、语义和语用上的差异，因而它在句中的省略形式也是比较常见的。

不过，下面三种情况不能认为其中方位词的功能是羡余的：第一，很多时候，方位词还具有比较实在的意义，对具体的位置与维向具有明显的"指别功能"，可以使句子表义更加精确，如"我去邮局寄信，你就在邮局外等我"、"窗台下摆着一盆兰花"。在这种情况下，方位词有着比较具体的处所题元义，因此不能认为它的语义标记功能是羡余的，在句中的功能当然也是非羡余的。第二，在现代汉语中，普通名词是不能当作处所词语来用的，普通名词要成为处所词语必须加上方位词，因为方位词具有将事物转化为方所的"转化功能"，如"我把书放到你的桌子上了｜＊我把你的书放到你的桌子了"。在这种情况下，方位词还具有句法上的强制性，因此它在句中的功能也是非羡余的。至于"我在树上摘，你在树下接"中的方位词，既有明显语义上的指别功能，又有句法上的"转化功能"，在句中的功能当然也是非羡余的。第三，方位词还具有"择定功能"，即一个身兼处所名词和实体名词的词的后面加上方位词，所构成的方位短语一定表示处所。如"会场里灯火通明"跟"会场灯火通明"还是有区别的，"会场"是兼有事物名词和处所名词的功能，既可表事物又可表处所，而"会场里"只能表示处所了，因而，其中方位词的题元标记功能是非羡余的，在句中的功能也是非羡余的。

再看介词"在"。如前例（75）—（78）、例（98）—（102），当介词"在"与典型的时地名词语或者与方位词组配在一起的时候，其中介词"在"的隐现基本上未造成句法、语义和语用上的差别，可以认为"在"在句中的功能也是羡余的。因而，它在句中经常脱落或以弱化的形式出现。相对而言，弱化形式可能更为常见。柯理思（2006）指出，凭直觉观察和二手材料来看，北方方言中动词后的"在"和零形式不普遍。她把既不是"在"又不是零形式的格式所表示的音变现象分成三种类型：

（甲）语音弱化模式，如北京话的"的"；（乙）痕迹模式，如动词的变调形式；（丙）语音替代模式，如动词音节的音变。

　　"在"的弱化或者脱落会打破语言结构内在的平衡，引起一些语言变化，主要是：第一，"在"的弱化，使得"在"在节律上前附于 V，与 V 结合趋于紧密，使得"在"具有了附缀化（cliticization）倾向[1]，并有进一步虚化为类似构词成分，与 V 构成"相当于一个动词"整体的趋势。这就促使"V/在 L"格式重新分析为"V 在/L"（动补组合重新分析为动宾组合）。这也是所谓的"韵律可以征服句法，使非法变成合法"[2]。第二，前置介词"在"的大量脱落，影响了"联系项居中"的原则[3]，并最终有可能影响到 PP（由前置介词引导的介词短语或方位短语）在句中的位置，即对 PP 的前移起了一定的助推作用。因为要使方位词置于居中的联系项位置，唯一的途径便是使 PP 前移。PP 前移进而又促使了方位词的进一步扩张和抽象化。关于"在"的处所题元标记功能的羡余问题，及其引发的一些语言变化，我们还会在本书第三章作专门的讨论。

　　但是下面三种情况是不能认为其中"在"的功能是羡余的：第一，"在"具有明显的"择定功能"，即当一个身兼处所名词和实体名词的词的前面加上"在"，那么这个词表达的一定是处所义。如"我西安小吃吃了很多"、"北京我不想逛了"跟"我在西安小吃吃了很多"、"在北京我不想逛了"是有区别的。"西安"、"北京"是兼有事物名词和处所名词的功能，既可表事物又可表处所。"我西安小吃吃了很多"、"北京我不想逛了"中的"西安"、"北京"分别做领属题元和受事题元，而"我在西安小吃吃了很多"、"在北京我不想逛了"中的"西安"、"北京"只能是处所题元了。因而，其中的介词"在"的题元标记功能是非羡余的，在句中的功能当然也是非羡余的。第二，当 V 后接复杂形式（包括加时态助词、加无定宾语等情况），此时，"在"在处所题元的标记功能上虽然羡余，但在句法上仍必须强制出现，所以，"在"没有相对应省略的形式。例如：

　　（116）a. 我把这本书放在了桌上。＊b. 我把这本书放了桌上。

---

　　① 参见刘丹青《语序类型学与介词理论》，商务印书馆 2003 年版，第 176 页。

　　② 参见冯胜利《汉语韵律句法学》，上海教育出版社 2000 年版，第 2 页。

　　③ 参见刘丹青《语序类型学与介词理论》，商务印书馆 2003 年版，第 127 页。作者认为联系项居中实际上就是符合核心相近原则和直接成分尽早确认原则。

（117）a. 你写个名字在上头。　　＊b. 你写个名字上头。

（118）a. 他写了几个字在黑板上。＊b. 他写了几个字黑板上。

（119）a. 他放了两本书在桌上。　＊b. 他放了两本书桌上。

其中的原因尚未有定论，我们认为，这可能也是联系项居中原则在起作用。因而，这种句法强制性也是语义动因不足以解释的。这种情况下，"在"在句中的功能也是属于非羡余的。第三，"在"有时还具有句法分界、消除歧义的作用。如"明天中午 12 点，咱在教室集中"，变成"明天中午 12 点，咱教室集中"，句子会产生不同的分析结果（"咱"可能是主语，也可能是定语）。又如"我们明天八点在上海师范大学行政楼三楼的一间办公室里开会"，如果其中的"在"省略，便不太合乎语感。因此，其中的"在"在句法上是有所需要的，虽然其题元标记功能是羡余的，但它在句中的功能也应看作非羡余的。

三　语用功能的强化与固化

如果是第二种情况，即虚词本身还具有某种语用功能，那么，虽然该虚词的题元标记功能羡余了，并不意味着该虚词在句中的功能是羡余的。它的隐现虽然不影响句子的基本语义和合法性，但在语用上会产生一些差别，因而是不会轻易弱化和脱落的。这些虚词在使用的过程中，其语用功能得以强化并进一步固定下来。或者也可以这样理解，这些虚词由于原来基本的题元标记功能的羡余而逐渐发生了功能转移。下面以助词"给"为例加以简单说明。

根据我们的研究（参见本书第五章），助词"给"的形成是不同途径"殊途同归"的结果，但不管哪种途径都跟"给"意念上的支配成分（后接的 NP）被省略或被转移有关。就是说，"给"本来的基本功能便是介引、标记某一题元成分的。当"给"被悬空以后，它丧失了对其后面没有出现的 NP 的题元标记作用。即使它仍然对其前面的 NP 具有一定辅助性的题元标记功能，但这种赋元功能也经常是羡余的，即"'给'的省略不影响句法与语义的完整性"①，如前例（104）—（110）。不过，"给"

---

① 引自温锁林、范群《现代汉语口语中自然焦点标记词"给"》，《中国语文》2006 年第 1 期。

虽然被悬空了，但它在原有格式（包括处置式、被动式、处置被动套用格式等）中的语用功能，包括"强影响性"、"强受动性"或"强致使性"等，得以保留下来。并且，在使用的过程中，由于"给"的基本的句法、语义功能羡余，这种语用功能反倒被凸显和强化，进而固定下来了，即人们使用助词"给"的目的就是为了凸显它所负载的这种语用功能。

温锁林、范群（2006）便认为现代汉语口语中的助词"给"其作用只体现在语用方面："给"是一种凸显自然焦点的定位标记词，也是现代汉语口语中凸显结果成分的专职焦点标记词。"给"的出现能够激活并强化其后置成分语义上的受动性。如果"给"与"把"共同构成套用格式，"'给'的出现，使处置带有了受动的性质"，使"施受关系"更加凸显。

张谊生（2002：331）也曾有类似的看法："被"、"把"句子中的助词"给"主要在于强调，增强了句子的处置效果。

一旦"给"的语用功能得以强化与固化，它的使用就会进一步摆脱原有的句法、语义的限制。只要语用上需要凸显结果成分，就有可能添加上这个被当作是"专职焦点标记词"的"给"。甚至在被动处置套用格式中再添加一个"给"。例如：

（120）画书叫弟弟把它给撕了。（转引自刘继超1997）。

（121）好好的一张画儿让墨水把它给染了。（同上）

（122）这套咖啡杯子叫我把它给打碎了一个。

（123）这本书让我把它给弄丢了。

也正是因为"给"成了现代汉语口语中凸显结果成分的焦点标记词，从篇章的角度来看，句子如果不处于话题链的末端，一般不宜添加"给"。① 例如：

（124）直到五二年这学校被政府［＊给］接管，外国神甫卷起铺盖滚了蛋，他才算过上了不受剥削、压迫的生活。（转引自张谊生2002：324）。

---

① 参见张谊生《助词与相关格式》，安徽教育出版社2002年版，第324页。

　　尽管我们注意到了助词"给"所固有的语用功能，但同时要清楚地认识到，助词"给"的这种语用功能的固化也是一个历史发展过程，与其原来基本的题元标记功能羡余是不无关系的。

第四节　结语

　　本章探讨的内容主要是以下几点：

　　首先，分析了区分汉语句子中 NP 语义角色的主要手段，包括：动词的语义特征、NP 的句法位置、NP 本身的语义特征、添加特定的虚词。并重点分析了汉语虚词的题元标记功能。具有题元标记功能的虚词主要指前置介词、一些意义虚化了的方位词、个别助词。

　　其次，考察了汉语虚词题元标记功能的羡余现象。羡余现象包括两大类：一是虚词与其他手段的赋元功能重合而造成羡余。二是虚词之间的赋元功能重合而造成羡余。前者主要包括方位词与典型的时地名词语、方位词与要求带处所角色宾语的 VP、介词"在"与典型的时地名词语、助词与句位、介词与句位等赋元功能重合而造成的羡余现象；后者主要包括介词"在"与方位词，助词"给"与介词"被"、"叫/教"、"让"等，助词"给"与介词"把"等赋元功能重合而造成的羡余现象。

　　最后，分析了汉语虚词题元标记功能羡余所出现的两种情况：一是虚词本身几乎没有其他的语用功能，或者语用功能并不明显。这个虚词题元标记功能的羡余，即意味着这个虚词在句中的功能也几乎完全羡余了。二是虚词本身还具有某种语用功能。这个虚词题元标记功能的羡余，只能表明其基本的句法、语义功能的羡余，但并不意味着这个虚词在句中的功能是完全羡余的。这两种情况会出现不同的结果：前者，虚词在形式上可能会弱化或脱落；后者，虚词原有的语用功能可能会得以强化并进一步固化下来，实现功能转移，由一个语义标记词转变成一个语用标记词。

第三章 "在"的处所题元标记
功能羡余研究

书中，我们采用类型学的视角来理解"介词"，相当于附置词（ad-position）的意义，包括"前置介词"（一般所说的"介词"）和"后置介词"（一般所说的"方位词"）。但为了与传统的术语相衔接，我们保留"方位词"的名称，将传统意义上的介词称为"前置介词"或简称为"介词"。为了行文方便，本章用"L"表示处所性词语（包括处所词和方位短语），用"V"表示动词或动词性短语。统一用"PP"表示由前置介词或方位词引导的介词短语。

本章研究，实际上关涉到部分前置介词处所题元标记功能的羡余问题。为了使相关研究更加具体，我们把精力主要放在对"在"的考察上，这是因为：在现代汉语中，"在"是最常用的引进处所题元的前置介词，对"在"的考察可以发现一些比较典型的语言现象和问题；相对于其他一些引进处所题元的前置介词（如"从"、"自"、"向"、"往"、"到"、"沿着"、"顺着"等），"在"的语义抽象等级相对更高，在跟方位词连用或后接典型的处所词时，"在"更有可能造成处所题元标记功能上的羡余现象，因为方位词有着更加具体的题元义，它们实际上已蕴涵了抽象的处所题元义。[①]

本章主要从微观上考察"在"的优势地位的确立及其处所题元标记功能羡余的过程，"在"的处所题元标记功能羡余后对语言结构产生的一些影响，以及在不同格式中"在"的赋元功能羡余问题。有些内容，特

---

① 参见刘丹青《语序类型学与介词理论》，商务印书馆 2003 年版，第 178—181 页。

别是本章第四节讨论"在"等前置介词赋元功能羡余对 PP 前移的一些影响，需要结合其他相关的前置介词一起来谈。

第一节　赋元需要与"在"字结构优势地位的确立

一　先秦汉语处所题元的识别手段

在先秦，普通名词表示处所和表示具体实体时，在形式上是没有区别的，普通名词要表示处所时，须要位于要求带处所宾语的动词（如"奔"、"返"、"及"、"如"、"入"、"适"、"在"、"之"等）之后，或者位于介词（如"於"、"乎"、"自"、"之於"的合体"诸"，以及很少量的"由"、"从"、"在"等）之后，脱离这两个条件的普通名词在句中是很难判断它是否表示处所的。①

纵观汉语史，"在"和最早出现的"於（于）"，以及大约在魏晋南北朝时期出现的"著（着）"等介词在标记处所题元的功能上相对一致，主要表示人或事物"通过动作达到的处所"、"动作发生的处所"或"状态呈现的处所"。这里所谓的"状态呈现"是一个很宽泛的概念，还包括"动态呈现"、"状态变化"等，"假如一个动作连绵下去，也就成为一种状态"（吕叔湘，1956［1947］：57—58）。

二　"在"字结构优势地位的确立

"在"字结构优势地位的确立经过一个较为漫长的过程。表 3－1 是先秦至元明时期，几种同义格式的出现次数（考虑到位于动词前的"在"存在动词、介词，以及进行体标记的纠缠问题，我们仅统计位于动词后的情况）。

---

① 参见李崇兴《处所词发展历史的初步考察》，载《近代汉语研究》，商务印书馆 1992 年版；张赪《汉语介词词组词序的历史演变》，北京语言文化大学出版社 2002 年版，第 7—14 页。

表 3 −1①　　　　　　　　　　　　　　　　　　　　　　　　　　　单位：例

时期 语料 格式	先秦		汉代		魏晋南北朝			唐五代			宋代	元明		
	论	孟	史	衡	搜	西	世	六	祖	四	朱	老	朴	金
V 在 L	0	0	12	19	7	1	18	3	21	2	102	2	31	130
V 於（于）L	50	230	370	330	29	36	76	17	93	72	122	0	12	3
V 著（着）L	0	0	0	0	10	0	11	4	8	0	0	0	0	0

统计结果表明：

先秦至唐五代一直以"V 於（于）L"格式占绝对优势，而"V 在 L"格式处于劣势地位，尤其在先秦，《论语》和《孟子》中都未发现"V 在 L"格式。"V 著（着）L"格式在先秦和汉代都未出现，在魏晋南北朝开始较多出现，但一直没有兴盛起来。

另外，先秦至唐五代，"V 在 L"格式和"V 於（于）L"格式中的 V 存在大量的动宾式，但以不带宾语的情况占优势。

从宋代开始，"V 在 L"格式与"V 於（于）L"格式的出现频率已旗鼓相当。而"V 著（着）L"格式已被淘汰了，它们在历史上一直未能取得优势地位，可能与"著（着）"本身的语义和用法太复杂有关。②

另外，"V 在 L"格式和"V 於（于）L"格式中的 V 为动宾式的情况相对越来越少，原因如下：

第一，出现了少量用介词"将"等将 V 后的宾语提前的现象。③

---

　　① 此表格中的数字单位为"例"。其中：论，《论语》；孟，《孟子》；史，《史记》1—20卷；衡，《论衡》1—10卷；搜，《搜神后记》；西，《西京杂记》；世，《世说新语》；祖，《祖堂集》1—10卷；六，《六祖坛经》；四，《柳毅传》、《霍小玉传》、《李娃传》、《虬髯客传》等四部传奇；朱，《朱子语类》1—12卷；老，《老乞大》；朴，《朴通事》；金，《金瓶梅》（崇祯本）1—10回。

　　② 因为"著（着）"除了保留作为动词的各种用法（附着、达到、放置、穿、著书）之外，唐五代以后还衍生出了大量的从"附着义"虚化而来表示动作持续或状态持续的词尾用法。宋以后作为动词性语素的用法又开始大量出现，如：著（着）实、著（着）落、著（着）意、执著（着）、沉著（着）等。元代以后"着"出现了大量引进动作行为工具的用法和作为使令性动词的用法（相当于"让"）。其功能太复杂，导致处所题元的标记功能一直未能兴盛起来，从魏晋南北朝开始出现，至宋代便基本消失。

　　③ 宋代，"将"尚在虚化的过程中，还存在大量动词用法，如：譬如有饭不将来自吃（《朱子语类·卷8》）。故以"将"作为介词的处置式还未大量出现。

例如：

(1) 读书须将心贴在书册上。(《朱子语类·卷 11》)

(2) 将已晓得底体在身上。(《朱子语类·卷 11》)

第二，使宾语直接位于动词前，形成受事主语句。例如：

(3) 则气质之性又安顿在何处。(《朱子语类·卷 4》)

(4) (饭) 只管铺摊在门前。(《朱子语类·卷 8》)

我们还发现了一个值得注意现象："V 在 L"格式中大量的名词宾语前出现"得"字或虚指的"他"字或数量短语，这是以前没有的。例如：

(5) 故凝结得许多渣滓在中间。(《朱子语类·卷 1》)

(6) 便是常要接续他些子精神在这里。(《朱子语类·卷 3》)

(7) 若著一个意在这里等待气生。(《朱子语类·卷 8》)

这可能是受到动补短语发展过程中产生的类推作用的影响而形成的（参见本章第三节"二"）。其中的"得"字或虚指的"他"字或数量短语，都是作为动补短语的语法标记来使用的，目的使动补结构与一般的连动结构分化开来。虽然有时数量短语还具有表数功能，但有许多名词是不可数的，如例 (7) 中的"意"。

元明时期，"V 在 L"格式最终替代了"V 於（于）L"格式。"V 於（于）L"格式不仅在数量上与"V 在 L"格式相差甚多，而且例子都不在对话中，它们或出自借钱文契，如：情愿立约於某财主处（近：308)①，或出自状告，如：便行作恶，於某面上，用拳打破（近：339），或出自排比句，如：洒悲雨於遐方，扇慈风於刹土（近：316），或限于一些固定的搭配"居于、就于"等，如：西门庆居于首席（《金瓶梅·第 1 回》）。这些都具有极强的书面语色彩。《朴通事》中出现的 12 例"V 于 L"格式，基本上都是出自排比句或状告中。说明"於（于）"引进处

———————————

① 近，指刘坚等主编《近代汉语语法资料汇编》（元明卷），商务印书馆 1995 年版。

所，在元明时代的口语中已被"在"淘汰了。

另外，"V在L"中的V以不带宾语占绝对优势。在所考察的语料中，带宾语的仅在《金瓶梅》（1—10回）发现16例，并且有一定条件限制，即一般宾语前有数量词语，如：看见月娘摊着些纸包在面前（《金瓶梅·第1回》）。V为动宾式的数量锐减，原因如下：

第一，"把"字句等处置式大量出现，即用介词"把"、"将"、"用"、"着"等将宾语提前。例如：

（8）把尿盆放在底下。（近：307）

（9）也打杀撇在那坑里，用板盖在上头。（近：317）

（10）着钉子钉在三四处。（近：319）

（11）那妇人揭起席子，将那药抖在盏子里，将白汤冲在盏内。（《金瓶梅·第5回》）

第二，出现更多的受事主语句。例如：

（12）粪拾在筐子里头，收进来。（近：284）

（13）殃榜横贴在门上。（近：336）

第三，出现更多的"$V_1 + O + V_2$在 + L"的句式。例如：

（14）你看我着些甜糖抹在这厮鼻子上。（《金瓶梅·第2回》）

（15）王婆一把手取过历头来挂在墙上。（《金瓶梅·第3回》）

第二节 "在"和方位词同现与赋元功能羡余

一 方位词的出现

西汉以前，普通名词后加方位词的情况极少，方位词还未真正形成。如前所述，普通名词如果要表示处所，须要位于介词或要求带处所宾语的动词之后。以下是加"在"的例子：

（16）考槃在涧，硕人之宽。（《诗经·国风·考槃》）

（17）鱼潜在渊，或在于渚。（《诗经·小雅·鹤鸣》）

（18）陟则在巘，复降在原。（《诗经·大雅·公刘》）

（19）对越在天，骏奔走在庙。（《诗经·周颂·清庙》）

（20）足二分垂在外。（《庄子·田子方》）

西汉以后，普通名词要表示处所时，其后加方位词的情况越来越多，方位词的意义愈益空灵泛化，也逐渐发展成为赋予处所题元的标记。① 例如：

（21）是时桓楚亡在泽中。（《史记·项羽本纪》）

（22）当是时，项王军在鸿门下，沛公军在霸上。（同上）

（23）当是时，项羽兵四十万在新丰鸿门，沛公兵十万在霸上。（同上）

又如：

（24）周鼎亡在泗水中。（《论衡·儒增篇》）

（25）能复胜彼隐在山谷间。（《论衡·道虚篇》）

（26）如刺秦王在间中。（《论衡·语增篇》）

那么方位词产生的动因是什么？刘丹青（2003：129—137）分析了方位名词语法化为后置词（方位词）的原因：因为前置词引导的表处所的介词短语 PP 前移到动词前，使介词不再能位于最适合联系项的中介位置，所以，为了填补中介位置联系项空缺，方位名词语法化为后置词，以维系联系项居中原则。刘丹青（2002/第 4 期）认为这种句法强制性是语义动因不足以解释的。比如"小孩在地上爬｜小孩在地下爬"，并未造成意义的明显区别，可见这里的方位词并不表达具体的空间位置，语义上并

---

① 参见何乐士《敦煌变文与〈世说新语〉若干语法特点的比较》，载《隋唐五代汉语研究》，山东出版社 1992 年版，第 214—216 页；李崇兴《处所词发展历史的初步考察》，载《近代汉语研究》，商务印书馆 1992 年版；刘丹青《赋元实词与语法化》，载《东方语言与文化》，东方出版中心 2002 年版；刘丹青《汉语中的框式介词》，《当代语言学》2002 年第 4 期。

无必要，照理有前置词"在"语义已经足够，但现代汉语中这些方位词是不能省略的。刘丹青（2003：127）指出联系项居中实际上就是符合核心相近原则和直接成分尽早确认原则。我们认为，"联系项居中"作为方位词形成的一个动因，是有说服力的。

我们要进一步探究的问题是：第一，方位词是有其自身的语义功能的，因此方位词的形成除了补偿中介位置联系项空缺之外，精确表义（或语义区分）的需要应该也是其产生的动因之一。那么在方位词形成的初级阶段哪个动因是主要的？第二，方位词的形成，反过来对 PP 大规模前移的发生有没有起到一定的助推作用？关于第二个问题我们在本章第四节作较为深入的讨论。先讨论第一个问题。

李崇兴（1992）认为，名词带方位词最初是出于语义表达上的需要，受表义精确化的推动。储泽祥（2004/第2期）认为方位词的主要语义功能是"范畴方所化"，范畴方所化又可以分为三个层次：一是转化性的，如从"椅子"到"椅子上"，是从事物到方所，"上"有转化作用。二是择定性的，如"外事处"既可指事物，又可指方所，而"外事处里"只能表示方所，"里"有择定作用。三是指别性的，如"窗口上"与"窗口"比，方位词"上"有指别位置和维向作用。作者又认为方位词有转化作用，一定也有择定、指别作用，但反过来不成立。因此我们认为，起指别作用当是方位词在语法化过程中的第一个阶段。在这个阶段，其语义需求高于句法要求。当发展到转化性阶段，即起处所题元标记作用的时候，句法的强制性高于语义需求。关于这一点，储泽祥（2006）也有同样的看法，他认为一开始"使用方位词主要是语义表达上的需要，往往是需要指出具体的位置和维向时，才在名词后边用上方位词构成方位短语"，"方位词造就了一个实体空间，并把它的具体维向表现出来"。并认为造成方位词逐渐丰富的原因是要使方所表达精密化，而前置介词不断兴替，没有稳定的发展环境，就为方位短语的发展让出了广阔的空间。

因此，我们的推断是，在方位词形成的初级阶段，语义需求当属主要动因。当介词短语大规模前移发生后，联系项居中原则才加速了方位词的语法化的进程，使其成为处所题元的语法属性标记并具有一定的强制性。

认为方位词形成的初级阶段，语义需求是主要的动因，这还是有一定的事实依据的。西汉，当普通名词后加方位词的情况越来越多出现的时候，引进处所的介词短语的前移其实刚刚形成一种趋势。据何乐士

（2000：170—188）统计，《史记》中位于动词前的介词短语大量增加，主要是由于可在动词前出现的"以"和只在动词前出现的"与"、"为"、"因"、"用"、"自"等介词在《史记》中的频率都有明显增长。而《史记》能引进处所的介词短语的"于"、"於"，仅占其介词总次数的27%（远比《左传》的58%少），其中也只有20%位于动词前。其20%的比例虽然比《左传》的7%位于动词前多些，但还是有别的许多原因，其中一条便是《史记》中很多位于动词后表处所的成分不再用"于"、"於"引进，而直接位于动词后①，如："襄公游姑棼，遂猎沛丘。"（《史记·齐太公世家》）如果算上这些因素，其实，当时的介词短语特别是引进处所的介词短语，真正由动词后原封不动前移到动词前的比例其实并不高。这说明在西汉，前移刚刚发生（介词短语前移的原因，我们在本章第四节展开讨论）。而当时方位词的情况是：开始大量出现，而且，根据张赪（2002：245—246）统计，方位短语绝大部分位于 V 后（直至魏晋南北朝时期，才在动词前大量出现），而不是动词前先出现方位词，动词后跟着出现方位词；在动词前和动词后的方位词都未形成很强的句法强制性。这些都说明，在方位词形成的初级阶段，联系项居中并非主要的动因。我们认为，联系项居中这一语言学力量对于方位词的最终形成所发挥的作用主要应该体现方位词形成的中后期。

二　"在"的赋元功能羡余

方位词的出现，导致"於"、"在"等前置介词的处所题元标记功能羡余了。就是说，即使没有这些前置介词，其后的成分也能够显示出处所题元的身份。处所题元标记功能应该是"於"、"在"等前置介词的基本的句法语义功能，当它们的基本语义功能羡余，在一定的条件下其句法强制性也会减弱，并完全有可能导致其弱化（轻声或音素中性化）甚至脱落。语言事实也的确如此，普通名词用了方位词表示处所题元便经常不用"於"、"在"等前置介词，只剩后置的方位词。据储泽祥、彭建平（2006）统计，魏晋以后至当代，"N·方"与前置介词配套使用的情况

---

①　这可能是因为在西汉时，普通名词和处所词开始分离开来，普通名词表处所和表实体逐渐有了形式上的区分。而这与方位词的丰富发展是互动互促的。参见储泽祥《汉语处所词的词类地位及其类型学意义》，《中国语文》2006 年第 3 期。

约占所有"N·方"的 30%—40%。作者据此也认为,后置方位词是"N·方"的处所属性标记,它常常与前置介词同现,但没有句法上的强制性的配套要求。事实上,在《史记》中便已大量出现"於"、"在"等前置介词脱落的例子:

> (27) 令项庄拔剑舞^坐中。(《史记·樊郦滕灌列传》)
> (28) 高祖病甚,恶见人,卧^禁中。(同上)

现代汉语中的例子如:

> (29) 你把这本书放^桌上。
> (30) 这事儿^高速公路上发生的。
> (31) ^树下站了一个人。

其中例(29)V跟后面的处所词语(方位短语)直接组成述宾结构,例(30)方位短语直接做状语而无需介词"在"介引,例(31)则是由方位短语做主语而构成的存现句。"在"作为一种处所题元标记,它的脱落是一种较为极端的现象,由此可推断出更多的应该是出现语音弱化。朱德熙(1982:114)认为"口语里,说·de 比说'在''到'更普遍。可是在更土的北京话里,连这个·de 也消失了,很多动词可以直接带狭义处所宾语"。赵元任(1979:334)则通过实例显示动词后"在"的变体是"de",如"住在(~得 de)家里"。柯理思(2006)也指出,凭直觉观察和二手材料来看,北方方言中动词后的"在"和零形式不普遍。她把既不是"在"又不是零形式的格式所表示的音变现象分成三种类型:(甲)语音弱化模式,如北京话的"的";(乙)痕迹模式,如动词的变调形式;(丙)语音替代模式,如动词音节的音变。当然,V后介词语音弱化还有一个重要原因便是一般认为的,受到作为小句核心的动词的重读的影响而容易念轻声,并在节律上依附于动词。

但是,倘若普通名词表示处所题元不用方位词标记,那么"在"既不能弱化,更不能脱落,如"牢记/在心"、"跌倒/在地"等。这些普通名词一旦带上方位词,其中的"在"便往往以弱化的语音形式出现,如"牢记在/心上"、"跌倒在/地上"。

第三节 "在"赋元功能羡余与"V在L" 格式重新分析

一 "在"赋元功能羡余与"V在L"格式重新分析

"V在L"格式分析为"V/在L"还是"V在/L",只能从V和"在"之间关系的亲疏上考察,而无法从该格式的语义功能上确立相互之间的变化。V和L各自的音节数和结构方式,并由之产生的该格式的音步特点是判断V和"在"之间关系亲疏的一项形式标准。

"V在L"格式在先秦《诗经》、《庄子》中便已出现,但当时出现频率很低,仅在《诗经》、《庄子》中分别发现17例、2例。"在"具有引进"通过动作达到、状态呈现或动作发生的处所"的功能。[①] 例如:

　　(32) 泛彼柏舟,在彼中河。(《诗经·国风·柏舟》)
　　(33) 挑兮达兮,在城阙兮。(《诗经·国风·子衿》)
　　(34) 或息偃在床,或不已于行。(《诗经·小雅·北山》)
　　(35) 禹往见之,则耕在野。(《庄子·天地》)

考察发现:《诗经》、《庄子》中总共19个"V在L"格式的例子中,V有6例为单音节,13例为非单音结构。就是说,V以非单音结构为多数,如前例(32)—(34)等。而处所词语却较多为单音节,如前例(34)、(35)等。从音步特点来看,V和"在"的关系还较疏散,我们倾向于将"V在L"分析为"V/在L"。

汉代,"V在L"格式的例子明显增多。我们也从V和L的音节数和结构方式考察V和"在"之间关系的亲疏。发现:《史记》1—20卷中总共12个"V在L"格式的例子中,V有9例为单音节V,其余3例为非单音结构。而处所词语以多音节为主,除了明显的地名词外,其中一个主要

---

① 可以认为其中的"在"是一种正在介词化的动词,理由是V后的位置为"在"的语法化提供了句法条件,"在"的引介功能逐渐增强,其原有的"存在"义逐渐弱化,而且那时确已出现了少量明显做介词的"在",如"美成在久"(《庄子·人世间》)、"血气未定,戒之在色"(《论语·季氏》)。

原因是添加了后置的方位词。例如：

(36) 秦僻在雍州，不与中国诸侯之会盟。(《史记·秦本纪》)

(37) 是时桓楚亡在泽中。(《史记·项羽本纪》)

(38) 当是时，项王军在鸿门下，沛公军在霸上。(同上)

《论衡》1—10 卷中发现的总共 19 例中，V 有 14 例为单音节 V，有 5 例为非单音结构。而处所词语也以多音节为主，大多数也是添加了后置的方位词。例如：

(39) 周鼎亡在泗水中。(《论衡·儒增篇》)

(40) 坐在深室之中，闭窗举烛。(《论衡·语增篇》)

这样，汉代"V 在 L"格式中的 V 已明显以单音结构为主，而处所词又常因加上方位词而以多音节为主。加上，"V 在 L"格式中"在"的处所题元标记功能也因方位词的出现而基本上是羡余了，进而导致其有弱化的可能（参见本章第二节"二"）。所以，从音步来看，停顿于"在"后似乎更为顺畅。"在"在节律上前附于 V，与 V 结合趋于紧密，并有进一步虚化为类似构词成分，与 V 构成"相当于一个动词"的整体的趋势。"V 在 L"格式发生了重新分析。

对于这种语言现象，林焘（1962）、朱德熙（1982：182；1985：54）、胡裕树主编（1995：296）、范晓（1998）等认为，因为"在"语音形式弱化，黏附于 V，L 应看作"V 在"的处所宾语。刘丹青（2003：175—176）则认为这是句法和韵律的错配（mismatch），是常见的语言现象，不必扭曲句法分析去迎合音韵节律，因此，仍可以把"在 L"分析为介词短语，把介词的轻读看作一种附缀化（cliticization）。他同时认为，假如采用重新分析的观点，"在"等这些方所题元的标记经过了重新分析后就不再是加在题元上的标记，而成了加在核心上的成分，在方所题元的标注类型上起了重要的质变，由从属语标注型（dependent marking）变成了核心标注型（head marking）。我们认为，刘丹青的观点是从类型学的视角得出的较为成熟的一种看法。

我们想要说明的是，这种语言现象的产生其中的一个原因，就是跟方位词出现,"在"的处所题元标记功能羡余有关。一个语言事实便是,即使发展到现代汉语,"V 在 L"仍存在着依违两可的情况,比如"牢记/在心上"、"跌倒/在地上"分别改为"牢记在/心上"、"跌倒在/地上"。

既然"V 在 L"格式中"在"的赋元功能早已羡余,但为何仍保留至今(尽管可能大量的是以弱化的语音形式存在)?在这一点上,我们认为,联系项居中原则是支撑"在"存在的强大的力量。特别当 V 后接复杂形式(包括加时态助词、加无定宾语等情况),此时,"在"在处所题元的标记功能上虽然羡余,但在句法上仍必须强制出现,所以,"在"没有相对应省略的形式。例如:

(41) a. 我把这本书放在了桌上。　　 * b. 我把这本书放了桌上。

(42) a. 你写个名字在上头。　　　　 * b. 你写个名字上头。

(43) a. 他写了几个字在黑板上。　　 * b. 他写了几个字黑板上。

(44) a. 他放了两本书在桌上。　　　 * b. 他放了两本书桌上。

这可能便是联系项居中,即核心相近原则和直接成分尽早确认原则在起作用。因而,这种句法强制性也是语义动因不足以解释的。不过,例(42)—(44)a 这样的句子也可以分析为是兼语句,这样,"在"可以认为是具有存在义的动词,当然就不能省略。

二　"V 在 L"格式重新分析的其他原因

当然,"V 在 L"格式的重新分析可能还受到其他语言形式变化的影响。下面仅简要分析一下。

石毓智、李讷(2001)认为,由及物性补语构成的动补结构 VCO 大约在汉代已经语法化了,其明显的形式标准是插入物 X(连词、否定标记及其他各种修饰语)的位置变化,即 V_1XV_2(O)变成了 XV_1V_2(O),这样可以认为 V_1V_2 已经语法化为一个句法单位 VC。其语法化的机制是句位。开始时 V 和 C 的句法地位是等立的,在长期的使用过程中,C 失去了其独立的地位,与 V 凝成一个类似单独动词的单位。

由于"在"位于 V 后仍具有一定的实义性,"V 在 L"与 V_1V_2O 格式具有很大程度的一致性。$V_1V_2O \rightarrow VCO$ 的发展变化不能不影响到"V 在 L"格式的发展,就是说由于前者强大的类推作用,导致"V 在 L"格式重新分析的发生。关于这点，邢福义（1997）认为，"V 在了 L"格式衍生于"V 结了 L"（"结"代表 V 后的结果性补语），由于受到"V 结了 L"这个强势格式的影响，"在"只要用到动词后，便很容易附向动词，成为结果性后补成分，于是"V 在 L"便很容易转化为"V 结（准动）了 L"。至于"V 在 L"是否可以看作"V 结 L"值得商榷，但"V 在 L"格式重新分析的发生受到动结式的类推作用的影响是可以肯定的。

动结式发展对"V 在 L"格式发展的类推作用在历史上一直持继着。据石毓智考察，不及物性补语构成的动补结构在宋代有了重要的发展。其明显的形式标准是 V_1（O）（X）V_2 变成（X）V_1C（O）或 V_1 得（O）（X）C。其中 V_1 得（O）（X）C 中的"得"在宋代是很常见的动补短语的语法标记，使动补结构与一般的连动结构分化开来，如：所以道，参得一句透，千句万句一时透（《碧岩录》）。受其影响，如前（本章第一节"二"）所述，在宋代，大量的"V 在 L"格式中的名词宾语前出现数量短语或"得"字或虚指的"他"字，如前例（5）—（7），又如：

（45）又却能引聚得他那气在此。（《朱子语类·卷 3》）

（46）栽，只如种得一物在此。（《朱子语类·卷 12》）

动补结构 V_1 得（O）（X）C 在元代又发展为（X）V_1C（O）、（X）把 OV_1C、V_1OV_1C、OV_1C、O 被（NP）V_1C 等形式。[①] 受到这一渐变过程中的多种形式手段的类推影响，宋代开始，特别是元明时期，通过运用类似的语法手段，大量的"V 在 L"格式中的名词宾语也被提到动词前，使得 V 为动宾式的数量锐减，出现大量单音节 V，并最终导致"V 在 L"格式中的"在"有进一步前附于 V 的可能。

但值得注意的是，"V 在 L"格式中的名词宾语前如果有数量修饰语，且这个名词宾语是不定指的，那么这一格式在元明被沿用。例如：

（47）不曾招得一个好的在家里。（《金瓶梅·第 3 回》）

（48）放一小杯酒在内。（《金瓶梅·第 6 回》）

---

① 动结式的这些发展有其更深层的原因，许多学者认为，汉语句子对 V 后成分的数量和长度是有限制的，即所谓的"表面结构法则"或"后置限制"（参见本章第四节）。

直至现代汉语仍可以较自由地使用。例如：

（49）他写了几个字在黑板上。
（50）他放了两本书在桌上。
（51）你写个名字在上头。

这儿顺带回答两个问题：

一是为什么名词宾语要有数量修饰语？即类似"他写了几个字在黑板上"的句子能说，而类似"他写字在黑板上"的句子就不能说了呢？这可以根据"有界"、"无界"理论加以解释。"事件动词的后面跟上有界名词宾语，动作的自然终止点才有了着落，变成'实际的'终止点，整个组合才能表示一个完整的事件。"① "写在黑板上"是一个有界的（有内在自然终止点的）行为动作，而普通光杆名词"字"是无界名词，前后不匹配。当"字"前有了数量词语，便形成了有界名词，与有界的事件相匹配，句子也就能说了。

二是为什么这个名词宾语要不定指的？即为什么类似"他写了（一）个字在黑板上"能说，而类似"他写了这个字在黑板上"的句子就不能说了呢？根据"表面结构法则"（或称"后置限制"），即汉语句子对动词之后的成分有限制，而对动词之前成分没有限制。V后成分越复杂，V就越排斥后面的名词性成分；V后名词性成分越复杂，它越易移到V前。而"他写了一个字在黑板上"中的"一个字"之所以能够保留在动词后，其原因很可能就是语用上的需要所致：如果用介词"把"将它提前，作为处置的对象，往往就具有了有定性，而保留在动词后可以保持它的无定性。

总之，任何一种语言现象都是一种不断发展的过程，不可能是静态的定式。同时，一种格式的演变要经历一个漫长的过程。对其进行研究，既要说明其渐变的历程，更要从格式本身内部因素的变化和外部因素的影响入手探究其演变的机制，并试图从中找出该格式在现代汉语共时平面上存在的一些异质现象的原因。

---

① 参见沈家煊《"有界"与"无界"》，《中国语文》1995 年第 5 期。

第四节 "在"等前置介词赋元功能羡余与 PP 的前移

一 学界对 PP 前移的几种解释

目前，PP 的前移问题越来越受到学界的关注。因为从语言类型学的视角来看，原来的 VPP 语序与 SVO 这一优势语序是和谐的。刘丹青（2003：340）曾经提出了这样的问题：导致背离和谐性和联系项原则的历史性移位怎么会发生？根本动因何在？

不少学者提出过各种假设来解释这一移位发生的原因。[①] 我们认为较有说服力的解释主要是如下三种：

1. 认为是由于介词兴替引起 PP 位置变化。有力的证据是：有些 PP 的位置的变化是通过介词的兴替完成的；表示动作起点的 PP 的位置变化主要是靠介词兴替完成的；PP 位置变化的最后阶段介词兴替的作用非常明显，现代汉语 PP 位置的格局最终是通过介词兴替固定下来的；有时介词的情况也会影响 PP 的位置，如虽然 PP 表示的语义允许 PP 置于中心成分后，但如果 PP 是由一贯位于 V 前的介词引导的，PP 一般要位于 V 前。

但是张赪认为，那些认为介词兴替使 PP 的位置发生了根本变化的人都忽视了在介词兴替大量进行和完成以前 PP 已开始大量前移的事实，对"於"在丧失其主要介词的地位前已经经常在 V 前引导 PP 的情况没有注意到或没有给予足够的重视。不过，张赪所反映的事实与何乐士（2000：170—188）的考察又有点出入。何乐士通过《左传》和《史记》的比较，认为《史记》中位于动词前的介宾语大量增加，主要是由于可在动词前出现的"以"和只在动词前出现的"与"、"为"、"因"、"用"、"自"等介词在《史记》中的频率都有明显增长，并认为这些介词短语大多理应是在动词短语之前的（这其实已涉及"时间顺序原则"），因此介词在动词前后的数量也随之发生重大变化。

另外跟介词兴替论有关的是，Li & Thompson（1973）从介词的来源上予以了解释，认为现代汉语常用介词都是在连动式的第一个动词的位置

---

① 参见张赪《汉语介词词组词序的历史演变》，北京语言文化大学出版社 2002 年版，第245—284 页。

上演变为介词的，因而它们取代了"於"引导的 PP 就导致了 PP 的前移。但是他们忽视了还有一些常用的介词，如"在"、"到"是在连动式第二个动词的位置上变成介词的。

2. 认为是由于时间顺序原则在汉语中的运用引起 PP 位置变化。有力的证据是：从魏晋南北朝时期开始，PP 与 V 的位置在时间顺序原则的作用下重新排列，随着新词序的逐步形成和稳定，时间顺序原则对 PP 的位置的作用也越来越强，最终形成了比较严格的对应关系，表示动作发生的场所、动作的起点等 PP 位于 V 前，表示动作终点的 PP 位于 V 后，表示状态呈现的 PP 位于 V 前后均可。

但是张赪认为这一原则不适合非处所类的 PP，而且也很难解释时间顺序原则为何在魏晋时期才起较大的作用。不过，张赪也认为时间顺序这一象似原则对 PP 位置的影响一直是存在着的，比如，汉语中表示动作归结点的 PP 从来就不能位于动词之前。又比如，据何乐士统计，"与"、"为"、"因"、"用"、"自"等引导的 PP 大多是表示动作行为的前提条件，它们在《史记》中只在动词前出现。

3. 认为是由于"后置限制"引起 PP 位置的变化。有力的证据是：汉语句子对动词之后的成分有限制，而对动词之前成分没有限制。V 后成分越复杂，V 就越排斥后面的名词性成分；V 后名词性成分越复杂，它越易移到 V 前。历时语料考察也发现，动词后的补语、真宾语、准宾语、时态助词以及 V 本身的非单音结构对 PP 都造成或强或弱的排斥力量，尤其补语，从一开始动词带上补语后，修饰动词的 PP 就不能位于动词之后。

不过张赪提出了两个问题：为什么 V 带真宾语对 PP 位置的影响会在魏晋南北朝时期突然变强；为什么英语中常常用从句的手段把较长、较复杂的成分放在句子末尾。第二个问题实际上涉及汉语的这种"后置限制"有没有类型学上的参照，这有待进一步研究。至于第一个问题，张赪自己已经作了回答，实际上 V 后的成分不能太复杂的倾向一直就有，不过在先秦汉语里句子的构成总的说来比较简单，所以这一倾向表现得并不明显。魏晋南北朝到唐五代，各种句法成分纷纷出现并迅速使用开来，语词的复音化也在迅速发展。随着 PP 修饰的 V 的复杂化和 V 后成分的发展，产生了 PP、PP 修饰的 V、V 后的成分三者如何在句子中排序的问题。这样，PP 的位置出现了变动的可能性。

当然，变动的结果要能使 V 后的成分尽量不要太复杂。这就有两种可能性：一种是将宾语等提前，另一种是把 PP 提前。但 PP 不如宾语、补语、时态等成分与 V 之间那么直接紧密，因此，PP 前移成为一种趋势。但当与时间顺序原则相冲突时，仍将 PP 留在动词后，这时，便是利用介词"把"、"将"、"用"、"着"等把宾语提前或形成受事主语句，这也正是我们在前面（本章第一节"二"）所论述的，在宋代以后，特别是在元明时期出现了大量的处置式和受事主语句。也正是元明时期，表示处所的 PP 的语义与它们位置的对应关系开始变得非常严格。

上述的讨论对于进一步深入研究都是大有裨益的。

二 联系项居中原则对 PP 前移的助推作用

张赪（2002：245）研究认为，魏晋南北朝时期是汉语 PP 发生剧烈变化的时期，"介词＋场所"在佛经类文献和非佛经类文献中都大量前移，前移的规律是与 PP 的语义有明确的对应关系。前面也已经提到，西汉以后，普通名词要表示处所时，其后加方位词的情况就已经越来越多，方位词的意义愈益空灵泛化，也逐渐发展成为赋予处所题元的标记。我们还根据语言事实推断，在方位词形成的初级阶段，语义需求当属主要动因。而 PP 的大规模前移的发生是在方位词开始大量形成稍后一段时期。因此，我们接下来想要讨论的便是，方位词的形成，反过来对 PP 大规模前移的发生有没有可能起到一定的助推作用？

前面讲过，方位词的出现，最直接的结果便是导致引进处所的前置介词的赋元功能羡余了。羡余现象在一定的条件下完全有可能导致其脱落。也正是因为前置介词的大量脱落终于打破了语言结构内在的平衡，进而有可能引起一些新的语言变化，最终影响到 PP 在句中的位置。目前，关于前置介词的脱落与 PP 前移的关系，至少可以从如下两个方面来作出解释：

第一[①]，它动摇了表示场所一般要由"於"、"在"等引进的规律，削弱了这些前置介词的作用，也就破坏了表示处所的 PP 一般要位于动词后的规律，为新规律的出现提供了可能。而事实上，在魏晋南北朝时期单纯由后置的方位词引导的 PP，其位置与语义相对应的规律已经确立了，

---

① 关于这一个观点，参见张赪《汉语介词词组词序的历史演变》，北京语言文化大学出版社 2002 年版，第 268—269 页。

而这一规律的确立为前置词引导表处所的 PP 树立了一个模式，与原先已有的体现时间顺序原则的模式一起形成了吸引 PP 前移的势力。

第二，前置介词的脱落，打破了联系项居中原则，而要使方位词置于居中的联系项位置，唯一的途径便是使 PP 前移。如果我们这个假设可以成立的话，那么方位词的产生是因，促使 PP 前移是果。而接下来便是，联系项居中这一语言内部动因促使了方位词的进一步扩张和抽象化。

不过，前置介词的脱落与 PP 前移的关系同样不适合非处所类的 PP。

现在，我们再把学者对 PP 前移的几种解释放在一起来看，其实，每种解释都有其合理的内核，但每种解释又都有无法完全自圆其说之处。因此，都可以认为是 PP 前移的重要动因之一，而非唯一的动因。其实，某种语言现象的出现往往也都是许多因素正好在某一时期形成一种合力共同作用的结果。就上文提到的影响 PP 前移的几种因素而言，时间顺序原则和后置限制原则是一直存在着的，前者是从语义上起作用，后者是从结构上起作用，随着语法结构的复杂化，后置限制力量逐渐显现。同时，介词的兴替，大量只位于动词前的前置介词引导的 PP 出现，对 PP 的前移产生了强大的拉力。而由于方位词的出现，前置介词因功能羡余而脱落，而产生的要求联系项居中的力量则起到了强大的助推作用。这样看来，PP 的前移也就理所当然的了。

第五节　不同格式中"在"的赋元功能羡余问题

一　"在 LV"格式中"在"的赋元功能羡余问题

接下来有必要讨论一下，现代汉语"在 LV"格式中"在"的题元标记功能的羡余问题。

"在 LV"格式中的"在"存在前置介词的"在"与副词的"在"、"正在"的合体问题。Chen（1978）把"在 LV"中的"在"视为体标记（aspect marker）和介词的合体（hapology），并因为介词短语在前，体标记在后，有处所词相隔，故称"远距离合体"（distant hapology）。

范继淹（1982）认为"远距离合体"的说法不妥，他根据介词短语的位置在副词"在"之后为常例的语言事实，认为汉语副词不一定是 VP 的最内层。并因此认为"副 + 动"跟"介 + 处所"构成"副 + 介 + 处所

+动"的序列，副词如为"在、正在"，介词是"在"，则副、介同形相连，语音上自然合并，句法上形成合体。即一个"在"字兼任二职，既有副词的功能，又有介词的功能。范继淹还分析了这种合并的三种可能性：一是副词"在"和介词"在"的完全合并；二是副词"正在"和介词"在"的部分合并；三是副词"正"和介词"在"相连，虽无所谓合并，但"正+在"和副词"正在"同形，因此是生成的途径不同而语义相同。

既然"在LV"格式中存在前置介词"在"（处所题元标记）与副词"在"（进行体标记）的合体问题，那么讨论"在LV"中"在"的功能羡余问题，就要分进行体与非进行体来讨论。

（一）非进行体的情况

当"在LV"所在句子表达的是非进行体（包括实现、经历、将行、惯常等）时，"在"不存在与进行体标记"在"的合体问题。讨论"在"的羡余问题相对比较简单：一般认为，因为句中L是方位短语，或者其本身就是一个处所词，即使没有"在"也能表明其处所题元的身份，所以"在"的处所题元的标记功能是羡余的，加上"在"的隐现并未造成语用上明显的差异，"在"在句中应属于功能完全羡余。但是还是有几个问题值得注意。

1. "在LV"式表实现、经历等完整体时，一般陈述要用动词的复杂形式，如"我在阅览室看了一会儿报纸"。可是表将行体或惯常体时，陈述句可以用光杆形式，如"法语班在306教室上课"，虽然可加副词"将"或"通常"，但在口语中以不加为常，这样同一种形式可以表达将行、惯常和进行三种不同的体，有时就会产生歧义，只能根据语言环境判断。只有表将行、惯常的时候，"在"不可能同时是进行体标记，只能是处所题元标记，"在LV"中"在"的句法语义功能才是羡余的，"法语班在306教室上课"可以说成"法语班306教室上课"。不过，如果副词"将"或"通常"出现，虽然"在"的语义功能（作为处所题元标记的功能）羡余，但在句法上仍然必须强制出现，如"法语班将在306教室上课 | *法语班将306教室上课"，此时，"在"并非句中真正的羡余成分。

2. 可能存在动词的"在"和前置介词的"在"的纠缠问题。关于这一点，我们的处理意见是，将"在LV"中的"在L"都看作介词短语，理由是：现代汉语"在LV"的"在"已处于重新分析后阶段，无法从句法形式上来分别动词的"在"和前置介词的"在"，而语义本身又是很不可靠的东西，如"他在床上折被子"，其实很难断定他的人是否在"床上"，但不管怎样，一般情况下，"折被子"是语义的中心，"在床上"表明"折被子"这一行为发生的处所，因此，即使没有"在"，句子"他床上折被子"仍是合法的，而且它仍保持"人"在"床上"或"不在床上"两种可能。而只有当"在"单独做谓语中心时，才将"在"看作动词，处所词语是动词"在"的宾语，也便不存在处所题元标记功能的羡余问题，因为没有作为谓语中心的"在"，句子是不成立的。

3. 身兼处所词和实体名词的词，其前面有没有前置介词"在"，可能所扮演的题元角色是不同的。例如：

(52) a. 我在香港玩够了。　　　　　≠b. 我香港玩够了。

(53) a. 他在韩国泡菜吃腻了。　　　≠b. 他韩国泡菜吃腻了。

例（52）、（53）a中的"香港"、"韩国"是处所题元；而例（52）b中的"香港"倾向认为是"玩够"的对象，例（53）b中的"韩国"则倾向认为是"泡菜"的领属成分，"韩国泡菜"整个是"吃"的受事。因此，例（52）、（53）a中的"香港"、"韩国"之所以是处所题元，依靠"在"来标记定格的。所以，虽然类似例（52）、（53）a和b的句子都是合法的，但两者之间在语义上存在很大的差别，"在"具有"择定功能"，其处所题元标记功能是非羡余的。

4. 有些词在前置介词"在"的引导下，其后的"上"、"里/中/内"作为无标记项可以隐去①，如果没有"在"，其题元角色也会不同，还可能导致句子不合法。例如：

(54) 毕达哥拉斯曾说："在一切事情，中庸是最好的。"（转引自邹韶华2007）

(55) 她们到年纪很大的时候还在打扮脸孔，还在染发，在年纪

① 参见储泽祥《汉语"在+方位短语"里方位词的隐现机制》，《中国语文》2004年第2期。

那么大的中国女人是不会这样做的。(同上)

（56）初次在电梯相见时就想说，可总不能太冒昧。（转引自储泽祥 2004/第 2 期）

例（54）、（55）中的"一切事情"、"年纪那么大的中国女人"可以看作隐含了方位词"中"的处所题元①，如果没有"在"，那么"一切事情"、"年纪那么大的中国女人"是不可能被视为处所题元的。例（56）中的"电梯"可以看作隐含了方位词"里/中/内"的处所题元，这是因为常规的空间关系"很容易被激活，即使方位词不出现，它的维向和位置也是可以预见的"（储泽祥，2004/第 2 期），但如果没有处所题元标记"在"，句子的可接受度就很低了。所以类似这些特殊情况，也可以认为"在"尚具有一定的"转化功能"，其处所题元标记功能也是非羡余的。

5. 当介词后附的 NP 比较长时，通常不宜省略，其中的介词在句法上可以起到明显的分界作用。如"我们明天八点在上海师范大学行政楼三楼的一间办公室里开会"，如果其中的"在"省略，句子便不太合乎语感。因此，其中的"在"在句法上是有所需要的，它在句中只能属于语义功能羡余，而不能看作句中的羡余成分。

（二）进行体的情况

当"在 LV"所在句子表达的是进行体时，"在"便存在与体标记"在"的合体问题。我们仍旧从上面分析过的三种可能性来看。

1. 副词"在"和介词"在"的完全合并。"在"实际上是身兼二职，虽然在处所题元标记功能上羡余了，但它还承担着进行体标记功能。所以可以认为是语义功能半羡余（即题元标记功能羡余而体标记功能非羡余）。不过，假如句子中还有别的成分可以成为进行体标记的话，那么"在"的进行体标记功能也便羡余了。例如：

（57）a. 这辆大巴在高速公路上行驶着。= b. 这辆大巴高速公路上行驶着。

例（57）a 中的"高速公路上"本身显示了处所题元身份，"着"是

---

① 参见邹韶华《现代汉语方位词语法功能补议》，《中国语文》2007 年第 1 期。

持续体标记，其内涵比进行体丰富，即动作的持续，首先是动作在进行着，这样"在"的处所题元标记功能和体标记功能都羡余了，因此，例（57）a 和 b 的基本语义相当。考虑到"着"与"在"在表示进行体时，在语用功能上仍存在细微的差别①，所以，我们认为例（57）a 中的"在"在句中应该属于基本功能羡余。

2. 副词"正在"和介词"在"的部分合并。"在"可以认为也是身兼二职，只是进行体标记功能并非其独自承担，而是和"正"构成的合成词"正在"来承担。因为"正在"的进行体标记功能可以由"正"单独来承担，同时考虑到"正"与"正在"在表示进行体时，语用上的细微差别②，所以可以认为其中的"在"也是属于基本功能羡余。

3. 副词"正"和介词"在"相连。其在表层的形式与副词"正在"和介词"在"的部分合并的形式无异。但是其进行体标记功能是由"正"独自承担。"在"只承担处所题元标记功能。可以认为其中的"在"在句中属于功能完全羡余。

二　其他格式中"在"的赋元功能羡余问题

相对于"在 LV"格式中的"在"，"在 L"位于 V 后、位于句首时的"在"比较单纯些，只能是个单纯的介词，不可能有体标记"在"和介词"在"的合体问题。③ 一般可以认为"在"所承担的处所题元的标记功能是羡余的，如果没有一些特殊的句法强制性，其中的"在"在句中应属于功能完全羡余。但是也有下面两个问题值得注意。

1. 当"在 L"位于句首，如果 L 是身兼处所词和实体名词的词，那么"在"的有无，同样可能会改变其题元角色。例如：

（58）a. 在上海，我不想逛了。　　　　≠ b. 上海，我不想逛了。

---

① 参见陈月明《时间副词"在"与"着₁"》，《汉语学习》1999 年第 4 期。

② 参见郭风岚《论副词"在"与"正"的语义特征》，《语言教学与研究》1998 年第 2 期。

③ 参见范继淹《论介词短语"在 + 处所"》，《语言研究》1982 年第 1 期；陈重瑜《"在 + 处所"的几个注脚》，《语言研究》1983 年第 1 期。

例（58）a 中的"上海"是处所题元，而 b 中的"上海"倾向认为是"逛"的受事。就是说，a 中的"上海"之所以是处所题元，依靠"在"来标记定格（择定）的。所以此时，"在"的处所题元标记功能是非羡余的。

2. 当"在 L"位于 V 后，前面（本章第三节"一"）讲过，如果 V 是复杂形式（包括加时态助词、加无定宾语等情况），此时，"在"在题元标记功能上虽然羡余，但在句法上必须强制出现，因此，没有相对应的非羡余形式。又如：

（59）a. 他把行李搁在了行李架上。　　*b. 他把行李搁了行李架上。

（60）a. 他做了个记号在书上。　　*b. 你做了个记号书上。

实际上，"在 L"还有一个比较常见的位置，即处于定语的位置，如："我最喜欢在书房里的那幅油画。"其中的"在"也不可能有体标记"在"和介词"在"的合体问题，它所承担的处所题元的标记功能是羡余的，加上没有句法上的强制性和特殊的语用功能，可以认为它在句中属于功能完全羡余。在实际语料中，其中的"在"以不出现为常。有时加上"在"反倒不合汉语的语感甚至产生不合格句子。例如：

（61）a. 我很怕路上的车辆。　　? b. 我很怕在路上的车辆。

（62）a. 我不喜欢大城市的生活。　　? b. 我不喜欢在大城市的生活。

（63）a. 他俩都是中国的著名相声演员。? b. 他俩都是在中国的著名相声演员。

第六节　结语

综上所述，在几个同义格式中，"在"字结构的优势地位大约在元代开始确立。西汉开始，随着方位词的大量出现，导致包括"在"在内的引进处所的前置介词的处所题元标记功能羡余了。

"在"的赋元功能羡余，直接导致其弱化，从而间接地对"V 在 L"格式的重新分析产生了很大影响。并且，我们分析认为，"在"等前置介词因赋元功能羡余而脱落或弱化，破坏了联系项居中，对 PP 的前移也产生了一定的助推作用。

此外，因为"在 LV"格式中的"在"存在前置介词的"在"与副词的"在"、"正在"的合体问题，所以讨论"在 LV"中"在"的处所题元标记功能羡余问题及其在句中的羡余情况，就要分进行体与非进行体来讨论，而各自都有一些比较复杂的情况需要注意。

第四章 "在一起"格式中"在"的羡余问题研究

第一节 问题的提出

吕叔湘（1999：608）认为"一起"有两类：

一是名词的"一起"，意为"同一个处所"。它有三种用法：

　　a）用于"在、到"等少数动词后。如"这些年来，我们一直在一起"。

　　b）动＋在（到）＋一起。如"这些问题应该放在一起来考虑"。

　　c）在＋一起＋动。如"我们俩在一起工作"。

二是副词的"一起"，"表示在同一地点或合到一处。前边常有'同、跟、和'组成的介词短语"。如"我们俩一起工作了八年"。

问题是，这两类"一起"是否可能具有同一性，它们的分类依据和标准是什么？

试看下面各例子：

　　（1）a. 我们俩在一起工作了八年。　　＝b. 我们俩一起工作了八年。

　　（2）a. 这些问题应该放在一起来考虑。＝b. 这些问题应该放一起来考虑。

毫无疑问，例（1）a 与例（2）a 中的"一起"具有同一性，都位于处所题元标记词"在"后，所以吕叔湘（1999：608）将这些"一起"归在名词一类。不过，更确切地说，应该称为处所词，处所词跟普通名词的区别是明显的。① 储泽祥（2004/第 2 期）将这类"一起"归在"专职表示方所的非命名性的处所词"；储泽祥（2006）专题说明了处所词单独立类的必要性。因为"一起"是"非命名性"的处所词，所以相比较典型的处所词，它不能用"哪儿"来加以提问。

至于例（2）b，一般认为，动词"放"后原来有一个"在"，只是这个"在"弱化或脱落了，弱化或脱落的原因是，"一起"意为同一处所，本身具有处所义，所以"在"作为处所题元标记的功能羡余了，因此导致"在"弱化或脱落，使"一起"直接做"放"的处所宾语。那么，其中的"一起"当然也应归到处所词一类。如果认为这个"一起"是副词是没有道理的，因为除了少数极性程度副词（极、透）能做补语，绝大多数的副词是不能做补语的。

关键是，例（1）b 中的"一起"和例（1）a、例（2）a、例（2）b 中的"一起"是否具有同一性？吕叔湘（1999：608）将例（1）b 中的"一起"另归在副词一类。

我们研究的出发点就是，既然例（2）b 中的"一起"可以认为是其前面脱落了一个格标记"在"，而其本身仍是一个处所词，那么，可不可以认为例（1）b 中的"一起"前面其实也是脱落了一个处所题元标记"在"，而其本身仍可看作一个处所词，也可以将它归并到处所词一类？也就是说，例（1）a 和例（2）a 中"在"的处所题元标记功能是不是都是羡余的？然而问题并不是这么简单，我们会在下面展开讨论。

第二节　"一起"的句法语义功能及其归类问题

一　"一起"的句法功能

其实，认为例（1）、例（2）所有句子中的"一起"都具有同一性，还是有一定句法基础的。

---

① 日本松山大学久保进教授在一次讨论中提到了处所词的特殊性：即使处所词很多时候作为事物性的名词来使用，但它"still has the reference"，比如人们看到"上海"这个词就会很自然联想到处于其中的东方明珠、豫园等。

例（1）、（2）a 和 b 之间在句法上的差别在于：a 是"一起"做"在"的介词宾语，整个介词结构做状语或补语，而 b 是"一起"独立做状语或处所宾语。现在关键就是看，处所词内部典型成员是否都兼备这些句法功能。如果有，根据语言单位的同一性原则①，例（1）、（2）所有句子中的"一起"是可以归为一类的。

我们将"上海"与"一起"进行比较：

（3）a. 这些年来，我们一直在一起。　　b. 这些年来，我们一直在上海。

（4）a. 我们俩在一起工作了八年。　　b. 我们俩在上海工作了八年。

（5）a. 我们俩一起工作了八年。　　b. 我们俩上海工作了八年。

（6）a. 我们俩现在住在一起。　　b. 我们俩现在住在上海。

（7）a. 我们俩现在住一起。　　b. 我们俩现在住上海。

显然，例（3）—（7）a 中的"一起"与 b 中典型的处所词具有一致的句法功能，而与普通名词有区别：一是可以直接充当一些动词的处所宾语；二是可以直接充当介词"在、到"的处所宾语；三是可以直接充当状语。此外，两者都不可以受数量短语的修饰；不能后加方位词。既然"上海"只有一类"上海"，那么上述句子中的"一起"也可以归为"处所词"一类，可以不分成两类。

二 "一起"的语义特点

但是"一起"是不是就可以看作处所词中的一个典型成员？是不是所有的"一起"都可以看成是处所词了呢？其实不然。

从语义上来看，例（2）a 和 b 在语义上几乎没有差别，其中的"一起"词汇义基本一致，凸显同一处所的处所义；例（1）a 和 b，在语义

---

① 参见吕叔湘《关于"语言单位的同一性"等等》，《中国语文》1962 年第 11 期。

上大致相当，其中的"一起"表义上略有差别：例（1）a 凸显同一处所的处所义，例（1）b 兼有处所义和协同义。即使当例（1）a 中的"一起"凸显同一处所的处所义时，它同时指明的是与"一起"呼应的名词性成分（处在"一起"的名词性成分）内部个体之间的相对位置——这也是个体之间具有协同关系的空间基础。"一起"表现出来的语义上的这种特殊性，不仅要求与"一起"呼应的名词性成分不能是个体，只能是有生或无生的联合体①，而且，当"一起"在状语位置时，在特定条件下凸显其协同义时，在句法上，跟典型的处所词还是存在明显的区别。这里的"特定条件"是指下面两个条件：

第一，"一起"与典型的处所性词语（处所词或表处所的方位短语）组配在一个句子中。例如：

（8）他现在和家人一起住在纽约。

（9）黄瓜和西红柿一起在冰箱里放着。

例（8）、（9）中"一起"的位置都是不需要一个处所成分，因此也是不能用典型的处所词来替换的。就是说，句中"一起"自身的处所义因为 V 前或 V 后出现了典型的处所性词语已经淡化，而它所凸显的正是语义中固有的另一面——协同义。这儿只能说处所义淡化，而不能说"完全消失"，因为它仍有被凸显的可能性。例（8）、（9）中"一起"的处所义被凸显的手段便是在其前面加上一个处所题元标记词"在"。例如：

（10）他现在和家人在一起住在纽约。

（11）黄瓜和西红柿在一起在冰箱里放着。

我们在对外汉语专业的 41 名本科生中进行了调查（本章所有相关内容的调查对象均是此 41 名大学生），被调查者中认为例（10）、（11）是"病句"的分别是 27 名和 24 名，认为"合法"的分别是 3 名和 4 名，认

---

① 参见肖奚强《协同副词的语义指向》，《南京师范大学学报》2001 年第 6 期。作者讨论过这些名词性成分在具体句子中的多种组配方式。

为"勉强可以接受"的分别是 11 名和 13 名。看来例（10）、（11）也不是断然不可能说的。同样，例（10）、（11）中的"一起"的位置也便可以由典型的处所性词语来替换。例如：

（12）他现在和家人在上海住在徐汇区。

（13）黄瓜和西红柿在保鲜袋中在冰箱里放着。

认为例（12）、（13）是"病句"的分别是 14 名和 15 名，认为"合法"的分别是 15 名和 7 名，认为"勉强可以接受"的分别是 12 名和 19 名。看来，例（12）、（13）的可接受度相对例（10）、（11）要高些。这也正说明，"一起"与典型的处所词还是有所差别，"一起"与典型的处所性词语组配在一个句子中，凸显其方式亦是自由的，而凸显其处所义是非常有限的。

第二，"一起"与具有明显"位移"特征的动词或动趋短语组配在一个句子中。例如：

（14）这时，小王和小李正好一起进来。

（15）我不跟他一起走。

（16）明天我把词典和学习材料一起带给你

例（14）—（16）中"一起"的位置也都是不能用一个典型的处所词来替换的。因为其中的"走"、"进来"、"带给"都是［＋位移］VP，VP 的论元是在移位的，因此，"一起"凸显的是协同义而非处所义。而其中的处所义仍有"淡→很淡→接近零"的差别，因此它被凸显的可能性也有大小。我们不妨在其前面加上一个处所题元标记词"在"来测试一下其处所义被凸显的可能性的大小。例如：

（17）这时，小王和小李正好在一起进来。

（18）我不跟他在一起走。

（19）明天我把词典和学习材料在一起带给你。

认为例（17）、（18）、（19）是"病句"的分别是 24 名、26 名和 33

名；认为"合法"的是 3 名；认为"勉强可以接受"的分别是 14 名、12 名和 5 名。

三　"一起"归类上的两难

这样看来，并非所有的"一起"都可以归到处所词一类中去的。将"一起"分为两类确实是有语义基础的。如图 4 - 1 所示：

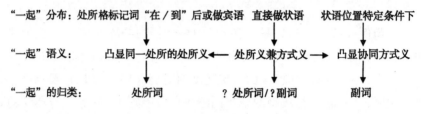

图 4 - 1

不过，虽然将"一起"归为两类的语义依据有了，而且"一起"兼有处所词和副词的句法功能，但对"一起"归类标准的确立仍存在两难现象：第一，处所词和副词都具备直接做状语的功能，"一起"直接做状语时，归在处所词一类还是副词一类好呢？第二，"一起"表同一处所的处所义和表协同的方式义具有此消彼长的连绵性，尤其是直接做状语时，处所义和方式义融合在一起，不能割裂。针对上述情况，可以有两个刚性处理意见。

第一，按照吕叔湘（1999：608）的处理方式：凡是前面没有处所题元标记词直接做状语的"一起"，一律认为是副词。

这种处理方式，忽视了许多直接做状语的"一起"所固有的表同一处所的处所义，也未考虑到直接做状语正是处所词的句法功能之一。而且，面对"我们在一起学习"这样的句子，处理起来就比较麻烦。其中的"在"有三种可能：一是处所标记，二是体标记，三是处所标记和体标记的合体。那么按照吕叔湘（1999：608）的处理方式，如果"在"是第一或第三种情况，"一起"归入处所词，如果是第二种情况，"一起"又得归入副词。

第二，根据上述"一起"与典型处所词的句法功能的相似性，一般情况下，不妨将"一起"统一归为处所词，而不管其前面有没有处所标记"在"；只有当没有处所题元标记词"在"，并且处于上述两个"特定条件"下，凸显了"一起"的协同义时，才将"一起"归到副词类。①

这种处理方式，将许多直接做状语的"一起"归入处所词，也势必有忽视其协同义之嫌，而且，直接做状语同样也是副词的基本功能。

所以，实际上这两个刚性处理方式都不是完美的处理方式，这是由语言事实本身的复杂性所致。但不管怎样，刚性归类应该是次要任务，关键是要意识到"一起"所体现出来的句法和语义上的特殊性，并进一步探讨其根源。

接下来，便是讨论"一起"句法上的兼类性，以及语义上表示同一处所的处所义和表示协同的方式义之间互相融合又此消彼长的连绵性，在历史上是如何形成的。

第三节 "一起"的历时考察

一 协同方式义的产生

从我们所查找的语料来看，"一起"协同方式义的产生早于表示同一处所的处所义的产生（这是可解释的，参见本节"二"）。"一起"协同方式义的产生大约在 17 世纪前后明末的时候。② 我们只发现为数不多的一些例子：

（20）这里把三人监下，又差人访拿苗青，一起定罪。（《金瓶梅·第 47 回》）

（21）只等你寻下，待我有银，一起兑去便了。（《金瓶梅·第 50 回》）

（22）东山正在顾盼之际，那少年遥叫道："我们一起走路则

---

① 参见邢福义《词类辨难》，甘肃人民出版社 1981 年版，第 35—37 页。作者认为"一起"在多数情况下是处所名词，并认为能够跟"在、到"发生组合关系是"一起"作为名词的决定性条件。

② 尽管我们在《水浒传》第 39 回也发现 1 例："说时迟一个个要见分明，那时快，闹攘攘一起发作，只见夥客人在车子上听得'斩'字，数内便向怀中取出一面小锣儿，一个客人立在车子上，当当地敲得两三声，四下里一齐动手。"因为是孤例，我们认为其中"一起"还是处于重新分析的过程中。

个。"（《初刻拍案惊奇·卷3》）

　　"一起"前均无处所题元标记词"在"，也很难补出来，因此只能推测"一起"在当时只体现了其协同方式义的一面。当协同义的"一起"少量出现的时候，原来的作为数量短语的"一起"（多指人，意近"一帮子"）依然大量存在。例如：

　　（23）西门庆一起人进入里边，献茶已罢，众人都起身，四围观看。（《金瓶梅·第1回》）
　　（24）叫了四个唱的、一起乐工、杂耍步戏。（《金瓶梅·第19回》）
　　（25）也是元椿合当悔气，却好撞着这一起客人，望见褡裢颇有些油水。（《拍案惊奇·第19回》）
　　（26）列位曾见一起男女，往哪里去了？（《警世通言·第24卷》）
　　（27）陈御史审到鲁学曾一起，阅了招词，……（《喻世明言·第2卷》）
　　（28）那子春平时的一起宾客，闻得他自长安还后带得好几万银子来。（《醒世恒言·第37卷》）

　　不难发现，表协同义的"一起"是直接从数量短语的"一起"发展过来的。其语法化的诱因便是句位的变化，即数量短语的"一起"后面脱落了它所修饰的名词性成分而从定语变成中心语，或者"一起"直接移位至所修饰的名词性成分后面构成同位关系，从而贴近了谓语中心，使句子结构的重新分析具有了可能性。我们不妨观察一下下面一些例子：

　　（29）石勇、杨林、邓飞三个的一起相识是登州兵马提辖病尉迟孙立，和这祝家庄教师栾廷玉是一个师父教的。（《水浒传·第40回》）
　　（30）正值滴珠一起也解到。（《初刻拍案惊奇·卷2》）
　　（31）前日在平望地方，擒获强盗一起五名。（《醒世恒言·第24卷》）

（32）次日清晨升堂，叫皂隶把皮氏一起提出来。（《警世通言·第 24 卷》）

（33）王皇亲家一起扮戏的小厮，叫他来扮《西厢记》。（《金瓶梅·第 40 回》）

（34）许久才唤这武大一起进去。（《续金瓶梅·第 7 回》）

（35）华云龙脱下了便服，换了盔甲，便叫杨名一起同众军跨着飞马，押了车子，紧赶着上路。（《英烈传·第 58 回》）

（36）周经历又把三个人头割下来，领着萧韶一起开了府门，放个铳。（《初刻拍案惊奇·第 31 回》）

例（29）—（35）中的"一起"仍旧都是数量短语，但它们离表协同义的"一起"却只有一步之遥了。之所以认为其中的"一起"还是数量短语，是因为：例（29）"的"是"一起"作为中心语的标记；例（30）"一起"和谓语中心之间有一个副词"也"相隔；例（31）"五名"是数量短语；例（32）没有可以和"皮氏"协同的对象，而且下文还有"刘爷沉吟了一会，把皮氏这一起分头送监"这样的句子，故仍将"一起"看作数量短语；（33）"小厮"并非"王皇亲家"协同的对象；例（34）通过上下文了解到，"一起"指和武大案子相干的一帮子人；例（35）仅从这一个句子本身已经无法判断"一起"是作为数量短语还是作为表协同的副词来使用。但从上下文了解到其中的"一起"仍是数量短语，因为"杨名一起"是指"杨名同他祖母、母亲三个人"。至于例（36），我们认为其中的"一起"已经处于重新分析的过程中。

尽管表协同的"一起"在明末的时候已经出现，但直至《红楼梦》创作时期，作为数量短语的"一起"仍大量存在，且仍多指人，但也有指事的。例如：

（37）别说你们这一起杂种王八羔子们！（《红楼梦·第 7 回》）

（38）先是那女客一起行礼，后方是男客行礼。（《红楼梦·第 71 回》）

（39）次日早堂，头一起，带进来是一个偷鸡的积贼。（《儒林外史·第 4 回》）

例（37）、（38）指人，例（39）指事。

在相当长时间内，表协同义的"一起"在与"一齐"、"一同"的竞争中一直处于劣势。比如，《儒林外史》中共出现 86 例"一齐"，44 例"一同"，而未出现一例表协同义的"一起"；《红楼梦》中共出现"一齐"89 例，"一同"32 例，而表协同义的"一起"仅以下 2 例：

（40）我们两个人一起去交了卷子，一同出来，在龙门口一挤，回头就不见了。（《红楼梦·第 119 回》）

（41）想来蓉儿同着他爷爷父亲一起出来，只请老太太放心，儿子办去。（《红楼梦·第 107 回》）

而且，其中例（41）"一起"仍可被看作处于重新分析的过程中。

二　处所义的产生及其与协同义的交融

从上面的论述我们了解到，"一起"的协同义是由数量短语"一起"因为句位的变化而诱发产生的。那么"一起"表同一处所的处所义又是如何产生的呢？

在"一起"能够表示处所义之前，由数·名短语"一处"来表示同一处所。"一处"最初的含义是"某一个地方"。"处"也经常作为借用量词，后再接处所词语。例如：

（42）鲁达道："酒家是个该死的人，但得一处安身便了，做甚么不肯！"（《水浒传·第 1 回》）

（43）原来这婆娘自从药死了武大，那里肯戴孝，每日只是浓妆艳抹和西门庆做一处取乐。（《水浒传·第 25 回》）（"做"相当于"在"，是处所标记）

（44）走了这一晚，不遇着一处村坊，那里去投宿是好？（《水浒传·第 1 回》）

例（42）"一处"是它最初的含义"某一个地方"；例（43）"一处"指同一处所；例（44）"一处"作为数量短语来使用。

"一处"表示同一处所，当其前面的处所题元标记词"在"省略，便会很自然地延伸出协同义。我们观察下面的例子：

（45）柴进道："就请来一处坐地相会亦好。"（《水浒传·第8回》）

（46）你便舍遮杀，到底是我亲哥哥！便叫我一处吃盏酒，有甚么辱没了你？（《水浒传·第16回》）

（47）每日和汉儿学生们一处学文书来，因此上些小理会的。（《老乞大》）

（48）府尹道："既是如此说时，再差一员了得事的捕盗巡检，点与五百官兵人马，和你一处去缉捕。"（《水浒传·第18回》）

（49）他也有几匹马，一处赶将来。（《老乞大》）

（50）四人一处奔高唐州来。（《水浒传·第53回》）

（51）武松、施恩两个一处走着，但遇酒店便入去吃三碗。（《水浒传·第28回》）

（52）你买羊时，咱们一处去来，我也闲看价钱去。（《老乞大》）

可以说例（45）—（47）"一处"已经兼有处所义和协同义了；例（48）—（52）"一处"因为后接［＋位移］动词，已经凸显了协同义，而其原来的处所义淡化。

因此，明末时"一起"的协同义产生后，在状语位置具有协同义的"一起"、"一处"、"一同"、"一齐"等同时并存。例如：

（53）金莲和玉楼白日里常在花园亭子上一处做针指或下棋。（《金瓶梅·第12回》）

（54）及至客去了，叫人请他来一处吃早饭。（《初刻拍案惊奇·卷20》）

（55）又因李瓶儿央浼之言，相伴他一同来家。（《金瓶梅·第13回》）

（56）却说汪锡自酒店逃去之后，撞着同伙程金，一同作伴。（《初刻拍案惊奇·卷2》）

（57）不一时，只听得锣鸣鼓响，众人都一齐瞧看。（《金瓶梅·

第 1 回》）

　　（58）其虎看看至近，众人一齐敲着板屋呐喊。（《初刻拍案惊奇·卷5》）

　　不过，它们之间的差别也是明显的。据葛婷（2006）考察，"一齐"、"一同"分别在唐五代时期和宋元时期便已发展成为副词。因此，"一同"作为专职的协同义副词，其使用频率较高，仅《金瓶梅》中共 25 例①；"一齐"也是专职的协同义副词，但偏于"同时"，其使用频率一直很高，仅《金瓶梅》中共 55 例；"一处"的协同义是从表同一处所的处所义中延伸出来的，所以很多情况下是和处所义融合在一起的。尽管在一定的条件下凸显协同义，但其"同地"的处所义的痕迹还是十分明显的，因此，凸显协同义的使用频率是很受限的，典型的不过数例；"一起"的协同义刚产生，源于表"一帮子"的数量短语"一起"，所以其协同义反映出较强的整体性，偏于"共同"义，且原来数量短语的用法还大量存在，许多情况仍处于重新分析的过程中，所以使用也很受限制，较典型的凸显协同义的也不过数例，如前例（20）—（22）。

　　但是相对"一同"和"一齐"而言，"一处"和"一起"有一个共同的特征，就是它们的协同义都源于实体，前者是"同一处所"，后者是"同一帮子"，具备空间关系的相关性。"一处"与"一起"在协同义上的长期替换使用，使得"一起"最后在表示同一处所义上也替代了"一处"。的确，实际语料显示，两者协同义并存使用较长一段时间后，"一起"开始出现类似"一处"的处所义。我们发现较早且较典型的一例是在《儒林外史》：

　　（59）众人一顿骂道："田主人？连你婆子都有主儿了！"不由分说，拿条草绳，和尚同妇人拴在一起。（《儒林外史·第 4 回》）

　　例（59）"一起"前面的"在"便是一个处所题元标记。这说明至

---

　　①　这些数字是依据日本松山大学孟子敏教授输入的《金瓶梅词话》文本统计所得。该电子文本选用的版本是大安株式会社 1963 年出版的影印本《金瓶梅词话》，并参考了香港太平书局1982 年的影印本《金瓶梅词话》。

迟在《儒林外史》创作时期，"一起"的处所义已经产生了，而此例"一起"的位置，之前都是使用"一处"。不过尚未大量出现该类例子。与之差不多同时期的《红楼梦》还未有1例明显表示处所义的"一起"。

直至晚清，带有处所题元标记的明显表示处所义的"一起"的使用才逐渐增多，真正形成一种后来者居上的态势。到那时，在表示同一处所的空间关系上，"一起"开始大量替代数·名短语"一处"。例如：

（60）天天在一起的几个熟人听了他言，都说："应当如此"。（《官场现形记·第32回》）

（61）今天不晓得什么事，恰好把四庭柱配了四金刚，都在一起。（《孽海花·第31回》）

（62）我每天另外给你们两个方子，分两家药店去撮，回来和在一起给他吃。（《二十年之目睹怪现状·第105回》）

因为"在"只是一个标记，肯定也有虽表处所义而不加标记的情况，正如"一处"表处所义时，其前不加"在"的情况也很多。试比较：

（63）下余的十五位，也有三个一起的，两个一起的，合了伙，房子租在一块儿，不但可以节省房金，而且彼此互有照应。（《官场现形记·第50回》）

（64）却得宋江每日带挈他一处，饮酒相陪，武松的前病都不发了。（《水浒·第22回》）

（65）沈归愚选的《古诗源》，将那歌谣与诗混杂一起，也是大病。（《老残游记·第12回》）

（66）走至岸滩，见了许多人围聚一处，问起根由，众人不敢隐瞒，只得依实直说。（《官场现形记·第18回》）

（67）就是银纸，一起放着的，也有十二三卷，他只拿得两卷。（《二十年之目睹怪现·第58回》）

（68）话说众人看演《荆钗记》，宝玉和姐妹一处坐着。（《红楼梦·第44回》）

这样，"一起"早先在状语位置上产生的协同义就有可能和处所义融合在一起了：当有"在"等处所题元标记词时，凸显其处所义；当处于前面（本章第二节"二"）所讲的"特定条件"下时，凸显其较早形成的协同义；无处所题元标记词又不是在"特定条件"下时，便兼具处所义和协同义。而且，此时"一起"的协同义已兼有"共同"和"同地"之义。例如：

（69）我说过从此之后，不许回避，便是你和继之，今日也要围着在一起吃。（《二十年目睹之怪现状·第23回》）

（70）这会又说不过去吃饭了，要搬过来一起吃，还说今天这牌要打到天亮呢。（《二十年目睹之怪现状·第26回》）

例（69）"一起"前有处所题元标记词"在"，凸显其同一处所的处所义；例（70）无标记词"在"，可理解成兼有处所义和协同义。其实，这一情况和"一处"形成协同义后与原有的处所义融合在一起的情况是一样的。例如：

（71）自从你不在家半个来月，奴白日里只和孟三儿一处做针指，到晚夕早关了房门就睡了。（《金瓶梅·第12回》）

（72）金莲和玉楼白日里常在花园亭子上一处做针指或下棋。（《金瓶梅·第12回》）

例（71）"一处"兼有协同义和处所义；例（72）与处所词语"在花园亭子上"组配在一起，"一处"便是凸显了其协同义。

分析当时的语料，"一处"和"一起"两者表示的空间义还是有一些细微差别："一处"侧重于实体之间的绝对位置，强调"都在某一处所"；而"一起"侧重于实体之间的相对位置，强调"合在同一处所"。所以两者还是相互并存了较长一段时间。不过并存使用的进程中，两者之间的细微差别越来越被忽视，从而导致它们之间可以自由地替换。

在我们所考察的书面文献中，"一起"表示同一处所、全面替代"一处"的情形，是在20世纪初新文化运动提倡白话文写作之后出现的。因为"一处"表示同一处所，是单音＋单音的数·名组合，书面语色彩稍浓，因而它被"一起"逐渐淘汰也是在情理之中了。我们就以《冰心全集》为例，考察两者在表示处所义（包括处所义兼协同义的情况）上的数量变化，如表 4－1 所示：

表 4－1　　　　　《冰心全集》"一起"、"一处"表处所义的情况　　　单位：例

	一起	一处
第一卷（1919—1922）	8	19
第二卷（1923—1931）	15	9
第三卷（1932—1949）	28	4
第四卷（1950—1957）	77	0

三　"一起"的功能延伸趋势

20 世纪初以来，兼有处所义和协同义的"一起"在数量剧增的同时，还伴随着"一齐"、"一同"使用数量的相对减少。还以《冰心全集》为例："一齐"、"一同"在第一卷分别是 20 例、53 例，第二卷分别是 12 例、23 例，第三卷分别是 9 例、22 例。葛婷（2006）对副词"一起"、"一齐"、"一同"的统计也能说明问题：《四世同堂》中"一起"6 例，"一齐"71 例，"一同"27 例；《王朔文集》中"一起"234 例，"一齐"93 例，"一同"18 例。

在表协同义时，"一齐"偏于"同时"，"一起"则偏于"共同、同地"，按理都有各自的表义特点。但不能排除因为在状语位置上，"一起"、"一齐"长期共同使用，由于彼此的语音趋于接近（与尖团音的合并有关），导致使用过程中的差别越来越被忽视，于是出现"一起"表协同义时其功能延伸而覆盖"一齐"的可能。我们将吕叔湘（1999：608）认为只能用"一齐"而不能用"一起"的例子，仍在上述 41 名本科生中进行了调查：

　　（73）a. 大家一齐鼓起掌来。　　b. 大家一起鼓起掌来。
　　（74）a. 人和行李一齐到达。　　b. 人和行李一起到达。

调查结果显示居然分别有 32 名和 30 名学生认为例（73）b 和例（74）b 是"合法"的句子，认为"勉强可接受"的分别是 5 名和 8 名，认为"病句"的分别是 4 名和 3 名。而相反，认为例（73）a 和例（74）

a 是"合法"的分别是 29 名和 20 名，认为"勉强可接受"的分别是 7 名和 13 名，认为"病句"的分别是 5 名和 8 名。看来，"表示在时间上同时发生的事情"本当在"一齐"的功能范围，而目前，"一起"的可接受度反倒超过了"一齐"。

其实在晚清时，随着"一起"使用的逐渐增多，这种现象就已初露端倪。例如：

（75）署院赶紧下座拉他。众官亦一起站立。（《官场现形记·第21 回》）

此例在表达上其实更倾向于"同时"，应该使用"一齐"更为恰当，却使用了"一起"。

关于这一点，肖奚强（2001）也已注意到：现代汉语中"一齐"表示同时，"一起"既表示同时又表示同地，所以用"一齐"的地方都可以用"一起"，反之，就不一定。李胜梅等（2004）也提出"一起"有三个义项：同一处所；同一时间；共同。不过，他们都未涉及"一起"不同语义功能的嬗变过程及它们之间在共时平面此消彼长的连绵关系。

当"一起"的"协同"义又兼有了"同时"的功能以后，"同时"和"共同"、"同地"在具体表达中可以此消彼长。这样看来，"一起"用频快速上升也就不足为奇了。刘丹青（2003：159—161）将"（跟……）一起/一道/一块儿"归入副源后置词。我们认为，"一起"语义功能扩展正是其意义泛化的表现，成为一个后置词也是完全有可能的。

第四节　"在一起"格式中"在"的羡余问题

明确了"一起"的句法语义功能，及其发展演变的历程，便使探讨"在一起"格式中"在"处所题元标记功能的羡余问题有了一个坚实的基础。

根据本章前面的分析，不同句法位置和不同条件下的"在一起"中的"在"，其处所题元标记功能是否羡余，以及它在句中的羡余度等级要分别加以讨论（根据第一章第三节"三"所述，汉语虚词的某个语义标记功能羡余后，在句中是否是羡余成分，实际上存在着一个羡余度从高到低的等级序列：A. 功能完全羡余→B. 基本功能羡余→C. 语义功能羡余→D. 语义功能半羡余)。

一 "在一起"位于 V 后做补语的情况

"在一起"位于 V 后做补语，"在"的处所题元标记功能羡余了。试比较：

（76）a. 这些问题应该放在一起来考虑。 b. 这些问题应该放一起来考虑。

（77）a. 我们俩现在住在一起。 b. 我们俩现在住一起。

根据前面（本章第二节"三"）的叙述，"一起"位于处所题元标记词"在/到"后做介词宾语或直接做动词的处所宾语时，均凸显其同一处所的处所义。[①] 因此，例（76）a 和例（77）a 中"在"的处所题元标记功能，完全可以由该句位的"一起"本身固有的语义特征独立体现。例（76）、（77）a 和 b 的基本语义一致，因此，例（76）、（77）a 中"在"的处所题元标记功能羡余了。此外，其中"在"的隐现在语用上也几乎没有产生什么差别，可以认为"在"在句中属于功能完全羡余。

二 "在一起"位于 V 前做状语的情况

"在一起"位于 V 前做状语，有两种不同的情况。

第一种情况，"在"是处所题元标记词，其处所题元标记功能半羡余。试比较：

（78）a. 我们在一起工作了八年。 b. 我们一起工作了八年。

（79）a. 他跟农民在一起生活了三个月。 b. 他跟农民一起生活了三个月。

---

① "一起"直接位于动词后，不可能是协同义副词，因为汉语中除了少数极性程度副词可以直接位于动词后做补语之外，不可能是其他的副词性成分了。

同样根据前述，例（78）b 和例（79）b 中的"一起"直接做状语，兼有表同一处所的处所义和表协同的方式义。假定可以量化计算的话，其处所义和协同义是各占一半。而例（78）a 和例（79）a 中的"一起"前加上处所题元标记词"在"后，使"一起"的语义凸显处所义，几乎全部定位于处所义。如图 4-2 所示：

图 4-2

那么可以这样认为，"在"的处所题元标记功能，是不能完全由独立做状语的"一起"本身的语义特征来体现，"一起"本身只能部分地体现其处所性。"在"的存在，使"一起"的处所义从协同义中凸显出来，从而使协同义弱化。因此，例（78）、（79）a 和 b 之间，在基本语义上只能说大致相当，而不能说完全对等。因此，其中的"在"在句中只能属于语义功能半羡余，不应看作句中的羡余成分。

第二种情况，"在"是进行体标记词，其体标记功能是非羡余的。试比较：

（80）问：他们现在在干什么
　　　答：a. 他们在一起打牌呢。①　　　　　b. 他们一起打牌呢。

例（80）a 中"在"是体标记，"在"和"一起"分属不同的结构层次，"在"没有跟句中任何成分语义功能重合而产生羡余。例（80）a、b 中的"一起"都是处所义兼方式义。至于例（80）b 为什么同样能够反映进行体，那是由上下文的语境决定的，"在"是在语境中省略，而不是因羡余省略。

----

① 此句的"在"也当然可以认为是体标记和处所标记的合体，那就须分别分析。这儿我们姑且将它视作体标记来分析。

第五节 结语

本章主要讨论"在一起"中"在"的羡余问题。要探讨这个问题，首先要分析"一起"的句法语义功能，及其发展演变的历程。这样，为"在一起"中"在"的羡余问题的探讨提供了坚实的基础。

"一起"兼有处所词和副词的句法功能，但其归类标准的确立存在两难现象：第一，处所词和副词都具备直接做状语的功能，"一起"直接做状语时，归在处所词一类还是副词一类都有一定的道理。第二，"一起"表同一处所的处所义和表协同的方式义具有此消彼长的连绵性，尤其是直接做状语时，处所义和协同义融合在一起。我们认为，刚性归类应该是次要任务，关键是要意识到"一起"所体现出来的句法和语义上的特殊性，并进一步探讨其根源。

通过历时考察，我们发现："一处"的协同方式义是从表同一处所的处所义延伸出来的，是先有处所义，后有协同义。而"一起"则是先产生了协同义，与"一处"表示协同义时处于同一句位，并由于空间关系的相关性，最后在表示同一处所的处所义上也替代了"一处"，是先有协同义，后有处所义。这样就可以解释，"一起"为什么会产生表同一处所的处所义，又为什么其协同义产生早于处所义。此外，随着"一起"使用频率的提高，并且与"一齐"的语音趋近，在表协同义上，"一起"的功能有继续延伸而覆盖"一齐"的趋势。因此，现代汉语的"一起"表协同义时，兼有"共同、同地、同时"义。

探讨了"一起"的句法语义功能之后，"在一起"中"在"的羡余问题的解决也就水到渠成了。总起来就是："在一起"位于 V 后，"在"的处所题元标记功能羡余了，并且在句中属于功能完全羡余，"在"的隐现不影响句子的基本语义和合法性，也未造成语用上的明显差别；"在一起"做状语，"在"的处所题元标记功能半羡余，"在"的隐现会影响到基本语义的表达，"在"不应看作句中的羡余成分。最后还要注意，"在一起"位于 V 前做状语，当"在"作为体标记使用时，"在"和"一起"分属不同的结构层次，"在"的功能是非羡余的。

第五章 羡余题元标记词"给"的形成

第一节 引言

前面（第二章第一节）讲过，现代汉语区分 NP 的题元义有多种手段，依靠特定的虚词只是其中的一种手段。因此，当虚词与其他能够区分 NP 题元义的手段正好结合一起的时候，对于该虚词而言，其题元标记功能便是羡余了。不仅如此，虚词之间也会因为题元标记功能重合而造成羡余。

本书第三章已经说明了介词"在"的处所题元标记功能羡余与方位词的大量出现有关。

本章要重点讨论羡余题元标记词"给"形成的几种可能途径。羡余题元标记词"给"就是一般所谓的助词"给"，为方便起见，我们在行文中也称为助词。助词"给"限于没有后附 NP，被"悬空"了的"给"。因为几乎所有的语法理论都认为，介词后面是不能悬空的。当"给"被悬空，直接位于 VP 前，一般认为它们已经从介词进一步虚化为助词了，而不再认为是介词。这样处理有利于保持介词内部的一致性。①

张谊生（2002：311—332）曾将助词"给"构成的"给 V"句分为三类："给 V"式为动句（"NP 给 VP"）、"给 V"式被字句（"NP₁ 被/教/让 NP₂ 给 VP"）、"给 V"式把字句（"NP₁ 把 NP₂ 给 VP"）。本章探讨羡余题元标记词"给"的形成，实际上也就是探讨这三种格式中助词"给"的形成。

据目前的研究成果来看，关于羡余题元标记词"给"的来源问题，

---

① 参见张谊生《助词"被"的使用条件和表义功用》，载《语法化与语法研究》（一），商务印书馆 2003 年版。

还很难得出一个十分清晰和完美的结论。这是因为它出现的历史较短，而且在口语中出现的概率远远高于书面语，很难通过充分的书面文献加以清晰佐证。下面，我们在前人研究成果的基础上，对羡余题元标记词 "给" 形成的三种可能途径进行分析。

第二节 羡余题元标记词 "给" 形成的三种途径

一 由介词 "给" 后 NP 省略形成

刘永耕（2005）对助词 "给" 的语法化过程有过描述，大体是：给予义的动词 "给"（曹先生没有给阮明及格的分数）＞标记与事题元的介词 "给"（大家都同情的给他出主意）＞助词 "给"（那一老一少似乎把他的最大希望给打破）。作者认为，因为标记与事题元的 "给" 引导的介宾结构在口语中不是语意重点，常使用宾语省略式。例如：

（1）你有熟人没有，给（我）荐一个。（转引自刘永耕，2005）

而类似于下面这样的例子中的 "给" 处于与事题元标记 "给" 和助词 "给" 的重新分析过程中：

（2）我外场一辈子，脸教她给丢净。（转引自刘永耕，2005）
（3）我把大门给锁上了。（同上）

因为这两个句子的 "给" 后还可以补出与事，如 "脸教她给（我）丢净｜我把大门给（曹先生）锁上了"。当无法补出与事时，"给" 只能看作助词 "给" 了。例如：

（4）既心疼钱，又恨自己这样的不济，居然会被一场雨给激病。（转引自刘永耕 2005）
（5）天黑，她又女扮男装，把大伙儿都给蒙了。（同上）

刘永耕关于助词 "给" 语法化过程的论述有一定的道理。类似例

（2）、（3）的例子在实际语料中确实也有许多直接加上与事的。例如：

　　（6）李伙计，把那个小白茶壶给我拿下来。（老舍：《二马》）
　　（7）温都太太把火鸡给他们切好递过去。（同上）

　　但其中的一些环节还是值得进一步推敲的。

　　首先，例（2）、（3）的句子都只是类似例（1）省略一个与事那样发展过来的吗？汉语中毕竟还有类似"脸给她丢尽"、"我给大门锁上了"这样的句子（前者"给"相当"被"，是施事题元标记；后者"给"相当于"把"，是受事题元标记），例（2）、（3）的产生与这些句子有没有联系？而且例（2）、（3）的"教/被"字句或"把"字句，毕竟与例（1）是属于不同的句式，因而从例（1）到例（2）、（3）的跨越的确有点大。何况例（1）省略"给"会影响句子的基本语义，而例（2）、（3）省略"给"往往不会影响句子的基本语义。

　　其次，例（2）、（3）的句子又是如何类推到例（4）、（5）这样的句子？即可以补出与事的助词"给"是如何发展到无法补出与事的助词"给"的呢？[①] 这倒是我们最大的困惑。既然例（4）、（5）中的"给"后是没有一个与事题元，为什么在该"被"字句或"把"字句中出现一个助词"给"呢？

　　最后，助词"给"还有没有可能来源于标记施事题元的介词"给"，即由于"给"后施事题元省略产生？刘永耕认为虚词"给"有三种用法：一是标记与事的介词"给"，二是标记施事的介词"给"，三是直接加在动词前面的助词"给"。按照作者在文中的说法，助词"给"只能来源于标记与事题元的介词"给"（即由与事题元省略产生），不可能来源于标记施事题元的介词"给"，那么又如何解释"衣服给淋湿了"、"虫子都给消灭光了"、"刚买的苹果给吃完了"中"给"后省略施事而形成助词的"给"？在我们的调查中，几乎所有的人的语感都认为"衣服给淋湿了"、"虫子都给消灭光了"、"刚买的苹果给吃完了"这三个句子中的"给"

─────────────

　　① 刘永耕（2005）将可以补出与事的助词"给"仍旧看作标记与事题元的介词"给"。但我们认为，只要"给"后悬空，直接位于 VP 前，都是助词。这样处理有利于保持介词内部的一致性，因为目前比较一致的看法是，介词后面是不能被悬空的。

后如果要补出一个 NP 的话，这个 NP 可以是施事成分（其中有少部分人认为还可以是与事成分。几乎没有人认为只能是与事成分）。这在理论上也是解释得通的，可以认为是类推的结果。当介词"给"和"被"一样具有介引、标记施事题元的功能后，"被"的用法会类推到"给"身上。既然"被"可以省略其后的施事题元而发展成助词"被"（小王被打了），那么"给"也可以像"被"一样省略其后的施事题元而发展成助词"给"。

　　另外，虚词"给"除了刘永耕提到的三种用法外，实际上还有一种用法，即标记受事的介词"给"（你给孩子宠坏了）。不过，助词的"给"不可能由受事题元省略产生（＊你给宠坏了），但可能会由于受事题元前移至主语位置产生（孩子你给宠坏了）。① 介词"给"后的 NP 移位是助词"给"产生的第二种可能途径，我们将在下面展开讨论。至于为什么前面提到的施事题元可以省略，而受事题元不能省略，这主要是因为被动式和处置式有一个共同的特点，即"弱施事性"。张伯江（2001）认为"从施事角度观察，一个强及物性的事件中的施事应该体现出自主性，或称意愿性（volitionality），缺乏意愿性的，则应该视为弱施事性"。并认为"弱施事性"是"把/被字句"的共性之一，"汉语里由及物动词构成的'主动宾'式一般不能容许非意愿性的成分做主语，只有一些'有标记的'句式，如把字句和被字句可以容纳弱施事性成分"。"弱施事性的一个显著句法表现就是，它经常可以不出现。被字句的 S 可以不出现已是人所共知的事实。把字句 S 的不出现现象很少有人提及，其实，把字句不出现主语也是非常常见的，甚至有时比普通'主动宾'句还不受限制。"

　　顺带说明一下，关于标记施事题元的介词"给"的形成（即表被动的"给"字句的来源），以及关于标记受事题元的介词"给"的形成（即表处置的"给"字句的来源），分别在蒋绍愚（2003）和王健（2004）等的文章中有了比较充分的论述。

　　根据蒋绍愚（2003）的论述，标记施事题元的介词"给"的形成，

---

　　① 但类似这样的例子："昨天下午我接到了吴迪的电报，说今天早车回来，让我去车站接她。我因晚上去一家饭店'干活'，给忘了。"（王朔《一半是火焰，一半是海水》）可以认为此句的"给"后承前省略了一个指代性受事题元"它"（或"这件事"），因为忘记的是前面已经叙述的"让我去车站接她"这件事。

大体是：给予义的动词"给"（往常老太太又给他酒吃）＞使役义的动词"给"（正经更还做不上来，又弄个贼来给我们看）＞标记施事题元的介词"给"（这件事千万别给老太太、太太知道）。至于"我的一件体己，收到如今，没给宝玉看见过"中的"给"尚处于重新分析的过程中，可以理解为"（我）没有给宝玉看见过"，也可以理解为"（我的体己）没给宝玉看见过"，前者的"给"是使役义的动词，后者的"给"则是标记施事题元的介词。蒋绍愚、曹广顺主编（2005）进一步认为，标记施事题元的介词"给"，还有可能是从给予义的动词"给"直接发展过来，而不经过"使役"这个中介。目前的研究成果还没有能够否定这一推测，但在共时平面上证明这个结论也是困难的。刘永耕（2005）曾从动词"给"语法化过程中义素传承的角度分析认为，标记施事题元的介词"给"是直接从给予义的动词"给"发展过来的。

另据土健（2004）的论述，标记受事题元的介词"给"的形成有两个途径，其一是：标记与事题元（受益对象）的介词"给"（那女尼一面唤醒他，一面给他揉着）＞标记受事题元（处置对象）的介词"给"（妈要给我配人，我原拼着一死）。这个发展过程的关节点是"给"后的NP不局限于受益者。其二是：使役义的动词"给"（芳官连要洗头也不给他洗）＞标记受事题元（处置对象）的介词"给"（老爷待要不接，又怕给他掉在地下）。这个发展过程的关节点是"给"后的NP不是充当后面VP的施事。关于标记受事题元的介词"给"形成的这两个途径，在李晋霞（2005）中也有类似的表述。不过，李晋霞认为，"给"表处置的用法还不怎么稳固，对语境的依赖较大。如果理解为"把"、"被"两可的情形下，"给"都明显倾向于理解为"被"，比如单独的"我给他们拦下了"、"我给他糊弄走了"中的"给"都不同程度地优先理解为"被"。由于原文都有详细的论证，我们不再赘述。

二　由介词"给"后NP移位形成

尽管可以认为例（2）、（3）两个句子的"给"可以补出与事，其中的助词"给"是通过省略与事而产生的，但我们同样也可以认为例（2）、（3）不是由于"给"后NP省略而产生的，毕竟汉语中可以有如下的句子：

（8）我外场一辈子，脸给她丢净。

（9）我给大门锁上了。

例（8）中的"给"是标记施事题元的介词，相当于介词"被"；例（9）中的"给"是标记受事题元的介词，相当于介词"把"。类似例（8）的还如：

（10）这件事千万别给老太太、太太知道。（转引自蒋绍愚2003）

（11）羊给狼吃了。

（12）衣服给雨淋湿了。

（13）门给风吹开了。

类似例（9）的还如：

（14）狼给羊吃了。

（15）他当地人哪，交通民警也很少，给我抽出搞那个，哦，搞这个交通民警去啦。（转引自王健2004）

（16）温都太太到底给早饭端来了，马老先生只喝了一碗茶。（老舍：《二马》）

（17）马威又给他们的酒端来，伊牧师一气灌下去，还一个劲儿说："喝着玩儿。"（同上）

（18）院子打扫清爽，二太太叫他顺手儿也给屋中扫一扫。（转引自刘永耕2005）

我们想要讨论的重点便是前例（2）—（5）中助词"给"的形成与例（8）—（18）这样的句子有没有联系？即有没有可能助词"给"是通过介词"给"后NP的移位产生的，具体是：

（19）a. 我外场一辈子，脸给她丢净。＞b. 我外场一辈子，脸教她给丢净。

（20）a. 我给大门锁上了。＞b. 我把大门给锁上了。

（21）a. 自己居然会给一场雨激病 > b. 自己居然会被一场雨给激病。

（22）a. 狼给羊吃了 > b. 狼把羊给吃了。

　　这种移位是伴随着句子中添加了另一个施事或受事题元标记而发生的，整个步骤是"添加＋位移"。齐沪扬（1995）、张谊生（2002：329）也都持这种看法，认为在类似例（19）—（22）b 的句子中，"给"的意念上的支配成分被表示处置意义的介词"把"或"被"给转移、提前了。如果这个假设成立的话，就可以不必认为例（4）、（5）这样的句子是由例（2）、（3）省略与事的句子类推过来的。那么，接着最关键的就是要回答这种添加和移位的动因到底是什么？

　　我们认为，"给"本身集多种功能于一体：给予义动词；使役义动词；标记与事题元的介词；标记施事题元的介词；标记受事题元的介词等。多功能性（尤其是兼有施、受双重标记功能）势必导致其某一特定标记功能的弱化，就是说，相对于施事题元标记"被"、"叫/教"、"让"以及受事题元标记"把"而言，"给"标记施事或受事题元，可以认为是一种弱标记。当说话人一旦觉得"给"还不足以明显地标记相关 NP 的语义角色的时候，或者在还有可供选择的强标记的时候，就会再次引入这个强标记，使得"给"所介引的 NP 移位至这个强标记后面。张谊生（2002：330）也认为："随着语言表述的日益精确化和严密化，汉语中对施、受关系处置式的分工日渐明确，人们越来越倾向于分别用'被'字句和'把'字句来替代兼有施受双重处置表示法的'给'，而'被……给'和'把……给'句式的广泛存在，表明目前还处于这种分工替代发展演化的过程之中。"据张谊生考察，作为助词用的"给"一直要到 20 世纪才出现。估计是在"五四"前后随着现代白话——国语的正式形成而广泛出现的。不过，据温锁林等（2006）考察，助词"给"最早出现于《儿女英雄传》，共有 6 例：4 例是"把 NP 给 VP"，如"你瞧把个小院子儿给摆满了！"；1 例是"叫 NP 给 VP"，如"公子断没想到从城里头憨了这么个好灯虎儿来，一进门就叫人家给揭了"；1 例是独用的"给 VP"，如"不想这位尹先生是话不说，单单的轻描淡写的给加上了'寻常女子'这等四个大字，可断忍耐不住了"。出现这些用例的前提是，《儿女英雄传》成书时期已经出现比较典型的表处置或表被动的"给"。

鉴于"把 NP 给 VP"和"被 NP 给 VP"两种格式的产生时间还不长，我们也认为这两种格式可能还是处于标记词竞争过程中的一种过渡状态。作为过渡状态，绝大多数情况是以可互替的方式并存一段时间。还有一种就是所谓的"挤位"。"给"后 NP 的移位从另一个角度来看，也可以认为是一种"挤位"，即强标记"被"、"叫/教"、"让"或"把"介引了"给"后的 NP，将"给"挤到了本由它介引的 NP 之后。不管是哪种过渡状态，最终有两种可能：一是将会淘汰较弱的一方，二是在这种新的格式下，较弱的一方衍生出新的功能，并得以强化，产生某种格式义，得以继续保留下来。从目前的使用情况来看，我们倾向性预测是第二种可能。既然是"倾向性预测"，说明还没有十分的把握，因为还有另外的可能因素存在："把 NP 给 VP"和"被 NP 给 VP"两种格式在典型的书面语中是很少出现的，这正是因为这一格式新的格式义尚未固定下来。而书面语的精确化和严密化便使得人们自觉不自觉地删除了被认为是"羡余成分"的"给"。

按照"给"后 NP 移位的动因分析，移位的步骤只能是先添加强标记词，再移位，而不可能是先移位，再添加标记词。所以不可能出现下面的移位过程：

（23）a. 我外场一辈子，脸给她丢净。➤b. 我外场一辈子，她把脸给丢净。

（24）a. 我给大门锁上了。　　　　➤b. 大门被我给锁上了。

（25）a. 自己居然会给一场雨激病　➤b. 一场雨居然会把自己给激病。

（26）a. 狼给羊吃了　　　　　　　➤b. 羊被狼给吃了。

尽管例（23）—（26）b 基本上也都是合格的句子，但是 b 不可能由 a 内部移位产生。其对应的步聚是：先把"给"后的 NP 移到句首，然后再在原先"给"前的 NP 前添加受事或施事标记。这与前述"给"后 NP 的移位的动因不符，是无法作出解释的。

另外，如果介词"给"后的 NP 是受事题元，那么这个 NP 的移位还有一种方式，即直接前移至主语位置产生受事主语句。例如：

（27）a. 我给大门锁上了。　＞b. 大门我给锁上了。

（28）a. 狼给羊吃了。　　　＞b. 羊狼给吃了。

（29）a. 你给孩子宠坏了。　＞b. 孩子你给宠坏了。

　　本节我们尽管分析了助词的"给"也可能由介词"给"后 NP 移位产生，但还有值得进一步商榷的地方。

　　首先，从文献语料的考察来看，标记施事题元的介词"给"出现的年代大概是在 18 世纪中叶，在 18 世纪 60 年代时，人们已经认为"给"和"叫"可以通用了。①标记受事题元的介词"给"出现的年代大概再晚一些，在《红楼梦》、《儿女英雄传》、《语言自迩集》中还很少见到"给"明确只能做"把"讲的例子，但到老舍的小说中，这样的例子就多起来了。②可见，"给"作为标记施事题元或受事题元的介词，出现的历史并不长。而根据前人的研究来看，其他标记施事题元或受事题元的介词"被"、"叫/教"、"让"、"把"、"将"等产生的时间都要明显早于"给"。为什么晚出现的施、受格标记词"给"，反而又被早出现的施、受格标记词所排挤呢？是否跟"给"的功能泛化有关？目前还未能作出明确的解释。

　　其次，我们在语料中还发现"他开开门进来，差点给门轴给推出了槽"（老舍：《二马》）这样的例子。这句话为什么不是添加一个强标记，而再去添加一个同样的标记词"给"呢？是不是两个弱标记相当于一个强标记的功能？或者这个句子仅仅是从"被……给"类推过来的？因为既然"给"有"被"的施事题元标记功能，人们无意当中将"给"和"被"等同起来，既然有"被……给"格式，便自然地类推出"给……给"格式。到底何种原因，我们目前还无法确证。

　　再次，事实上也确实存在"脸教她给（我）丢净"、"我把大门给（曹先生）锁上了"这样的句子，这两个句子省略与事题元后形成的助词"给"，跟移位是没有任何关系的。

---

① 参见蒋绍愚《"给"字句、"教"字句表被动的来源——兼谈语法化、类推和功能扩展》，载《语法化与语法研究》（一），商务印书馆 2003 年版。

② 参见王健《"给"字句表处置的来源》，《语文研究》2004 年第 4 期。

三 继承原有的被动处置套用格式形成

一般认为被动处置套用格式至迟在宋代就产生了。据祝敏（2007）考察，宋元时期的被动处置套用格式只有被动套处置型一种类型，而未见处置套被动型的用例。例如：

（30）被利欲将这个心包了。（《朱子语类·卷18》）

（31）被主帅将小人打了三十背花。（《五代史平话·周史上卷》）

（32）不知被人将他肺腑都看见了。（《鲁斋遗书·大学直解》）

（33）他哥哥不服，被敬塘挥起手内铁鞭一打，将当门两齿一齐打落了。（《新编五代史平话·晋史平话》）

这种被动处置套用格式在明清白话小说中就已较为普遍地存在。① 包括以下两种类型：

1. 处置套被动型。例如：

（34）（月娘）说道："惯着他，明日把六邻亲戚都教他骂遍了罢！"（《金瓶梅·第75回》）

（35）（金莲）说道："若教这奴才淫妇在里面，把俺每都吃他撑下去了！"（《金瓶梅·第23回》）

（36）把七十二洞妖王与独角鬼王，尽被众神捉了。（《西游记·第5回》）

（37）顷刻把一个宝光师傅升了天，把这样一个极好的醮事，临了被那一个歪和尚弄得没有光彩。（《醒世姻缘传·第30回》）

（38）又说："公公宠爱了他纵容他，把我个强盗般的婆婆生生被他气成瘫痪，与我百世之仇；我不是将他杀害，我定是将他药

---

① 参见唐钰明《唐至清的"被"字句》，《中国语文》1988年第6期；刘继超《"被""把"同现句的类型及其句式转换》，《江西师范大学学报》1997年第1期；刘继超《〈儿女英雄传〉中的"把""被"同现句》，《古汉语研究》1999年第2期；方经民等《〈金瓶梅词话〉和近代汉语的嬗变》，《松山大学综合研究所所报》2005年第46号；祝敏《明清白话小说中被动式和处置式套用句式研究》，硕士学位论文，华中师范大学，2007年。

死。"（《醒世姻缘传·第 56 回》）

（39）我才二十多岁，挤了来看，把帽子都被人挤掉了。（《儒林外史·第 55 回》）

（40）不想我的干女儿没得认成，倒把个亲女儿叫弟夫人拐了去了。（《儿女英雄传·第 32 回》）

可以认为，例（34）—（40）这些处置套被动型句子的主语隐含了①，这个隐含的主语与"被/吃/乞/教/叫"后的介宾语大多具有"复指性"关系，并且，一般在前一分句或前文已有交代，如例（34）—（38）。但有时这个隐含的主语与"被/吃/乞/教/叫"后的介宾语没有"复指性"关系，主语和介宾语之间的关系可以理解为"间接的施动者"与"直接施动者"的关系（我们暂时把这种关系称为"非复指性"关系），如例（39）、（40）可以分别理解为"（我）把帽子都被人挤掉了"，"倒是（我）把个亲女儿叫弟夫人拐了去了"。

2. 被动套处置型。例如：

（41）妇人正手里擎着叉竿放帘子，忽被一阵风将叉竿刮倒。（《金瓶梅·第 2 回》）

（42）祝实念道："我那等吩咐他，文书写滑着些，立与他三限才还。他不依我，教我从新把文书又改了。"（《金瓶梅·第 42 回》）

（43）闻人讲唐僧是个虎精，他也心中暗想道："我师父分明是个好人，必然被怪把他变做虎精，害了师父。"（《西游记·第 30 回》）

（44）司棋被众人一顿好言，方将气劝的渐平。（《红楼梦·第 61 回》）

（45）话说那万中书在秦中书家厅上看戏，突被一个官员带领捕役进来将他锁了出去。（《儒林外史·第 50 回》）

（46）（公子）说道："今日算被你把我带进八卦阵，九巑山去，我再转，转不明白了。倒是求你快说明白了罢！"（《儿女英雄传·第 23 回》）

---

① 在我们所发现的语料中这类处置套被动型句子的主语都是隐含的。

（47）我是<u>被</u>一起子听戏的爷们<u>把</u>我气着了！（《儿女英雄传·第32 回》）

例（41）—（47）这些被动套处置型句子有的出现主语，如例（44）、（47），但大多也隐含了，这个隐含的主语在前一分句或前文一般也已有交代，如例（41）、（42）、（43）、（45）、（46）隐含的主语分别是前面出现的"妇人"、"文书"、"我师父"、"万中书"、"我"。出现或隐含的主语与"把/将"后的介宾语之间的关系，大替可以分为"隶属性"、"复指性"两类。① 具有"隶属性"关系的，如例（41）、（44）；具有"复指性"关系的，如例（42）、（43）、（45）、（46）、（47）。

接下来，我们看看这些被动处置套用格式在现代汉语中的继承和使用的情况如何？

首先，套用格式中所使用的介词。明清时期被动处置套用格式所涉及的介词，处置套被动型主要包括："把……被……"、"把……吃/乞……"、"把……教/叫……"、"将……被……"；被动套处置型主要包括："被……把……"、"被……将……"、"教/叫……把……"、"吃/乞……把……"、"吃……将……"而现代汉语被动处置套用格式所涉及的介词，处置套被动型主要包括："把……被……"、"把……让……"、"把……叫……"（后二者更具有口语色彩）；被动套处置型主要是"被……把……"、"叫……把……"、"让……把……"②

其次，套用格式的使用频率。据祝敏（2007）考察，被动处置套用格式在现代汉语中的出现频率低于明清时期。祝敏考察了《家》、《雷雨》、《日出》、《茶馆》、《骆驼祥子》、《子夜》、《围城》、《连环套》等几部现代文学代表作，发现仅有《雷雨》、《日出》和《围城》中各出现1 例，《骆驼祥子》和《连环套》中各出现 2 例，其余作品中未发现用例。

① 参见唐钰明《唐至清的"被"字句》，《中国语文》1988 年第 6 期；方经民等《〈金瓶梅词话〉和近代汉语的嬗变》，《松山大学综合研究所所报》2005 年第 46 号。唐钰明把"被……把"结构里"把/将"所带宾语与主语的关系，概括为"隶属性"和"复指性"两种。方经民等将"隶属关系"称为"分裂关系"，将"复指关系"称为"同指关系"。

② 参见刘继超《"被""把"同现句的类型及其句式转换》，《江西师范大学学报》1997 年第 1 期。作者提到，现代汉语"被"、"把"同现句的例子中没有一个用"将"的。

　　再次，套用格式中主语与所对应的介词宾语之间的语义关系。我们根据祝敏（2007）从《三国演义》、《水浒传》、《西游记》、《金瓶梅》、《醒世姻缘传》、《儒林外史》、《红楼梦》、《儿女英雄传》、《镜花缘》等明清的几部重要白话小说中摘引出来作为例句的62个被动处置套用的句子（其中处置套被动型14例，被动套处置型48例）进行统计，在14例处置套被动型中，具有比较明确的"复指性"关系的便有10例。在48例被动套处置型中，"复指性"关系是25例，"隶属性"关系是23例。而在现代汉语中，刘继超（1997）考察发现，在处置套被动型（文中称作"'把'在前的'被''把'同现句"）中，主语与所对应的介词宾语之间的语义关系，没有一例是"复指性"关系（文中称作"同一或复指关系"，"同一"指所指对象和语言形式都一致，"复指"指所指对象一致，但介宾语是用一个代词来称代主语）。在被动套处置型（文中称作"'被'在前的'被''把'同现句"）中，如果是"复指性"关系中的"同一关系"，句子的主语一般都是承前一个分句省略了。例如：

　　（48）他睁着眼，清清楚楚地看着，到底怎样被别人把他推下去。（转引自刘继超1997）

　　（49）可惜他不在村里了，叫人家广聚把他撵跑了。（同上）

　　（50）他还在那里嘟哝，叫俺妈把他骂了一顿走了。（同上）

　　例（48）—（50）句子的主语和"把"后的成分之所以同为"他"，正是因为他们不在同一个分句内，且有一定的距离，尤其是例（48）主语和套用句之间还隔着一个分句，为了使动作的受事者不被听读者轻视，从而使用了介词短语"把他"。这说明，现代汉语的被动套用处置型句子中，主语与介词宾语之间的语义关系如果是"同一关系"是有一定的条件限制的。而这种条件限制在明清时代是没有的。例如：

　　（51）我被他一顿钉钯，把我筑得败下阵来。（《西游记·第85回》）

　　（52）我是被一起子听戏的爷们把我气着了！（《儿女英雄传·第32回》）

　　（53）那位打算诗酒风流的公子，何尝不是被他姊妹两个一席

话，生生的把个懒驴子逼上了磨了呢！（《儿女英雄传·第33回》）

例（51）—（53）主语与"把"后的成分具有"同一或复指关系"，且同现于一个分句内。

面对现代汉语中被动处置套用格式的上述特点，我们就产生了下面两个问题：第一，被动处置套用格式为什么在现代汉语中的出现频率低于明清时期？第二，明清时期的主语和相对应的介词宾语之间具有复指关系的被动处置套用格式在形式上如何进一步演变了（即在现代汉语中对应于何种格式）？这两个问题实际上也是同一问题的两个方面。

我们认为，被动处置套用格式自有它独特的表义功能。祝敏（2007）总结了这种被动处置套用格式具有"强影响性"、"弱施事性"、"强已然性"和"强施受关系"四个表义特性。其中前两个特性也是"把/被字句"相对"主动宾"句的共性。[1] 后两个特性，特别是"强施受关系"倒是套用格式本身相对突出的个性。张伯江（2001）认为，汉语里句首位置公认是对论元角色约束力最低的，所以可以容纳语义较为间接的成分；介词宾语位置则总是被介词明确指派了论元角色的，所以语义往往比较具体。因此，"把"、"被"后的 NP 分别是直接受动者和直接使因者，可以公式表示如下：$N_{直接或间接使因者}$ + 把 $N_{直接受动者}$ + VP；$N_{直接或间接受动者}$ + 被 $N_{直接使因者}$ + VP。在被动处置套用格式中，同时凸显了直接的受动者和直接使因者，体现了"强施受关系"。一种格式既然有其自身独特的表义功能，就不会轻易地消亡。最有可能便是其自身进一步发展，以一种新的形式承担原来的表义特性。不难发现，在现代汉语中，与被动处置套用格式表义功能最为近似的格式便是"被/叫/让……给"和"把……给"格式。祝敏（2007）将之归为"非典型性的套用句式"。邵敬敏（1983）则干脆将"S 把 NP 给 VP"的句式也称为"把被句式"。这大概也正是因为注意到了"被/叫/让……给"、"把……给"格式与被动处置套用格式之间的功能联系。

现在关键就是看，"被……给"和"把……给"格式有没有从被动处置套用格式发展过来的可能性，这种发展又会是怎样的一种途径。

我们认为这种可能性是存在的。当被动处置套用格式的主语与所对应

---

[1]　参见张伯江《被字句和把字句的对称与不对称》，《中国语文》2001 年第 6 期。

的介词宾语之间存在复指性关系，且主语在同一分句中出现，与介词宾语的间隔距离不远时，介词宾语在理论上是可以省略而不影响语义的。尽管我们在明清的文献语料中尚未发现套用句中省略介词宾语的例子，但我们发现在那些存在"无宾把字句"的方言区（如江淮官话的清水方言，吴方言区的一些地方方言）中有这样的句子：

（54）这调皮鬼被我把^赶走了。

（55）这瓣西瓜被我把^吃了。

更有意思的是，在其中的许多方言点，"把［ba］"与"给"本身就合二为一，或者说只有"把"，没有"给"，"把"兼有"给"的意思。①让这些方言点的人念"这调皮鬼被我给赶走了"、"这瓣西瓜被我给吃了"与例（54）、（55）并没有区别。

另外，一般认为"给"表处置或者表被动的功能，至迟在清代的中晚期便形成了。"给"的表处置或表被动的功能一旦形成，便与"把"、"被/叫/让"存在替代关系，也就完全有可能在套用格式中使用。相比较"把"、"被"表处置或被动，"给"表处置或被动属于弱标记（这与它的多功能性有关）。不过，套用格式相对于单独的处置式、被动式或主动宾式所体现出来的表义特性，"被/叫/让……给"、"把……给"格式也完全具备，而且"给"的位置本来也就不需要一个强标记词，即使没有这个标记词，句子中名词性成分之间的语义关系也是明确的。再看一个例子：

（56）小心你的脑袋，不要让敌人的子弹把你打着了。（转引自刘继超 1997）

例（56）"把"所介引的"你"并非是"打着"的直接受事题元，"打着"的受事题元应该是"你的脑袋"。另外，句中即使没有第二个介宾短语"把你"，句内的名词性成分的语义关系还是明确的。这样看来，这个位置上的标记词其语用功能重于其基本的表处置（标记受事题元）或表被动（标记施事题元）的标记功能。因而，套用格式中的第二个表

---

① 参见许宝华、宫田一郎主编《汉语方言大词典》第 2 卷，中华书局 1999 年版。

处置或表被动的标记词都落在了一个弱标记 "给" 身上，也是在情理之中了。

语言本身的发展趋势便是以尽可能简洁的形式表达最精确的含义。我们认为从被动处置套用格式的出现，到套用格式的简化都是遵循这一规律的。例如：

(57) a. 我是被一起子听戏的爷们气着了！

　　　b. 一起子听戏的爷们把我气着了！

　　　　　　　↓（a、b 糅合）

　　　c. 我是被一起子听戏的爷们把我气着了！

　　　　　　　↓（c 简化）

　　　d. 我是被一起子听戏的爷们给气着了！

例 (57) a、b、c、d 基本语义相同，谓语中心一致（都是 "气着了"）。其中 a 强调被动义；b 强调处置义；c 则利用一个套用格式是兼有了 a、b 的功能[①]；d 在不影响句内名词性成分语义关系的前提下，进一步仅以一个标记词 "给" 取代了套用格式中的第二个介宾短语，而原来的语用功能不变。

不过，尽管助词 "给" 的形成可能与本来就存在的被动处置套用格式有关，但至今还缺乏直接证据，即在书面语料中尚未发现典型套用句中用 "给" 作为第二个介词明确引进施事或受事的句子。虽然许多句子可以认为是 "给" 后省略了施事或受事题元，例如：

(58) 我是被一起子听戏的爷们给（我）气着了！

(59) 既心疼钱，又恨自己这样的不济，居然会被一场雨给（自己）激病。

(60) 我把我的母亲可给（我）气死了。

(61) 天黑，她又女扮男装，把大伙儿都给（她）蒙了。

---

① 其最初的产生应该算是一种 "糅合"。关于 "糅合" 造句，参见沈家煊《 "王冕死了父亲" 的生成方式——兼说汉语 "糅合" 造句》，《中国语文》2006 年第 4 期。

但是也有很多句子是无法补出一个施事或受事题元的，例如：

（62）我把大门给（我）锁上了！

（63）狼把羊给（狼）吃了。

第三节　结语

本章主要分析了羡余题元标记词"给"形成的三种可能途径：一是介词"给"后 NP 省略；二是介词"给"后 NP 移位；三是继承了原有的被动处置套用格式。这三种可能途径都有其合理的一面，也具有可解释的动因。但就目前的研究来看，这三种可能途径还停留在一种理论假设阶段，尚缺乏直接、充分的证据，也有各自无法自圆其说的地方。

综上，我们的倾向性观点是，羡余题元标记词"给"形成正是由这三条不同的途径"殊途同归"的结果。"殊途同归"正好可以说明，助词"给"内部的差异（助词"给"本身也是一个杂烩）是由其不同来源造成的。"殊途同归"也可以解释为什么某一种可能途径会有无法自圆其说、一以贯之的情况。

助词"给"所构成的"给 V"式为动句（"NP 给 VP"）、"给 V"式被字句（"NP$_1$ 被/教/让 NP$_2$ 给 VP"）、"给 V"式把字句（"NP$_1$ 把 NP$_2$ 给 VP"）这三类"给 V"句，其中"给 V"式为动句中的助词"给"的来源可能有两个：

一是由其后的支配成分（与事题元或施事题元）省略形成的，即由上述的第一种途径发展而来。例如：

（64）你有熟人没有，给（我）荐一个。（省略了与事"我"）

（65）他想看，我偏不给（他）看。（省略了与事"他"）

（66）衣服给（雨）淋湿了（省略了施事"雨"）

（67）虫子都给（我们）消灭光了。（省略了施事"我们"）

二是由其后的支配成分（受事题元）前移形成受事主语句而形成的，即由上述第二种途径发展而来的。例如：

（68）羊狼给吃了。（"羊"从"给"后移位至主语位置）

（69）孩子你给宠坏了。（"孩子"从"给"后移位至主语位置）

有时"给V"式为动句在表层形式上一致，但其中助词"给"的来源可能作两可分析。例如：

（70）大门我给锁上了。（①由"大门我给他锁上了"句省略与事"他"；②由"我给大门锁上了"句中"大门"从"给"后移位至主语位置）

（71）水龙头我给修好了。（①由"水龙头我给你们修好了"句省略与事"你们"；②由"我给水龙头修好了"句中"水龙头"从"给"后移位至主语位置）

"给V"式把字句和"给V"式被动句中的助词"给"则可能由上述的三种途径发展而来，尽管最终它们在表层形式上可能是一致的。例如：

（72）a. 我把大门给他锁上了。＞b. 我把大门给锁上了。（省略与事"他"形成）

（73）a. 大门被我给他锁上了。＞b. 大门被我给锁上了。（省略与事"他"形成）

（74）a. 我给大门锁上了。＞b. 我把大门给锁上了。（添加强标记词"把"，"给"后的受事题元移位至"把"后）

（75）a. 大门给我锁上了。＞b. 大门被我给锁上了。（添加强标记词"被"，"给"后的施事题元移位至"被"后）

（76）a. 我把大门被我（不小心）锁上了。＞b. 我把大门给锁上了。（套用格式的第二个介词后省略施事题元，弱标记"给"替代原有的强标记"被"）

（77）a. 大门被我把它锁上了。＞b. 大门被我给锁上了。（套用格式的第二个介词后省略受事题元，弱标记"给"替代原有的强标记"把"）

其中例（72）b、（73）b是"给"后NP省略，例（74）b、（75）b

是"给"后 NP 移位，例（76）b、（77）b 是继承原有的被动处置套用格式。这样看来，"我把大门给锁上了"最有可能源于"我把大门给他锁上了"、"我给大门锁上了"、"我把大门被我（不小心）锁上了"三种形式；"大门被我给锁上了"最有可能源于"大门被我给他锁上了"、"大门给我锁上了"、"大门被我把它锁上了"三种形式。

　　关于羡余题元标记词"给"形成的探讨还只是一个开始，以期在今后的研究中再进一步深入展开讨论。相信随着研究的深入，羡余题元标记词"给"的形成过程会越来越清晰。

第六章　汉语时体标记词功能羡余研究

第一节　关于时体功能范畴

一　时体功能范畴不同于时体语法范畴

因为语言反映客观事件①，而客观事件总是发生或呈现于一定的时间内，那么时间因素在语言中必定是一种客观存在。不过，即使同一事件在同一语言中也会有不同的表达角度。比如"他快要死了"的意思，在汉语中还可以有"他正处于垂死状态"的表达，前者着眼于对将来的预测（假设），后者着眼于对现状的描述。在英语中也有"He is dying"、"He is going to die"等表达。英语中"Mary is carrying a baby"、"A baby is in Mary's womb"、"Mary is going to have a baby"等也都是从不同的角度反映同一事件。

时间因素通过一定的语言形式（包括语法手段和词汇手段）表达出来便构成了时体功能范畴，它与"时体语法范畴"概念是有区别的。每种语言必然存在时体功能范畴，只不过每种语言表达时体功能范畴的形式手段存在着很大的差异，而且每种语言通过语言形式对"时"和"体"的内部区分（意义的分化）也有粗细之分。这有点类似颜色范畴，各种色彩是客观存在，在语言中必定要表达这种客观存在，但每种语言表达颜色的手段却是千差万别，某一语言中一个颜色词所对应的颜色范围在另一种语言中可能使用几个颜色词来表达。同样，汉语表达时体的语言手段与印欧语存在质的差别，汉语动词并没有严格意义上的形态变化，印欧语中主要靠动词的形态变化实现的"时"、"体"意义，汉语中主要靠附加词

---

① 这儿的"客观事件"可以宽泛地理解为各种动作行为、状态或现象的发生或呈现。

汇手段来完成，而并不是通过动词本身的屈折变化来实现的。因此，正如许多学者所认为的，汉语中不存在像印欧语那样的严整的时体语法范畴，如果完全套用印欧语的时体语法范畴，并将汉语的时体表达手段与之一一对应是不可取的，而且是做不到的。但是，汉语时体功能范畴当然是存在的。我们只有基于汉语的语言事实，根据形式提供的线索来研究汉语时体功能范畴。

二 汉语的时功能范畴

所谓的"时体"范畴，实际上包含着两个次范畴：一是"时"（tense），又叫"时制"；二是"体"（aspect），又叫"时态"。

语言是反映客观事件的，而客观事件总是发生或呈现于一定的时间和空间内部的。这个发生或呈现的时间就是句子的"时"。德国哲学家 Hans Reichenbach 的"时间规范理论"认为每一句话都包含着三个方面的时间要素：说话时间（Speech Time）、事件发生的时间（Event Time）、参考时间（Reference Time）。所以，语言对时制的反映也可以采用不同的观察方式和表达手段。龚千炎（1994）以说话时间为基点，得出"过去、现在、将来"的时间概念；又以另一参照点为基础，得出"先事、当事、后事"的概念。并把这两组概念综合在一起，得出现代汉语的时制结构的九种类型：先事—过去时、先事—现在时、先事—将来时、后事—过去时、后事—现在时、后事—将来时、当事—过去时、当事—现在时、当事—将来时。聂仁发（2003）则认为，"对一个动作来说，不需要也没有必要用两个不相干的参照点来确定其发生的时间。这不符合语言的省力原则，用两个参照点确定时制是一种误解，也把问题复杂化了"。

我们认为，语言的表达中都会有一个观察时间的绝对基点，这一绝对基点就是说话时间，用以观察事件发生的时间。从这一基点观察，句子的时制分为过去、现在和将来三个类别。分别代表说话之前的某个时间、说话时间、说话之后的某个时间。"汉语是语义型语言，语法范畴和逻辑范畴一致，因而完全可以根据自然时间的过去、现在和未来的标准来划分汉语的'时'，指明说话人以说话时间为参照点去看动作发生的时间以及它与说话时间的关系。"[①] 因此，所谓的"句子的时制"就是事件发生的时

---

① 引自徐通锵《语言论》，东北师范大学出版社 1997 年版，第 499 页。

间在时间轴上相对于说话时间的位置而言的，只有过去、现在和将来三个类别。

　　因为汉语动词没有一定的反映时制的形态标记，所以有时候，就汉语的一个句子来看，时制并不明确，但在一定的上下文语境中，每个句子都会包含着时制这一要素，否则该句子是不能自足的。

三　汉语的体功能范畴

　　"体"（时态）指的是在特定的时间点或时间段（参照时间）中事件的状态或状态变化的情况。这个所谓的参照时间，可以是说话时间，如"家里来了几位客人"，也可以是句子中另外给出的参照时间，如"昨天家里来了几位客人"。从句子时制的角度来看，"家里来了几位客人"是现在时，"昨天家里来了几位客人"是过去时，这正是因为句子的时制就是事件发生的时间在时间轴上相对于说话时间的位置而言的。但是根据参照时间中事件的状态来看，都是属于"事后"的"实现"状态（其显性标记是"了"），其中前者是以说话时间（现在）为参照的实现状态，后者是以昨天（过去）为参照的实现状态。需要特别注意的是，并不是句子中有了一个表示时间的词语，它就是反映事件状态的参照时间。有可能反映事件状态的参照时间仍是说话时间。如"我小时候只上过三年小学"，其中的"小时候"只是说明了"我上三年小学"这件事的时制（是过去发生的事情），至于句子所表示的"经历"状态（其显性标记是"过"），其参照时间仍然是说话时间，因为只有相对于说话时间，它才表现出一种历史曾然性。

　　杨国文（2001）认为，"状态是时间的函数"，在给定时间参照点的前提下，对应于每一个特定的时间点，都存在着一个特定的与该时间点对应的状态值。两个不同的时间点所对应的状态值的差反映出状态的变化。"因此，首先按照"事先"、"事中"、"事后"的视角，我们倾向把"体"分为：行将体、未完整体（imperfective）、完整体（perfective）三大类。① 按照汉语中特定的形式标记，内部还可以分出若干小类。我们把

---

　　① imperfective 的中文译名有未完成体（戴浩一、薛凤生主编，1994）、"非完整体"（戴耀晶，1997）、"不完全体"（方梅，2000）、"非完全态"（杨国文，2001）、"未完整体"（陈前瑞，2005b），与之相对应的 perfective 便有"完成体"、"完整体"、"完全体"、"完全态"等术语。

汉语的"体"范畴分类如下（见表6－1。我们仅列简单态。汉语中存在大量的由这些简单态组合而成的复合态①，但其间有一定的层级关系，其中最外层的时态标记决定了整个句子的时态）：

表6－1　　　　　　　　　　汉语的"体"范畴分类

行将体			未完整体				完整体						
将行	即行	尝试	进行	持续	长持续	起始	完成	实现	远实现	近实现	经历	远经历	近经历

汉语中特定的形式标记和各种"体"范畴的对应关系可以参看本章第三节的表6－3。

在以往的研究中，一般把汉语的"体"范畴分为：一般、进行、实现、经历等。这主要是从汉语表达"体"的"语法范畴"的角度考虑，认为汉语的态制系统仅仅包含了"着"、"了"、"过"等几个"完全虚化"的表态助词。其实从功能角度出发，仅上述这一些表态助词是不能涵盖相应于不同状态意义的多种表达方式。并未构成一个较为完整的"体"功能范畴系统。我们的上述分类基于如下几点看法。

第一，客观事件（包括动作行为、状态或现象的发生或呈现）都可以看作一个有始有终的过程，没有任何现象是永恒的。从这个意义上说，"一般"可以归为"未完整体"一类中的"长持续体"。我们对"长持续体"作了较为宽泛的概括，包括动态或静态的长时间持续，以及一段较长时间内的惯常事件、规律性事件或偶发事件等。比如："太阳发光发热"，可以认为，"太阳"还处在"发光发热"的呈现阶段，并将一直呈现下去。因此，这句话还可以采取有标记的形式"太阳一直发着光发着热"。不过，汉语对这种"长持续体"经常采用零形式（无标记的形式），除了"太阳发光发热"，还如"他有两个孩子"，"我想念我的亲人"，这也正是"长持续体"与"持续体"在语言形式上的主要区别之一。

第二，"进行"难以覆盖"事中"状态（"未完整体"）内部的所有体貌特征，宜看作"未完整体"中的一个子范畴，从语言形式上看，汉语的"未完整体"除了表达"进行"，至少还可以分化出：持续、长持

---

① 杨国文：《汉语态制中"复合态"的生成》，《中国语文》2001年第5期。作者认为汉语态制的表达形式实际上还是以简单态为主。

续、起始等小类。①实际上"长持续体"的内部还可以做更为精细的分类，但考虑到汉语的语言形式（主要是时间副词）在"长持续体"内部小类的标记功能上是经常介乎几种情况之间，互相纠缠在一起的，所以我们暂不对它们进一步作刚性的分类。

第三，"实现"、"经历"和"完成"宜看作"事后"状态（"完整体"）内部的子范畴。另外，还可进一步从"实现"中分化出：远实现、近实现；从"经历"中分化出：远经历、近经历。这些都有相应的语言表达形式，当然，语言形式表达"远"或"近"带有一定的主观性。

目前，关于"完整体"、"实现体"、"经历体"、"完成体"等术语在概念表述上互有纠缠，需要分辨清楚。② "完整体"是相对于"未完整体"而言的，反映了语言使用者对句子所表述的事件从"事后"的视角，着眼于外部进行观察，揭示的是事件的整体性质。"实现体"、"经历体"、"完成体"之所以都属于"完整体"中的子范畴，正是因为它们都是着眼于外部来观察事件，具有较强的表述（declarative）倾向。动作行为完成了的事件一般来说都是完整的事件，而完整的事件未必都是动作行为完成的事件。如"他笑起来了"表示状态变化的实现，从外部观察该事件是完整的（即把"没笑"到"笑"这一状态变化的实现看作了一个完整的事件），但却不是"笑"这一动作行为完成了的，因为句子没有强调"笑"的终结点。

"实现体"与"经历体"的本质区别在于：前者具有"现实性"意义，表示一种事态的现实性③，后者具有"历时性"意义，表示一种事态的历史曾然性。"在参照时间之前（含参照时间）实现了的事件都具有现

①　我们是基于汉语共时平面特定的语言形式标记所对应的体貌特征来分类的，部分参考了杨国文《汉语态制中"复合态"的生成》，《中国语文》2001 年第 5 期；陈前瑞《汉语的进行体与未完整体》，载《对外汉语研究》第 1 期，商务印书馆 2005 年版。陈文引用 Bybee 等的观点认为汉语未完整体意义涵盖进行、惯常、状态存在和规律性意义，并认为未完整体意义是由进行体进一步发展而来，进而认为它们之间具有系统层级间的连续性和区别性。

②　我们对这些概念的区分部分参考了戴耀晶《现代汉语时体系统研究》，浙江教育出版社1997 年版，第 7—9、21—25、33—35 页。

③　这里所谓的现实性，是指在关系时间中的现实性，不管句子所表达的事件是在过去、现在还是将来发生，只要它相对参照时间而言是实现了的，就是现实事件。另外，现实性也不等于真实性（truthfullness），除了在未来事件的表述中存在虚构的现实和虚拟的现实以外，还可以是"虚假的现实"，如：母鸭生了一个天鹅蛋。

实性，用形态'了'标示。在参照时间之前（不含参照时间）发生并终结的事件方具有历时性，用形态'过'表示。历时性的参照时间通常是说话时间。"（戴耀晶，1997：63）因此也可以这样认为，通常是在说话时间之前（不含说话时间）发生并终结的事件方具有历时性。

"完成体"与"实现体"相通的一面，在于事件的"现实性"；相异的一面，在于"完成体"强调了动作行为的终结点，表明了事件的完结性。动作行为完成了的事件应该说是属于完整的事件。而"实现体"有可能也是动作行为的终结（全过程的实现），但未必都是，还有可能是动作行为或性状从无到有的实现或阶段性的实现。其"完整性"则是体现在句子所表达的事件的整体性质及其构成的不可分解。即使在某个时间点截断，也认为截断的部分是一个整体，看作一个完整的事件。完整性不等于某一动作行为的完结性。①

"完成体"与"经历体"相通的一面，在于事件的"完结性"；相异的一面，在于事件"现实性"上的差异。

第四，既然有"事中"状态和"事后"状态，那么不能把"事先"状态排除在外，还应有"行将体"。杨国文（2001）认为"我们把'态'定义为'时'的函数，那么，因为时间是个连续的一维向量，有对应于'事后'与'事中'的态，就应该有对应于'事先'的态"，"若将其从态制系统中分出而归入其他子系统的话，将有损系统本身的协调性而且为实际操作增加一定的难度"。事实上，的确存在着表示"行将体"意义的语言表达形式。例如：

（1）他现在将要离开。
（2）他现在已经离开了。

例（1）、（2）在时制上都属于"现在时"，例（1）与例（2）的差别体现在"体"上，在"现在"这个时间点上前者对应的是"行将体"中的"将行体"，后者对应的是"完整体"中的"实现体"。汉语的"行将体"除了表达"将行"，还可分出"即行"、"尝试"等小类，也各有相应的语言表达形式。

---

① 参见戴耀晶《现代汉语时体系统研究》，浙江教育出版社1997年版，第41—47页。

四　汉语时与体的非对应关系

总之，"时"和"体"是既有联系又有区别的一对功能范畴。"时"和"体"都是用来表示事件的时间信息，但是着眼点不同，"时"着眼于表示事件何时发生，即标记事件发生的时间在时间轴上相对于说话时间的位置；"体"强调事件在某个参照时间（可能是说话时间，也可能是另外给出的参照时间）中处于进程中的何种阶段，显示何种状态。因此，从理论上讲，每一种"时"都可以具备上述不同的"体"，每一种"体"都可以位于时间轴上的"过去"、"现在"和"将来"。汉语的"时"和"体"不是一一对应关系。

不过，语言事实其实并不是这么规整和简单。这是由于人对客观世界的认知具有一定的倾向性和特殊性。特别值得注意的是下面三点。

1. 在汉语中，不管是"行将体"、"未完整体"还是"完整体"，如果无明确表将来、现在或过去的时间参照点，并且无上下文语境的情况下，其默认的时间参照点大多都是现在，即说话时间，因为如前所述，说话时间是一个绝对基点。例如：

（3）a. 他将要参加一场考试。　　　=b. 他现在将要参加一场考试。

（4）a. 他正在参加一场考试。　　　=b. 他现在正在参加一场考试。

（5）a. 他已经参加了一场考试。　　=b. 他现在已经参加了一场考试。

例（3）、（4）、（5）a 在无明确时间参照点的情况下，都是以"现在"为时间参照点，即从"现在"这个时间点观察，他"将要"、"正在"或"已经"参加一场考试，意义与 b 相同。当然，在有明确的参照点的情况下，也可以以"过去"或"将来"为时间参照点。例如：

（6）a. 昨天我到的时候他快要参加一场考试。

　　　b. 明天这个时候他快要参加另一场考试。

（7）a. 昨天我到的时候他正在参加一场考试。

　　　　b. 明天这个时候他正在参加另一场考试。
（8）a. 昨天我到的时候他已经参加了一场考试。
　　　　b. 明天这个时候他已经参加了另一场考试。

　　但有一些例外，主要是以下几种情况：
　　①由时间副词"必将"、"终将"、"终究"、"终久"、"终归"、"总归"、"迟早"、"早晚"等标记"将行体"，兼有标记"时"的功能，表示将来时，不与表示现在时或过去时的词语组合。例如：

（9）a. 这小伙儿聪明干练，（以后）必将有成就的。
＊b. 这小伙儿聪明干练，现在必将有成就的。
＊c. 这小伙儿聪明干练，以前必将有成就的。

　　当然，所谓的"将来"，是以说话时间（现在）这一绝对基点为参照的，是指"有成就"这一事件本身可能发生的时间。而就"必将"等标记的"将行体"本身而言，其体意义（状态义）始终以说话时间为参照方能体现出来，即在说话时间之后发生的事件以说话时间为参照才具有"将行体"这一状态义。如前例（9）a，其中"以后"是"有成就"这一事件发生的时间，至于"必将有成就"这一"将行体"状态义的参照时间则为说话时间，只有以说话时间为参照，句子所表达的事件才具有未然的特征。
　　②由助词"看"标记的"尝试体"，对"时"也有一定的限制，它不与过去时组合，只与现在时或将来时组合。例如：

（10）a. 现在，你做一套模拟试题看。
　　　b. 待会儿你做一套模拟试题看。
＊c. 昨天你做了一套模拟试题看。

　　③由时间副词"从来"、"从₂"①、"历来"、"一向"、"向来"、"素"、"素来"和"至今"等标记的"长持续体"，也兼有标记"时"的

―――――――――――

① 时间副词的"从₂"是相对于介词的"从"而言的。

功能，是以过去的某一个时间至现在作为时间参照的，不考虑现在以后的情况，因此一般不与表示现在时和将来时的词语组合。例如：

（11）a. 他从来不主动与同学交流。

　　　 b. 他上学后从来不主动与同学交流。

　　? c. 他现在从来不主动与同学交流。

　　＊d. 他以后从来不主动与同学交流。

现在时或将来时要表达"长持续体"意义，一般用"一直"标记，"一直"也同样可以用于过去时。例如：

（12）a. 他（现在）一直生活在上海。

　　　 b. 估计他以后一直生活在上海。

　　　 c. 他过去一直生活在上海。

④由时间副词"曾"、"曾经"、"一度"和助词"过"、"来着"等标记的"经历体"，兼表过去时，只能与过去时组合。这是因为前面说过，"经历体"具有"历时性"意义，表示一种事态的历史曾然性，即"过去有过某种经历"，它实际上是隐含着一个过去时间。例如：

（13）a. 我去过海南。

　　　 b. 我曾经去过海南。

　　　 c. 我去年去过海南。

　　　 d. 我小时候曾经去过海南。

　　＊e. 我现在去过海南。

　　＊f. 我明年的这个时候去过海南。

现在时或将来时与类似的"完整体"组合实际上都是使用复合态形式，最外层是"实现体"，表示在"现在"或"将来"的某个时间"某种经历"已经实现了。例如：

（14）a. 我（现在）已经去过海南了。

　　　　b. 明年这个时候，我已经去过海南了。

　　当然，所谓的"过去有过某种经历"中的"过去"，也是以说话时间（现在）这一绝对基点为参照的，是指事件本身发生的时间。而就"经历体"本身而言，其体意义始终以说话时间为参照方能体现出来，即在说话时间之前（不含说话时间）发生并终结的事件以说话时间为参照才具有历时性。如前例（13）c，其中"去年"是"我去海南"这一事件发生的时间，至于"我去过海南"这一"经历体"状态义的参照时间则为"说话时间"，只有以说话时间为参照，句子所表达的事件才具有历时的特征。

　　⑤由时间副词"终于"标记的"实现体"，可以与过去时或现在时组合，不与将来时组合。例如：

　　　　（15）a. 几经周折，案情（现在）终于大白。

　　　　　　　b. 几经周折，案情在上周终于大白。

　　　　　　＊c. 几经周折，案情在下周终于大白。

　　⑥由时间副词"业已"、"业经"标记的"实现体"，相比较"已经"，具有较强的书面色彩，对"时"也有一定的限制，它不与将来时组合，只与过去时或现在时组合。例如：

　　　　（16）a. 这项工程上周业已完成了。

　　　　　　　b. 这项工程目前业已完成了。

　　　　　　＊c. 这项工程下周的今天业已完成了。

　　2. 表达"行将体"，有时会存在时间参照点的错位现象。试比较下面一些例子：

　　　　（17）a. 他将要毕业。

　　　　　　　b. 他明年这个时候快要毕业。

　　　　　　　c. 他将要在明年这个时候毕业。

　　　　　　　d. 他明年这个时候将要毕业。

例（17）a 以说话时间为参照点，即在"现在"，他毕业这件事处于"事先"状态，所以是"现在时"的"将行体"；b 以说话之后的一个时间为参照点，即在"明年这个时候"，他毕业这件事处于"事先"状态，是"将来时"的"即行体"；c 虽然有一个明确的将来时间点"明年这个时候"，但实际上"将行体"的时间参照点仍是说话时间，即站在"现在"观察，他"将要"毕业，毕业的时间是在"明年这个时候"。d 仔细加以分析是有歧义的，歧义的根源在于时间参照点存在两可现象，一是以说话时间为参照点，"将行体"是相对现在而言的，也就是同 c 的意思；二是以说话之后的一个时间为参照点，"将行体"是相对"明年这个时候"而言的，也就是同 b 的意思。不过，类似于 d 这样的句子，据初步调查显示，人们的倾向是认为它表达第一种意思，即认为和 c 的意义相同。这是因为，"将行体"是对事件的一种预测（假设），站在"现在"的角度对一件事情进行预测是完全可行的，但若站在"将来"的某个时间点上，再对其进行预测，便要受到很多因素的制约了。就是说，语言要表达"将来时"中的"行将体"是受限的，比如 b，将来的参照时间是一个明确的时点"明年这个时候"，使用"即行体"标记"快要"而非"将要"，体标记尽量靠近动词。因为任何一种因素的变动都可能会造成语义的差异。例如：

（18）a. 他明年快要毕业。（明确的时点改为模糊的时段）

b. 他明年这个时候将要毕业。（体标记"快要"改为"将要"）

c. 他快要在明年这个时候毕业。（体标记前移远离动词）

例（18）a、b、c 与例（17）b 所表达的意思都是有所出入的。

正是因为"将行体"会存在时间参照点错位现象，以往研究"时"和"体"时，会因此纠缠出一些问题，如：一句话的时间参照点到底是一个、两个，甚至三个？"事先"状态（将行体）要不要纳入态制的研究中？实际上认识到"行将体"在时间参照点选择上的这种特殊性，上述一些问题就可以不必过多纠缠了："行将体"需要纳入态制的研究中；一个句子中某一种简单态的时间参照点有且仅有一个。但是，双态型时间参照点可能是一个或两个。例如：

　　（19）他已经在吃了。（未完整体标记"在" +完整体标记"已经、了"）

　　（20）他将在监狱里蹲着。（未完整体标记"在，着" +行将体标记"将"）

　　例（19）"完整体"与"未完整体"的时间参照点都是说话时间，即在"现在"，"他在吃"这一情况已经发生，"吃"这一动作处于进行的状态当中。例（20）"行将体"的时间参照点是说话时间，即在"现在"，预测他将蹲监狱，他蹲监狱还是"事先"状态；"未完整体"的时间参照点是说话以后（将来）的某段时间，他"在监狱里蹲着"。

　　3. "时"中的时点或时段因素对"体"的表达也会造成一定的制约。比如，"进行体"一般只能与表示时点的词语连用，不能与表示时段的词语连用。例如：

　　（21）a. 昨天我回家的时候，他正在看书。
　　　　　＊b. 昨天，他正在看书。

　　又比如，表达"将来时"的"实现体"，一般与表示时点的词语连用。例如：

　　（22）a. 明天的这个时候，他已经到了。
　　　　　？b. 明天，他已经到了。

　　当然，时点或时段是相对的，表示时段的词相对更大的时段范围也可以作为时间点看待。这就不必细谈了。

第二节　汉语虚词时制标记功能及其羡余研究

一　汉语时的表达手段

　　英语中，动词"体"的变化能够相应反映"时"的不同，这是因为英语中"体"与"时"的组合是强制性的，"体"必须与"时"结合，如"完成体"与"现在时"组合而成的"现在完成体"不能与表示过去或将来的时间词语连用。当然，英语也可以附加词汇手段（时间词语）一起来表现不同的"时"。不过，时间词语的使用只是为了更加明确地标记事件在时间轴上的位置，使用词汇手段来表达"时"在英语中不是强制性的，只是起辅助作用。

汉语与英语不同，如前所述，汉语的"体"虽然有时受到"时"的制约，但总的来看不是一一对应关系。在汉语中，由于动词本身的形态没有任何变化，因此，"时"主要通过词汇手段表示，包括使用时间名词（如"昨天"、"眼下"、"下周"等）、时间短语（如"去年的今天"、"文革期间"、"他到日本前"），不过，个别时制助词（如"的₂"、"来着"、"以来"、"来₁"、"来₂"等①）和一些时间副词（如"曾"、"曾经"、"一度"、"业已"、"业经"、"从来"、"从₂"、"历来"、"一向"、"向来"、"素"、"素来"、"终于"、"至今"、"终将"、"终久"、"终归"、"总归"、"必将"、"迟早"、"早晚"等）也能起到独立表"时"或参与表"时"的功能。② 考虑到，时间副词具有一定的实义性和使用上的灵活性，时制助词的使用也具有一定的灵活性且常常受不同的语用因素的影响，因此，可以认为汉语中表达"时"的形式基本上不属于语法范畴，主要是属于词汇范畴。"以前由于印欧语语法理论的影响，人们认为'时'是一种语法范畴，因而就把用语辞表达的时间从语法的研究中排除出去。这种考虑方法不对，其实语汇的运用也是表达语言的'时'的一种方法，而对于像汉语这种语义型语言来说，这还应该是一种非常重要的方法。"（徐通锵，1997：499）

特别需要说明的是，陆俭明、马真（1999）认为："其实，通常所说

---

① 参见张谊生《助词与相关格式》，安徽教育出版社2002年版，第33—36、58—73页。"来₁"是"来着"的简式，龚千炎（1995：87）等许多学者把"来着"所表示的状态意义归为"近经历体"。我们也认为"来着"具有"近经历体"功能，但同时认为"来着"兼有表"时"功能，宜称为"时体助词"。"来₂"意同"以来"，但用法稍有差别："以来"既可以位于体词性词语后面，也可以位于谓词性词语后面，有时还可以位于小句的后面，常可以同表示源点的介词配合使用；"来₂"一般只能位于体词性词语后面（如"两千年来"），而且也很少同介词配合使用。

② 参见陆俭明、马真《关于时间副词》，载《现代汉语虚词散论》，语文出版社1999年版；张谊生《现代汉语副词探索》，学林出版社2004年版，第175—176页。

的时间副词，大多不表示‘时’，而表示‘态’。"这个说法是有道理的。我们也未找到专职表示"时"的时间副词，上面列举的时间副词也都是标记"体"（态）的同时兼有"时"的功能。就是说，它们标记"时"是与"体"捆绑在一起的。那么哪些时间副词算是兼有时制功能呢？辨别的标准可以利用陆俭明、马真（1999）确立的"定时"性。他们按照是否"定时"，把时间副词分为定时时间副词和不定时时间副词。定时时间副词，只能用于说在某一特定时间——或说话前（即过去时），或说话时（即现在时），或说话后（即未来时）——存在或发生的事（如"业已"只能用于过去时）；不定时时间副词，则既适用于说过去的事，也可用于说现在或未来的事（如"已经"）。因此可以说，定时时间副词兼有标记"时"的功能，而不定时时间副词标记的是"体"（时态），它们对"时"则是不限定的。根据陆俭明、马真所列举的表"态"时间副词的实例，他们所谓的"态"可以作更加宽泛的理解，甚至还可以认为包括了一些与时间因素有关的以表示"情态"或"方式"为主要功能的副词，如"赶紧"、"马上"、"赶快"、"赶忙"、"急忙"、"连忙"、"骤然"、"蓦地"、"一下"、"按时"、"按期"、"及早"、"早日"、"趁早"等，其外延大于我们前面所谓的"体"。

　　我们认为，时间副词所涉及的时间因素至少可以包括以下几个方面[①]：

　　1. 时制（或曰"时"）。包括过去、现在、将来，分别根据时长又可以有时点和时段之分。

　　2. 时态（或曰"体"）。包括前面（本章第一节"三"）列出的三大类十四小类。

　　3. 频率。包括高频、中频、低频三类。其中标记高频的有："老"、"总"、"老是"、"总是"、"始终"、"成天"、"整日"、"彻夜"、"通常"、"不停"、"时刻"等；标记中频的有："时"、"常"、"频"、"屡"、"连"、"经常"、"常常"、"时常"、"往往"、"时时"、"屡屡"、"频频"、"每每"、"连连"、"不断"、"不时"、"随时"等；标记低频的有："偶"、"偶尔"、

---

　　① 关于第3、4方面参见张谊生《现代汉语副词探索》，学林出版社2004年版，第176—180页。作者认为，中频副词与高频副词的主要区别是：高频副词可以同总括副词和任指成分共现，中频副词一般不能；中频副词可以用重叠形式共现，高频副词一般不能。低频副词指某个事件在一个单位时间内很少地或非常偶然地出现、发生。

"偶而"、"间或"、"偶或"、"一时"、"一旦"、"万一"、"有时"等。

4. 次序。包括次序和重复，前者指两个或几个事件在一个单位时间内先后发生的次序和关联（包括同时），后者指两个或几个事件在一个单位时间内的重复和交替出现。标记次序如："先"、"预先"、"事先"、"先行"、"起先"、"依次"、"接连"、"陆续"、"相继"、"先后"、"随后"、"随即"、"接着"、"然后"、"而后"、"从此"、"同时"、"一齐"、"一同"等；标记重复如："又"、"也"、"再"、"重"、"更₂"、"还₁"、"一再"、"再三"、"再度"、"重新"、"从新"、"重行"等。

其实这些时间因素也往往互相交织在一起，很难断然分开。比如，有的时间副词兼有标记"时"和"体"的功能，如前所举的"曾"、"曾经"、"一度"、"业已"、"业经"、"从来"、"从₂"、"历来"、"一向"、"向来"、"素"、"素来"、"终于"、"至今"、"终将"、"终久"、"终归"、"总归"、"必将"、"迟早"、"早晚"等，它们都是标记"体"的同时兼有"时"的功能；表示"频率"的时间副词，如果忽略动作的间隔，仅从时间链延续的角度考虑，也可以看作"长持续体"（包括动态或静态的长时间持续，以及一段较长时间内的惯常事件、规律性事件或偶发事件等）的标记形式，另外，不仅"老"、"总"等高频时间副词与典型的"长持续体"标记词"一直"、"直"、"永远"、"永"、"始终"界限非常模糊，很多情况下可以通用而不影响语义，而且，三类频率副词相邻两类之间的差异在实际语言交际中有时也是微乎其微，互换以后语义差别不是很大。例如：

(23) <u>时刻</u>想念着家乡的亲人。（高频时间副词）——<u>随时</u>会想起家乡的亲人。（中频时间副词）（转引自张谊生《现代汉语副词探索》学林出版社 2004 年版，第 178 页）

(24) <u>不时</u>进来询问有关情况。（中频时间副词）——<u>有时</u>进来询问有关情况。（低频时间副词）（同上）

二 助词的时制标记功能及其羡余现象

前面讲过，汉语的"时"主要通过词汇手段表示，但个别时制助词（包括具有时制功能的句末语气词）和一些兼表时制和时态的时间副词也能起到表"时"功能。

时制助词主要有"的₂"、"来着"、"以来"、"来₁"、"来₂"这几个。

（一）"的₂"

"的₂"常位于动宾短语的动词和宾语之间、离合动词的内部，以及句末。例如：

（25）他在美国读的博士。

（26）我在食堂吃的饭。

（27）他带着一大堆书走的。

（28）你什么时候吃的饭？

"的₂"的基本功能就是标记过去时制。凡是插入或附加"的₂"的句子必定是指过去的情况。例（25）—（27）句子中，如果没有"的₂"，就因没有明确的参照时间而可以默认为现在时，例（28）如果没有"的₂"，就是对将来时间的询问。试与下面的句子比较：

（29）他在美国读博士。

（30）我在食堂吃饭。

（31）他带着一大堆书走。

（32）你什么时候吃饭？

一般认为，"的₂"位于句末都是语气词的"的"。但张谊生（2002：34）认为时制助词"的"也可以位于句末，但必须在"V"后。我们认为位于句末具有时制功能的"的"，无论认为它是语气词"的"还是时制助词"的"，在具有时制功能这一点上是不相排斥的，如果看作语气词，那么可以认为它是"兼表已然时制功能的语气词"。因此，即使"的"位于句末，且不在"V"后，它也同样具有标记过去时制的功能，例如：

（33）a. 你什么时候回国的？　　　≠b. 你什么时候回国？

（34）a. 你几号参加本届修辞年会的？　≠b. 你几号参加本届修辞年会？

例（33）、（34）a 与 b 时制功能的差别还是由例 a 句末的"的"来体现的。因此，我们把具有时制功能的"的"，都看作"的₂"。当然，"的₂"本身还有一个语用功能，即"指明焦点（focus）的作用"①，主要是把时间、处所、方式、原因等作为焦点，如前例（28）和例（33）、（34）使时间成为询问焦点，例（25）、（26）使处所成为陈述焦点，例（27）使方式成为陈述焦点。再比如"脸上的疤，救火落下的"就是使原因成为焦点。这些焦点共同的特点就是，都处于动词前的句法位置。

这里有一个值得推敲的问题：有没有可能是"的₂"的基本功能就是指明焦点和强调确认功能，它的表示过去的时制功能正是因为其有指明焦点和强调确认的功能而产生的？我们认为这是完全可能的。但我们主要考虑到"的₂"的时制功能的有无影响到句子的基本语义，而"的₂"指明和确认功能的有无影响的只是句子的语用义。因此，我们姑且认为"的₂"是一个语义标记词，时制功能是它的基本功能。

既然"的₂"基本的语义标记功能就是标记时制，那么当句子中另有时间词语表示时制，那么"的₂"的时制标记功能便是羡余了。例如：

（35）a. 我昨天回来时坐的飞机。　　＝b. 我昨天回来时坐飞机。

（36）a. 我们刚才在食堂吃的饭。　　＝b. 我们刚才在食堂吃饭。

（37）a. 他 68 年生的，我 70 年生的。＝b. 他 68 年生，我 70 年生。

例（35）、（36）、（37）a 与 b 的基本语义相同，同时考虑到"的₂"还具有的语用功能，因此，可以认为这种情况下"的₂"在句中只属于基本功能羡余。

不过，我们可以作一个大胆的预测：当"的₂"时制功能经常性羡余后，其时制功能将会越来越弱化，其指明焦点和强调确认的语用功能将会越来越强化，直到最后"的₂"有可能丧失其时制功能，不一定表示过去时制。

时制功能羡余这一语言学力量在"来着"身上得到了证明。下面就讨论一下"来着"。

---

① 参见张谊生《助词与相关格式》，安徽教育出版社 2002 年版，第 34 页。也有学者表述为"加强肯定的语气"（吕叔湘，1999：162），或者表述为"强调确认的语气"（邢福义，1996：238）。

（二）"来着"、"来₁"

"来着"、"来₁"都是位于句尾位，即整个句子或小句的末尾。例如：

（38）我图书馆自习来着，没想到遇见你！

（39）他哪一年大学毕业来着？

（40）你干什么来着，满头大汗的。

（41）你听见来？

"来着"、"来₁"有表示过去时，尤其是近过去时的功能（这跟主观认识有关，因为时间远近也是相对的），多用于口语。如果例（38）—（41）中没有"来着"，事件的参照时间也就变成了现在或将来。很多学者认为"来着"、"来₁"具有"体"的标记功能，如龚千炎（1995：87）认为它们标记"近经历时态"，杨国文（2001）将"来着"视为"近经历"体标记，张谊生（2002：65—66）认为"来着"、"来₁"在表示过去时的同时兼表完成体。这些看法是有道理的。我们也认为，"来着"、"来₁"表示过去时的同时标记着事件处于"事后"状态（"完整体"），而且是"事后"状态中的"近经历体"。例如：

（42）你是不是去北京来着？

例（42）中询问的对象最近去过北京，且已经从北京回来了，而不是仍留在北京。

"来着"、"来₁"都是位于句尾位，出现在句末。"如果把凡是总出现在句末的助词都归入语气助词，'来着'也可以认为是语气助词"（邢福义，1996：236），因此，可以认为，"来着"、"来₁"表时体，并不是作用于动词，而是作用于整个事件，属于句子层面，因此更确切地，可以称其为"具有时体功能的语气助词"。

既然"来着"、"来₁"语义标记功能之一在于表"时"。同样，当句中另有时间词语表示时制，"来着"、"来₁"的时制标记功能便是羡余了。例如：

（43）a. 昨天上午老王找你来着。　　b. 昨天上午老王找你。

（44）a. 刚才轮到谁发言来着？　　b. 刚才轮到谁发言？

例（43）、（44）a 与 b 在时制上是一致的，意义也大致相同。但考虑到 b 在"体"的表达上是一种无标记形式，其"体"意义在不同的语境可以有不同的理解，如例（43）b 可以理解为："昨天上午老王找过你"（经历体）；"昨天上午老王找你了"（实现体）；"昨天上午老王在找你"（进行体）；"昨天上午老王一直找你"（持续体）等。另外，"在具体的表达中，'来着'常常同说话人的主观认识有关"（张谊生，2002：72），兼有情态功能。因此，可以认为这种情况下，"来着"、"来₁"在句中只能属于语义功能半羡余，不能看作句中的羡余成分。

值得注意的是，现代汉语中还存在着并不表示过去时间的语气词"来着₂"（如"今儿个是什么日子来着？"），它的省略不影响句子的时制，因此也不影响句子基本语义的表达。① 根据陈前瑞（2005/第4期）的研究认为，"来着₂"是具有时体功能的语气词，"来着"是进一步主观化的结果，这一主观化的过程表现为由表过去时间到不表过去时间，在指称过去时间方面越来越突出最近的过去，以及各类现时相关性②的发展。他认为，"来着"的各类现时相关性从共时上看大致反映了主观性的高低，从历时上看则是主观化的结果，并认为，时间指称由表过去时间到不表过去时间这一变化是"来着"分化的分水岭，使之由体貌标记发展出情态或语气标记的功能。因为"来着₂"已丧失了时体的标记功能，因此不在我们的讨论范围之内。我们所要关心的是，"来着₂"的产生与"来着"的时制功能的弱化丧失有着直接的关系，时制功能的弱化既可以看作"来着"主观化的结果，也可以认为是"来着"进一步主观化的原因，也就是说，时制功能的弱化与情态功能的不断增强是一种互为因果的关系。我们还可以进一步认为，"来着"时制功能的经常性羡余可能便是导致其时制功能弱化的一种语言学力量。在这种语言学力量的作用下，"来着"的时制功能在句中不再具有举足轻重的地位，其情态功能被凸显。当"来着"情态功能一旦被凸显和强化，其时制功能将会进一步弱化，最后便是它的语用功能被固化，成为其基本功能，这也符合所谓的语用意义语义化这一语法化过程中的一般规律。

---

① 参见张谊生《助词与相关格式》，安徽教育出版社2002年版，第69—72页；陈前瑞《"来着"的发展与主观化》，《中国语文》2005年第4期。

② 所谓"现时相关性"（current relevance）是指与言语情景的联系或对言语情景的影响（参见本书第七章第三节"一"的相关讨论）。

（三）"以来"、"来$_2$"

"以来"、"来$_2$"不独立表时制，而是位于其他词语的后面，共同表示从过去某时到说话时（现在）的时段。张谊生（2002：35）认为"以来"和"来$_2$"的语法化程度相对较低，与表数助词"左右、上下、前后"等比较接近，但考虑到它们的主要功能是表示时间而不是数量，所以也姑且认为它们属于时制助词。其中，"以来"所附的词语本身可以是体词性词语，也可以是谓词性词语，可以是时间词语，也可以是非时间词语，可以是表示时点的时间词语，也可以是表示时段的时间词语。例如：

18 世纪以来 | 长期以来 | 这段时间以来 | 一个多世纪以来 | 入秋以来 | "五四运动"以来 | 他当选市长以来

如果所附词语可以看作是一个时点的话，"以来"还可以同"从"、"自"、"打"、"自从"、"打从"等表示源点的介词配合使用。例如：

从 18 世纪以来 | 从入秋以来 | 从"五四运动"以来 | 从他当选市长以来

但"来$_2$"一般只能用在表示时段的体词性词语之后，因此前面不用"从"、"自"、"打"、"自从"、"打从"等介词。例如：

这几天来 | 这两个月来 | 近一百年来 | 解放后的五十多年来 | 改革开放二十多年来

因为，"以来"、"来$_2$"是位于其他词语的后面，共同表示从过去某时到说话时（现在）的时段，因此，当"以来"、"来$_2$"所附的词语本身是时段词语且隐含有"到现在"的时间因素，或者所附词语是时段词语且句中有包含着"到现在"的时间因素，"以来"、"来$_2$"也有可能出现时制标记功能羡余的情况。比如"解放后的近六十年来"与"解放后的近六十年"，"改革开放三十周年来"与"改革开放三十周年"，其中"近六十年"和"三十周年"都隐含了"到现在"的时间因素。再如：

　　（45）a. 经过几个月来的努力，这个车间现已建成投产。

　　　＝b. 经过几个月的努力，这个车间现已建成投产。

　　（46）a. 这个问题，多少年来都没有很好解决，如今终于解决了。

　　　＝b. 这个问题，多少年都没有很好解决，如今终于解决了。

　　例（45）、（46）a 与 b 意义相同，也未能找到两者在语用上的明显差别，我们姑且认为这种情况下，"以来"、"来₂"在句中属于功能完全羡余。

三　副词的时制标记功能及其羡余现象

　　具有时制功能的时间副词主要有"曾"、"曾经"、"一度"、"业已"、"业经"、"从来"、"从₂"、"历来"、"一向"、"向来"、"素"、"素来"、"终于"、"至今"、"必将"、"终将"、"终究"、"终久"、"终归"、"总归"、"迟早"、"早晚"等，前面讲过，它们实际上是兼有标记"时"和"体"的功能，它们的"体"功能也各有差别（参见本章第三节表6－3）。

　　以下则要对部分时间副词的时制功能及其羡余现象加以说明。

　　（一）"曾"、"曾经"

　　"曾"、"曾经"时制功能一致①，标记着时间是过去，而且一般不是最近（不过，时间的远近是相对的，具有一定的主观性），在不同的语境中，兼有表示时点或时段的可能。之所以认为"曾"、"曾经"兼有时制功能，是因为句子中即使没有其他表示过去的时间词语，只要有"曾"、"曾经"，时制一定是过去时。试比较：

　　（47）a. 我曾经想阻止他，让他别做这些事。（过去时）

　　　　　b. 我想阻止他，让他别做这些事。（默认为现在时）

　　当"曾"、"曾经"和表示过去的时间词语一起配合使用时，其时制标记功能便是羡余的。例如：

---

　　① 两者用法略有差别："曾经"既可做句中状语，也可做句首状语；"曾"只能做句中状语。

（48）a. 那时为了搞实验，我曾经没日没夜地泡在实验室。

　　　 b. 那时为了搞实验，我没日没夜地泡在实验室。

例（48）a 与 b 时制意义相同，但反映出来的"体"意义是有差别的，前者是有标记的"经历体"，后者是无标记的形式，既可以看作"经历体"，也可以看作"过去进行体"。我们可以认为这种情况下的"曾"、"曾经"在句中也只能属于语义功能半羡余，不能看作句中的羡余成分。

（二）"一度"

"一度"也标记着时间是过去，但与过去时间的远近没有关系，可以是离说话时间较远，也可以是最近，而且一般表示时段的意义。① 例如：

（49）他们一度互不往来。（较远的过去）

（50）场上的局势变化莫测，一度压着白队打的红队现在已溃不成军。（最近的过去）

与"曾"、"曾经"一样，当"一度"和表示过去的时间词语一起配合使用时，"一度"的时制标记功能也是羡余的。例如：

（51）a. 昨天上午 11：03—11：08，苦苦支撑的股市一度失守
1000 点。

　　　 b. 昨天上午 11：03—11：08，苦苦支撑的股市失守
1000 点。

例（51）a 与 b 时制意义相同，但考虑到"一度"还有标记"经历体"的功能，它在句中的缺失会影响到句子的基本语义，其中 a 是一种有标记的"经历体"，而 b 更倾向理解为"实现体"。这种情况下，"一度"在句中也只能属于语义功能半羡余，是句中的非羡余成分。当"曾经"和"一度"在句中共现时，两者基本的语义标记功能（包括标记"过去时"的功能和标记"经历体"的功能）便是互为羡余的（关于这点，我

---

① 《现代汉语词典》（第 6 版）对时间副词"一度"②的解释是："表示过去有段时间发生过。"

们将在本章第三节"二"展开讨论）。

（三）"从来"类副词

"从来"、"从$_2$"、"历来"、"一向"、"向来"、"素"、"素来"等一般情况下标记着时间是从过去到现在的时段。其中，"从来"更多用于否定句，修饰动词短语、形容词短语或小句，一般不修饰单个动词、形容词；"从$_2$"只用在"不"、"未"前，有文言色彩，后面必须用双音节动词或短语，单音节动词要用"从来"不能用"从"；"历来"不用于否定句，且多用于书面语，否定句用"从来"；"一向"、"向来"用法基本上同"从来"，但用于肯定句比用于否定句多，可修饰单个的双音节动词、形容词；"素"基本用法同"从$_2$"，但"素"还可以用于单音节动词"有"前面；"素来"同"一向"、"向来"，但书面色彩相对较重。例如：

　　从来没有灰心｜从来不骄傲｜我跟他下棋从来都要输的｜我的屋子从来就很干净

　　从不推辞｜从不向困难低头｜工作认真负责，从未出过事故

　　历来如此｜我们历来提倡艰苦朴素｜这个人历来忠厚老实｜我国西北地区历来少雨

　　一向如此｜小王向来很老实｜他向来心直口快｜对老王，我一向放心｜交通向来方便｜他家素来和睦｜我素来佩服他的人品

　　素不知天下竟有这样的奇闻异事｜我俩素未谋面｜中国素有"礼仪之邦"之称

如果句中还有另外的时间参照，"从来"等也可以表示过去某时以前的时段。例如：

　　（52）谁让我那天去河边了。我是从来不去那个地方的。可那天……（"从来"是相对"那天"以前）

　　（53）这条黄狗就是他这次进城遇见的。那时它还小，野生野长的，从来没有人喂过它。（"从来"是相对"那时"以前）

同样，当句中有表示从过去到现在的时段词语，或者有表示过去某个时段的时间词语，还或者具有同样时间因素的其他成分时，"从来"等虚

词的时制标记功能也可能是羡余的。试比较：

（54）a. 过去，他从来也没有像现在这样仔细观察了天黑下来时
的情景。

＝b. 过去，他没有像现在这样仔细观察了天黑下来时的
情景。

（55）a. 上私塾时我从来不走路，都是我家一个雇工背着我去。

＝b. 上私塾时我不走路，都是我家一个雇工背着我去。

（56）a. 我们在校时是从来不说话的，所以我吓了一跳……

＝b. 我们在校时是不说话的，所以我吓了一跳……

（57）a. 他依然弯着腰，眼睛瞅着地下，好像他的腰从来不曾
直过。

＝b. 他依然弯着腰，眼睛瞅着地下，好像他的腰不曾直过。

例（54）a 中的"过去"和"现在"，例（55）a 中的"上私塾时"，
例（56）a 中的"在校时"，例（57）a 中的"不曾"，实际上都隐含了
"从来"等所要标记的时制功能。另外，"从来"等所要标记的"长持续
体"意义，尤其在有表时段的成分时，可以而且也是经常采用零形式来
表达的，比如"他从来不抽烟"与"他不抽烟"的"长持续体"意义是
一致的。因此，在这些情况下，"从来"等可以省去而不影响句子的基本
语义。但考虑到，"从来"所体现出来的说话者的主观倾向，具有表达强
调确认语气的情态功能，如例（54）a 中的"从来"和"也"共现，"从
来"的主观性可见一斑。在这些情况下，"从来"在句中应属于基本功能
羡余，而非功能完全羡余。

（四）"至今"

"至今"标记着时间是从过去一直到现在的时段，它与上面"从来"、
"从₂"、"历来"、"一向"、"向来"、"素"、"素来"等的最大区别在于：
"至今"强调现时（说话时），而"从来"等着眼于从过去到说话时。因
此，陆俭明、马真（1999）认为"至今"表示现在时，"从来"等表示
过去时。也正是因为"至今"标记现在时，它的时制功能在句中往往是
羡余的，因为前面讲过，如果无明确时间参照点，并且无上下文语境的情
况下，其默认的时间参照点大多都是"现在"，即说话时间。例如：

（58）a. 那个温馨感人的场面，我至今还记忆犹新。

　　=b. 那个温馨感人的场面，我还记忆犹新。

（59）a. 小李家境贫寒，至今独身未娶。

　　=b. 小李家境贫寒，独身未娶。

"至今"和·"从来"等一样也具有标记"长持续体"的功能，可以省去而不影响基本语义。同时，考虑到"至今"也具有说话者的主观情态功能，具有表达强调确认语气的作用，我们认为"至今"在句中也是属于基本功能羡余。

（五）"必将"类副词

"必将"、"终将"、"终究"、"终久"、"终归"、"总归"、"迟早"、"早晚"等标记着时间是将来。主要预测客观事件可能不会马上发生、进行或完成，但最后一定会发生、进行或完成。因为是对较久远的将来进行预测，因而这些时间副词，带有一定的主观信念，具有较强的情态功能。例如：

> 在各条战线上，必将会出现千万个雷锋｜革命终将胜利｜进步终究会战胜落后｜你这么不负责任，终久会出问题｜问题终归会得到解决｜雨总归要停的｜他迟早发现这个秘密｜这小伙儿聪明干练，早晚会有成就的

我们发现，用了"必将"等这些副词后，其后往往再跟上助动词"会"、"要"等。另外，句中很少再同时使用其他具体的时间词语来表示将来时制，这是可以理解的，因为它们都是表达对将来的一种预测，带有较强的主观倾向，事件在将来发生、进行或完成的具体时间是不确定的。

当然，"必将"等也可以和某些表示将来时制的词语组配。例如：

（60）在各条战线上，不久的将来必将会出现千万个雷锋。

（61）他以后迟早会发现这个秘密的。

（62）问题将来终归要得到解决。

在这些情况下，"必将"等的时制标记功能可以由"将来"、"以后"等表示将来时制的词语承担，其标记"将行体"的功能可以由助动词

"会"、"要"等来承担。因此句中可以省去"必将"等而不影响句子的时体表达。但考虑到，"必将"等所体现出来的说话者的主观倾向，具有一定的情态功能，具有加强肯定语气的作用。在这些情况下，"必将"在句中属于基本功能羡余。

综上，我们大概地把虚词时制标记功能的羡余情况列表如下（见表6-2）：

表6-2　　　　　　　　虚词时制标记功能的羡余情况

虚词	归类	句法语义标记功能	附加语用功能	例式	语义标记功能羡余情况	句中的羡余度等级①
的₂	时制助词	标记时制：过去	指明焦点和强调确认	我昨天中午在食堂吃的饭。	标记功能羡余	B：基本功能羡余
来着、来₁		①标记时制：近过去；②标记体：近经历体	一定的现时相关性	刚才是谁发言来着？	标记功能①羡余	D：语义功能半羡余
以来、来₂		参与标记时制：从过去某时到现在的时段	无	经过几个月来的努力，车间现已投产。	标记功能羡余	A：功能完全羡余
曾、曾经		①标记时制：过去；②标记体：经历体	无	那时为了搞实验，我曾经没日没夜地泡在实验室。	标记功能①羡余	D：语义功能半羡余
一度		①标记时制：过去；②标记体：经历体	强调情况的极端性	昨天上午11：03—11：08，苦苦支撑的股市一度失守1000点。	标记功能①羡余	D：语义功能半羡余
"从来"等	时间副词	①标记时制：从过去到现在的时段；②标记体：长持续体	强调确认	①过去，他从来没有像现在这样仔细观察了天黑下来时的情景。②上私塾时我从来不走路，都是我家一个雇工背着我去。	标记功能①②羡余	B：基本功能羡余
至今		①标记时制：直到现在的时段；②标记体：长持续体	强调确认	那个温馨感人的场面，我至今还记忆犹新。	标记功能①②羡余	B：基本功能羡余
"必将"等		①标记时制：将来；②标记体：将行体	强调主观信念	在各条战线上，不久的将来必将会出现千万个雷锋。	标记功能①②羡余	B：基本功能羡余

---

① 关于虚词在句中的"羡余度等级"参见本书第一章第三节"三"。

第三节　汉语虚词体标记功能及其羡余研究

一　汉语体的表达手段

（一）表"体"成分

英语中，"体"的表现主要靠语法手段，包括两种情况：一是改变动词形态，一是添加助动词一类的成分。

汉语表"体"的手段有两种：非零形式（有形的表"体"手段）、零形式。零形式一般限于祈使句或有上下文语境的前提下，有上下文语境一般都能够将句子准确地定位于某种时态范畴。真正能够利用零形式来标记的"体"主要限于"长持续体"（包括动态或静态的长时间持续，以及一段较长时间内的惯常事件、规律性事件或偶发事件等）。因此，非零形式是主要的，包括以下几类：

1. 表体助词，如"着"、"了$_1$"、"了$_2$"、"过$_1$"、"过$_2$"、"看"、"中"、"来着"、"着呢"[①] 等。值得注意的是，我们这里所谓的"表体助词"作了较宽泛的理解，是指所有具有体标记功能的助词，所以，既包括了谓词末位专职的表体助词[②]，也包括了句子末位兼有体标记功能的语气词。这样，就不必纠缠于那些实际上既具有体标记功能，同时又始终处于句末具有语气词特征的助词算不算作表体助词的争论。如"了$_2$"、"看"、"来着"、"着呢"。就是说，汉语的表体助词不仅仅指那些位于谓词末位只作用于谓词本身比较纯粹的体标记。关于这点，有些学者也已经意识到了，比如，朱德熙（1982：209）把"来着"看作表时态的语气词，又比如，张

---

① 关于"着呢"的体标记功能，参见邢福义《汉语语法学》，东北师范大学出版社1996年版，第237—238页。"着呢"位于句末位置，且通常附在形容词或动词结构后边既强调性状的程度，又强调性状的现实性持续，是具有体标记功能的语气助词，并略带有夸张意味。它不同于"动+着+呢"，后者"着"是具有体标记功能的时态助词，"呢"是确认（指明事实）语气助词。不过，许多情况是有歧义的，如：我忙着呢！可以理解为：a. 我忙｜着呢！（现实情况是我很忙。）b. 我忙着｜呢！（我正在忙着。）又如：灯亮着呢！可以理解为：a. 灯亮｜着呢！（现实情况是灯很亮。）b. 灯亮着｜呢！（灯正亮着。）

② 此处所说的"谓词"除了动词、形容词之外，也包括结合较为紧密的动补短语（如"从外面走进了一个人"、"我吃完了一笼包子"）和谓词性并列短语（如"大会讨论并通过了这项议案"）。

谊生（2002：20）指出，之所以要称汉语的"着、了、过、看"为"时态助词"，而不是一般所说的"动态助词"，其中一个原因是它们"不但可以用在各类动词之后表时态，而且还可以用在动态形容词后面表时态；不但可以用在单词后面，也可以用在短语、小句后面"。再比如，邢福义（1996：236—238）虽然意识到了"来着"、"着呢"总是出现在句末，可以认为是语气助词，但他还是把"来着"、"着呢"放在"时态助词"小节中来论述，想必一定是因为考虑到，这两个语气词是可以标记时态的。我们认为，在英语、俄语、德语、法语等屈折语中，动词的形态体系已经为事件时体意义的表达建立了明确的认知标记系统，但对汉语而言，虽然汉语同样有时体功能范畴，但汉语动词由于缺少形态系统支持，则不能认为在汉语中，事件时、体意义的表达也非得通过作用于动词的形式标记来实现的，实际上，许多形式标记不是通过作用于动词，而是通过作用于整个谓语，甚至整个句子来完成对事件的时体表达。前面提到的"了$_2$"、"来着"、"着呢"等这些具有体标记功能的语气词便是通过左向作用于整个句子来完成对事件状态的标记，而下面提到的时间副词、助动词，则是通过右向作用于整个谓语（VP）来完成对事件状态的标记。

以往较为普遍的观点认为，"了$_1$"用在谓词末位，主要表示动作的完成，"了$_2$"用在句子末位，主要肯定事态出现了变化或即将出现变化。实际上，"二者本来密切相关"（吕叔湘主编，1999：353）。我们把它们纳入同一时态功能范畴，统一认为它们是"实现体"标记词。认为"了$_1$"、"了$_2$"都具有"实现体"标记功能，这样对二者不必刻意求异，过分地纠缠于"了$_1$"和"了$_2$"的绝对分别，也可以避免以往把谓词末位的"了$_1$"看作表示"完成"所带来的种种矛盾。"了$_1$"、"了$_2$"作为"实现体"标记词，表明谓词所指的动作行为或性状处于事实的状态下。其中，"了$_1$"是通过作用于谓词本身来完成对事件状态的标记。"了$_2$"是"了$_1$"和"也"的融合，是具有体标记功能的语气词，因而是通过作用于整个句子来完成对事件状态的标记。因此，"了$_1$"和"了$_2$"在语法功能上既相联系又有明显的区别，这种区别甚至会影响到基本语义的表达。关于"了$_1$"和"了$_2$"的"实现体"标记功能，我们将在本书的第七章展开具体讨论。

"过$_1$"，表示动作行为的完成，具有"完成体"标记功能；"过$_2$"，表示过去有过这样的事情，具有"经历体"标记功能。如"你吃过饭再去吧"中的"过"应属于"过₁",标记"完成体"。"我去年去过海南"中的"过"属于"过₂",标记"经历体"。

2. 时间副词,如"将"、"将要"、"即将"、"就"、"就要"、"快"、"快要"、"行将"、"必将"、"终将"、"终究"、"终久"、"终归"、"总归"、"迟早"、"早晚"、"正"、"正在"、"在"、"一直"、"直"、"永远"、"永"、"始终"、"老"、"总"、"老是"、"总是"、"从来"、"从₂"、"历来"、"一向"、"向来"、"素"、"素来"、"还"、"还是"、"仍"、"仍然"、"仍旧"、"依然"、"依旧"、"照旧"、"照样"、"照常"、"至今"、"成天"、"整日"、"彻夜"、"通常"、"不停"、"时刻"、"时"、"常"、"频"、"屡"、"连"、"经常"、"常常"、"时常"、"往往"、"时时"、"屡屡"、"频频"、"每每"、"连连"、"不断"、"不时"、"随时"、"偶"、"偶尔"、"偶而"、"间或"、"偶或"、"一时"、"有时"、"曾"、"曾经"、"一度"、"已"、"已经"、"早已"、"早就"、"都"、"业已"、"业经"、"终于"、"刚"、"刚刚"等。

3. 一些趋向动词,如:"起来"、"下去"、"上"、"下来"、"出"、"出来"等,它们的某些义项具有体标记功能。

4. 少数助动词,如"要"、"会"、"能"等,它们的某些义项也具有体标记功能。

5. 除了趋向动词,另外一些做补语的成分,如"写好"、"写完"、"写成"、"看见"、"学会"中的"好"、"完"、"成"、"见"、"会"等①,也具有表"体"功能。

其中,上述第 1 组表体助词是真正意义上的虚词性表体成分;第 2、3、4 组内部成员的虚化程度差别比较大,但考虑到其中许多成员(或它们的某些义项)词汇意义淡化和语法意义增强,已经具备对某种句法语义的相对固定的标记功能,我们姑且把它们归为虚词性的表体成分;第 5 组当然是实词性的成分,因为其本身的词汇义具有某种状态意义,从而具有了体标记功能。

因为从功能的角度出发,仅虚化程度高的表体助词不能涵盖相应于不同状态意义的各种表达方式,因此,时间副词、少量趋向动词、助动词、

---

① 参见马庆株《时量宾语和动词的类》,《中国语文》1981 年第 2 期。其中有的是述补结构短语,有的是述补结构合成词。

一些补语成分等一起参与了"体"的表达。

前面（本章第二节"一"）已经讲过，时间副词大多不表示"时"，而表示"体"。尽管一些时间副词，是兼有表"时"和"体"的功能，比如"曾"、"曾经"、"一度"、"业已"、"业经"、"从来"、"从₂"、"历来"、"一向"、"向来"、"素"、"素来"、"终于"、"至今"、"终将"、"终久"、"终归"、"总归"、"必将"、"迟早"、"早晚"等，它们标记"体"的时候与"时"是捆绑在一起的，但都是表"体"的同时兼有"时"的功能，我们没有发现专职表示"时"的时间副词。从这点考虑，所有的时间副词都可以称为"时态副词"或"表体副词"。

其实，态制系统应仅由已经纯语法化了的虚词构成，还是也可以加入词汇意义相对较强的成分，还没有一个统一的意见。我们认为，各种语言表达时体功能范畴的形式手段是存在明显差异的，典型的屈折语主要依靠纯语法手段表达，典型的孤立语主要依靠词汇手段和辅助的语法手段来表达。汉语大致属于后者，由于汉语没有严格意义上的形态变化，因而词汇形式的标记就显得尤为重要。汉语的这一特点使我们在考察汉语的态制系统的时候，不得不在"着"、"了"、"过"、"看"、"中"等几个有限的基本虚化了的表体助词之外，加入虚化程度相对较低的副词，以及少量趋向动词、助动词，甚至其他一些做补语成分的实词。而且语言事实也证明，许多状态意义依靠这些副词、趋向动语、助动词等来标记，它们实际上是具备了相对固定的"体"意义的标记功能。如果把态制系统看成应仅由已经纯语法化了的虚词构成，那只是限于从"时体语法范畴"的角度考虑。而如果只研究汉语的"时体语法范畴"，实际上对汉语时体功能的表达研究来说，是不完整也不全面的，不可能看到汉语时体功能表达的全貌。我们也完全可以这样变通处理：如果考虑到部分副词、趋向动词、助动词等尚存较强的词汇意义，那么可以认为它们表示"体"意义是利用词汇手段；如果考虑到部分副词，以及趋向动词和助动词的某些义项的词汇意义已经淡化，语法意义增强和凸显，已经具备对某种语法意义相对固定的标记功能，那么也可以认为它们表示"体"意义是利用语法手段。这两种看法都不会妨碍我们对这些实际上具有体标记功能的副词、趋向动词、助动词等作进一步的微观考察。汉语作为分析语言，表达"体"意义的语言形式可以是多样的，意义与形式之间的对应关系不十分明显，但不能因为这种多样性而忽视这些实际上具有体标记功能的成分的存在。

大致上，汉语的态制系统中，相对而言，表体助词（尤其是谓词末位的表体助词）和个别趋向动词的虚化程度最高，可以看作专职的体标记；时间副词、助动词虚化程度次之，内部成员的虚化程度也不一致，但它们所表示的时态最丰富；一些补语成分意义也是虚实不一，存在于虚化链中的不同环节，但大多数意义还比较实在，它们之所以能够表示某种"体"意义，是因为其本身的词汇义具有某种状态意义，不排除它们虚化到一定阶段，也可以成为专职的表体助词。①

（二）表"体"成分的句位

从表"体"成分占据的位置来看，有以下几种。

时间副词、助动词位于谓词前位，是通过右向作用于整个谓语部分来完成对事件的时态表达。

趋向动词和其他一些补语成分位于谓词末位，是直接作用于谓词来完成对事件的时态表达。

表体助词占据谓词末位或者句子末位。谓词末位的表体助词直接作用于谓词，与谓词的关系非常密切，语法化程度相对更高；而句子末位的表体助词作用于整个句子或小句，通过作用于整个句子来完成对事件的时态表达的，因此也属于语气词的范畴。以下几个表体助词的句位值得注意。

1. "着"、"过$_1$"、"过$_2$"占据谓词末位，有可能谓词末位本身也正好是句子末位，但它们表示"体"意义是直接作用于谓词，而非作用于整个句子。

2. "中"，在我们查找的语料中几乎都位于谓词末位，尽管同时也位于句子末位。类似张谊生（2002：49）所举的例子"警方对张某的说词极为重视，已经请他全力协助警方指证歹徒中 ｜ 专案检员全力查访三人下落中"在所查找的大陆文献中几乎没有找到，而且的确也不太符合我们的语感。我们姑且认为表体助词"中"也是作用于谓词而非整个句子。

3. "着呢"、"来着"占据句子末位，属于兼有体标记功能的句末语气词。

4. "看"有较浓的口语色彩，占据句子末位，很多情况下，句子末

---

① 参见杨永龙《从稳紧义形容词到持续体助词》，《中国语文》2005 年第 5 期。作者考察了汉语史上"持续体"助词"定"的语法化过程，并联系客家话、吴方言、粤方言中的"稳定"、"牢"、"实"、"稳"、"紧"的共时语法化，对稳紧义形容词经由中间阶段演化为"持续体"助词的语法化路径进行了探索。

位同时也是谓词末位，但"看"表示的"尝试体"意义是作用于整个句子或小句的，因为无论谓词后带上宾语、补语或其他较复杂的成分，"看"始终位于句末。"看"可以看作具有"尝试体"标记功能的句末语气词。陆俭明（1959）也认为这个"看"表示"试探语气"，"已经同'呢''吗''吧''啊'等性质一样，是一个语助词了"。例如：

（63）今天有点儿头疼，你给我量一下体温看。

（64）这种药你先服两个疗程看。

（65）他都听你的，还是你去做做他的思想工作看。

5. 至于"了₁"、"了₂"，前面已经谈到，"了₁"占据谓词末位，"了₂"占据句子末位。"了₁"作用于谓词，与谓词的关系非常密切，而"了₂"是作用于整个句子，因此"了₂"也可以看作具有体标记功能的句末语气词。

（三）关于动词的重叠形式

值得进一步说明的是，许多学者把动词的重叠形式看成是以词形变化的方式标记"尝试体"意义。我们则更倾向认为重叠形式是对动量产生影响而跟"体"无关。石毓智（1996）提出，句法重叠的作用在于使基式的意义定量化。李宇明（1996）也认为词语重叠是表达量范畴的一种手段，因而"调量"是词语重叠的最基本的语法意义。动量是指动作行为的力度、涉及的范围、活动的幅度、反复的次数和持续的时长等。可以有不同的量变维度、引申的语法意义和附加的感情色彩。其实，李人鉴（1964）早就研究发现，有些重叠式在句子中表现出尝试义，是整个祈使句式或是跟动词重叠式同现的"看"、"试试"等表现出来的。我们不妨再举些例子：

（66）你们也不妨动动脑筋看。

（67）衣服总得试试才知道合不合适。

（68）你就放手让他们自己去做做实验。

上面各句中的动词重叠式的确都含有"尝试"意味，但是这并非是由动词重叠式本身独立表达的，而是与句中的"看"（真正具有"尝试体"标记功能）、"试"本身的动词义，以及祈使句式共同实现的。的确，所谓表"尝试"义的动词重叠式大都出现在祈使结构中，因而可以说是动词重叠式本身所表示的时量短或者动量小（具有主观性）这一核心语法意义与祈使表达双重因素共同作用的结果。类似下面句中的动词重叠就没有所谓的"尝试"意义：

（69）这篇论文我认真读了读，觉得不错。①

（70）我周末经常在家里上上网、看看书什么的。

（71）闲着没事，我们出去散散步吧。

反过来，也有学者认为"看"具有"短时量"意义，实际上"看"在本质上是表示"尝试体"意义而跟动量无关。之所以会认为"看"具有"短时量"意义，那是因为"尝试"和"短时"经常联系在一起，"看"经常和动词重叠式或反映动量的动补结构组配在一起，前者如"VV看"、"V一V看"形式，后者如"V一下看"、"V一会儿看"等。而反映动量正是动词重叠和这些动补结构的核心语法意义（句法语义）。下面的一些例子中可以明显看出"看"就只有"尝试体"意义而无"短时量"意义：

（72）学生真实水平还不清楚，先让他们做两套模拟试题看。

（73）还是让他先到基层锻炼几年时间看。

（74）这件事不妨先做起来看。

总之，"看"的语法意义与动词重叠式的语法意义不能混为一谈，"看"和动词重叠式的组配并非是语言的一种羡余现象。不过，下面三种情况下，"看"的"尝试体"标记功能可以看作羡余的。

1."看"与本身具有"尝试"意义的动词的重叠形式，如"尝尝"、"试试"等组配在一起时。这是因为动词"尝"和"试"本身具有尝试义。

2."看"在祈使句式中与动词重叠式组配在一起时。这是因为如前所说，动词重叠式本身所表示的时量短或者动量小的语法意义与祈使表达

---

① 一般认为，重叠后的动词只是该动词的不同语法形式，是同一动词的变体，它给原动词增加了一些附加的语法意义，而词汇意义没有任何变化，因此"AA"、"A一A"、"A了A"和"A了一A"都可以看成动词重叠。

双重因素共同作用下也会产生尝试义。

　　3. "看"所在的句子动词前有"不妨"、"姑且"等修饰成分时。因为这些修饰成分本身具有试作的意思。①

　　综上，我们把汉语态制系统中各种不同类的表体成分和各种"体"范畴的对应关系列表如下（见表6-3）：

表6-3　　　　　　　　表体成分与"体"范畴的对应关系

体范畴 ＼ 表体成分		表体助词	时间副词	趋向动词	助动词	补语成分
将行	将行		将、将要、终将、终究、终久、终归、总归、必将、迟早、早晚		要、会、能	
	即行		即将、就、就要、快、快要、行将			
	尝试	看				
未完整体	进行		正、正在、在			
	持续	着、着呢、中				
	长持续		一直、直、永远、永、始终、老、总、老是、总是、始终、成天、整日、彻夜、通常、不停、时刻、时、常、频、屡、连、经常、常常、时常、往往、时时、屡屡、频频、每每、连连、不断、不时、随时、偶、偶尔、偶而、间或、偶或、一时、有时、从来、从₂、历来、一向、向来、素、素来、还、还是、仍、仍然、仍旧、依然、依旧、照旧、照样、照常、至今	下来₁②、下去₁③		
	起始			上、起、起来、下来₂、开		

───────────

　　① 参见陆俭明《现代汉语中一个新的语助词"看"》，《中国语文》1959年10月号。作者认为"不妨"、"姑且"等修饰成分本身就有表示试作的意思，只不过加了"看"以后，这种试作意思更鲜明。

　　② "下来₁"用于动词后，表示动作从过去继续到现在；"下来₂"一般位于消极形容词后，表示某种状态开始出现并继续发展，强调开始出现；"下来₃"用于动词后，表示动作完成。

　　③ "下去₁"专指意义较为虚化，具有"长持续体"标记功能的"下去"，既包括用在动词后表示动作仍然继续进行，也包括用在形容词后表示某种状态已经存在并将继续发展下去。

续表

表体成分 体范畴		表体助词	时间副词	趋向动词	助动词	补语成分
完整体	实现	了₁、了₂	已、已经、业已、业经、都、终于			
	远实现		早已、早就			
	近实现		刚、刚刚			
	经历	过₂	一度			
	远经历		曾、曾经			
	近经历	来着				
	完成	过₁		出、出来、下来₃		完、好、成、见、会

我们对表6-3说明如下几点：

第一，实际上，我们对"体"功能范畴的分类还是相当的粗疏，当然还可以进行更加精细的分类。而这些小类的差别，很大程度上是要依赖时间副词来标记。可以说，在汉语的态制系统中，时间副词所标记的"体"是最为丰富的。这主要是因为，时间副词内部许多成员虚化程度不高，它们对"体"的限制很大程度上是取决于它们尚存的比较实在的词汇义。

第二，差不多有半数的时间副词集中在"长持续体"中，参与表态。这是可解释的，因为相对于"事先"状态和"事后"状态，"事中"状态更值得关注，对事件本身也更加容易直观地感知，并且如果事件本身较长时间持续着，更易对其作出精细的描述。事实上，具有"长持续体"标记功能的时间副词内部，由于许多成员还具有较实在的词汇义，个体差别都比较明显，许多成员相互之间差别是非常大的。有的主要是标记某种状态（包括动态和静态）的长时间持续，如"一直"；有的主要是标记一种惯常事件，如"经常"；有的主要标记一些有规律性事件，如"日渐"；有的主要是标记在一段较长时间内的偶发事件，虽然是偶发，但若忽略动作的间隔，仅从时间链延续的角度考虑，也可以看作"长持续体"内部的一种表态形式，如"偶尔"。更多的是介于上述几种情况之间，在这些小类的标记功能上又是经常纠缠在一起，无法断然归类。因此，我们暂时不对它们作进一步的刚性分类。

第三，对"体"范畴的分类，以及对表体成分的归类，我们主要还是从汉语本身入手，寻找相应的形式标记，并在参照许多前人的研究成果的基础上进行的，肯定不完美，也难免有许多值得继续探讨的地方，但我们做出这些分类和归类不是最终的目的，主要还是为了能够更加方便地进一步探讨一些虚词在"体"的标记功能上的羡余问题。

二　虚词的体标记功能羡余现象

如果有两种不同类的表体成分标记同一种"体"，那么这两种不同类的表体成分常常可以同时出现，从而产生体标记功能互为羡余现象。根据表6—3，这种情况主要出现在以下几种"体"范畴：一是"将行体"：时间副词 + 助动词；二是"长持续体"：时间副词 + 趋向动词；三是"实现体"：表体助词 + 时间副词；四是"经历体"：表体助词 + 时间副词。由于"实现体"标记成分的体标记功能的羡余问题比较复杂，我们将在本书第七章和第八章作专门讨论。下面先简要讨论一下"将行体"、"长持续体"、"经历体"中相关表体成分的体标记功能的羡余问题。

（一）"将行体"：时间副词 + 助动词

作为助动词，"要"、"会"、"能"都具有几种不同义项，各义项虚实程度不一。[①]

助动词"要"的义项主要有：（1）表示做某事的意志，如：我有话要对他讲。（2）须要、应该，如：水果要洗干净才能吃。（3）将要，如：看样子要下雨了。（4）表示估计，如：这些方面，你比我要了解得多。从这些义项上看，只有第 1 个义项（称为"要$_1$"）和第 3 个义项（称为"要$_3$"）具有体标记功能。但是"要$_1$"和"要$_3$"又有差别："要$_3$"意义虚化程度较高，词汇义淡化，凸显的是其体标记功能；"要$_1$"具有较强的实义性，是其本身的词汇义蕴含了"体"意义。

当"要$_3$"与具有"将行体"标记功能的时间副词组配在一起的时候，"要$_3$"的体标记功能是羡余的。例如：

---

① 参见吕叔湘主编《现代汉语八百词》（增订本），商务印书馆 1999 年版，第 592—593、278—279、414—415 页。

（75）a. 会议将要到月底才结束。　　　= b. 会议将到月底才结束。

（76）a. 不顾实际一味蛮干必将要失败。= b. 不顾实际一味蛮干必将失败。

（77）a. 这个问题迟早要解决的。　　　= b. 这个问题迟早解决的。

例（75）a 的"将要"既可以看作时间副词"将"和助动词"要₃"的组配，也可以看作一个时间副词"将要"，"将要"作为一个词，本来就是词汇化（lexicalization）的结果。例（76）a、（77）a 分别是时间副词"必将"、"迟早"与助动词"要₃"的组配。因为例（75）—（77）a 中"要₃"的基本功能便是标记"将行体"意义，因此当句子中另有标记"将行体"意义的时间副词时，"要₃"的"将行体"标记功能便是羡余的，其省略不影响句子的基本语义，同时也未发现在语用上有什么大的差别，我们姑且认为这种情况下，"要₃"在句中属于功能完全羡余。

当"要₁"与具有"将行体"标记功能的时间副词组配在一起的时候，虽然其"将行体"的标记功能是羡余的，但由于其具有较实在的词汇义，其体标记功能是由于本身的词汇义而产生的，体标记功能并非是其基本的功能。因此，"要₁"在句中并不能看成一种羡余成分。只有与既表示做某事的意愿，同时又附带"体"意义的动词"打算"、"想"等一起使用时，"要₁"才算是句中的羡余成分。例如：

（78）a. 他想要来北京参观。　　　= b. 他想来北京参观。

（79）a. 你打算要干什么？　　　　= b. 你打算干什么？

这种情况还是属于实词与实词之间的词汇语义层面的互为羡余现象，实际上已经超出了我们的考察范围。

助动词"会"的义项主要有：（1）懂得怎样做或有能力做某事，如：我根本不会踢足球。（2）善于做某事，如：你真会说。（3）有可能，如：现在他会在家里。（4）将要，如：随着条件的改变，结果也会发生变化。第 3 个义项（称为"会₃"）和第 4 个义项（称为"会₄"）比较接近，因为将要发生的事情也是对可能性的一种估计。我们区分的标准就是用

"将"来替换，凡是能用"将"来替换而不影响基本语义的，便认为是"会₄"。所以，当"会₄"与具有"将行体"标记功能的时间副词组配在一起的时候，"会₄"的体标记功能是羡余的。例如：

(80) a. 现在谁都不清楚，事态将会向什么方向发展。

　　 = b. 现在谁都不清楚，事态将向什么方向发展。

(81) a. 不久你将会听到确实的消息。

　　 = b. 不久你将听到确实的消息。

(82) a. 革命终将会胜利。

　　 = b. 革命终将胜利。

　　例(80)、(81)、(82) a 中的"会₄"省略不影响句子的基本语义，同时也未发现在语用上有什么大的差别，可以认为这种情况下，"会₄"在句中属于功能完全羡余。

　　助动词"能"的义项主要有：(1) 表示有能力或有条件做某事，如：孩子现在能走路了。(2) 表示善于做某事，如：他很能团结周围的人。(3) 表示有某种用途。如：大蒜能杀菌。(4) 表示情理上许可，如：我们不能只考虑个人。(5) 表示环境上许可。如：这儿不能抽烟。(6) 表示有可能。如：这件事他能不知道吗？第 6 个义项（称为"能₆"）有时候也具有体标记的功能，如："满天星星，哪能下雨。"但我们认为，"能₆"还具有较强的实义性，它的体标记功能还是由其词汇义带来的。

　　反过来，从时间副词的角度考察。前面讲过，时间副词内部成员的虚化程度是不一致的。从表示"将行体"的时间副词来看，"将"、"将要"的虚化程度最高。因此，当句中另有标记"将行体"的助动词存在，"将"、"将要"的体标记功能是羡余的（不过事实上，"将要"一般不再与助动词组配了）。因为除了体标记功能之外，它们没有附加的语用功能，因此可以认为，当它们的体标记功能羡余时，它们在句中也就属于功能完全羡余了。如前例(75) a、(80) a、(81) a。再如：

(83) a. 他将要毕业了。

　　 = b. 他要毕业了。

(84) a. 专家们将会就这一问题展开讨论。

　　　　　　　= b. 专家们会就这一问题展开讨论。
　　（85）a. 不出意外，他将能参加本次公演。
　　　　　　　= b. 不出意外，他能参加本次公演。

　　例（83）—（85）a 与 b 的基本语义相同，就是说，"将"的隐现未影响句子的基本语义。

　　此外，当句中有表将来的时间的时候，"将"、"将要"的体标记功能也可能是羡余的。例如：

　　（86）a. 他将要在明年这个时候毕业。　　= b. 他在明年这个时候毕业。

　　因为前面（本章第一节"四"）说过，表达"行将体"，有时会存在时间参照点的错位现象。例（86）a 虽然有一个明确的将来时间点"明年这个时候"，但实际上"将行体"的时间参照点仍是说话时间，即站在"现在"观察，他"将要"毕业，毕业的时间是在"明年这个时候"。这样，以说话时间为参照点，"明年这个时候"起到了"将行体"的标记作用，"将要"是可以隐含而不影响语义表达的。

　　"必将"、"终将"、"终究"、"终久"、"终归"、"总归"、"迟早"、"早晚"虚化程度次之，还或多或少具有一定的词汇义。同时，如前所述，它们是"定时时间副词"，具有时制功能（这可能跟它们尚具有的词汇义也是有一定关系的）。不过，从句法语义的角度来看，时体标记功能是这些词的基本功能。这样，当句中另有标记"将行体"的助动词存在，"必将"等的体标记功能是羡余的。考虑到"必将"等还兼有时制的功能，那么在句中，如果没有别的表示将来时制的词语的时候，"必将"等在句中属于语义功能半羡余。如果它们的时制功能被句中别的表示将来时制的词语承担，那么考虑到"必将"等还具有一定的情态功能，有强调的作用，它们在句中属于基本功能羡余。例如：

　　（87）a. 我们终究要毕业步入社会。
　　　　　b. 三年后，我们终究要毕业步入社会。
　　（88）a. 雪总归会停的。

　　　　b. 雪过一会儿总归会停的。

　　例（87）、（88）a 中的"终究"、"总归"是体标记功能羡余，在句中属于语义功能半羡余；b 中的"终究"、"总归"是时、体标记功能都羡余，在句中属于基本功能羡余。

　　值得注意的是，对于助动词而言，不仅与标记"将行体"的时间副词组配可能会产生体标记功能的羡余现象，而且与"即行体"组配时同样可能会产生体标记功能的羡余现象。因为"即行体"内涵比"将行体"丰富，表义更趋于具体和精确，"即行体"首先是"将行体"。例如：

　　（89）a. 我们即将要毕业。　　　　　= b. 我们即将毕业。
　　（90）a. 工期快要结束了。　　　　　= b. 工期快结束了。
　　（91）a. 他就会回来了。　　　　　　= b. 他就回来了。

　　例（89）—（91）a 与 b 之间的语义相同，很明显，其中助动词的体标记功能是羡余的，其省略不影响句子的基本语义和合法性，也未发现在语用上有什么大的差别，因而在句中属于功能完全羡余。但反过来，具有"即将体"标记功能的时间副词在例（89）—（91）a 中的功能是不羡余的，因为"即行体"蕴涵"将行体"，"即行体"只能由时间副词来标记，而不能由助动词来标记。

　　另外，助动词内部成员在标记"将行体"时，也会有相互羡余现象，基本上是"会$_4$ + 要$_3$"。例如：

　　（92）a. 看样子会要下雨。（转引自吕叔湘主编，1999：592）
　　　　　　= b. 看样子会下雨。
　　　　　　= c. 看样子要下雨。
　　（93）a. 现在还不太清楚，情况会要向什么方向发展。（转引自吕叔湘主编，1999：279）
　　　　　　= b. 现在还不太清楚，情况会向什么方向发展。
　　　　　　= c. 现在还不太清楚，情况要向什么方向发展。
　　（94）a. 条件如果起了变化，结果也会要发生变化。（转引自吕叔湘主编，1999：279）

　　＝b. 条件如果起了变化，结果也会发生变化。

　　＝c. 条件如果起了变化，结果也要发生变化。

　　例（92）—（94）中的"会₄"和"要₃"互为隐现都不会对句子的基本语义产生影响，而且也未造成语用差异。可以认为在"将行体"的标记功能上"会₄"和"要₃"是互为羡余的，每一方都因另一方的存在而在句中属于功能完全羡余。

　　综上，我们把虚词"将行体"标记功能的羡余情况列表如下（见表6 - 4）：

表6 - 4　　　　　　　　　虚词"将行体"标记功能的羡余情况

虚词	归类	语义标记功能	附加语用功能	例式	语义标记功能羡余情况	句中的羡余度等级
要₃	助动词	标记体：将行体	无	①会议将要到月底才结束。②我们即将要毕业。③看样子会要下雨。	标记功能羡余	A：功能完全羡余
会₄		标记体：将行体	无	①现在谁都不清楚，事态将会向什么方向发展。②他就会回来了。③看样子会要下雨。	标记功能羡余	A：功能完全羡余
将	时间副词	标记体：将行体	无	专家们将会就这一问题展开讨论	标记功能羡余	A：功能完全羡余
"必将"等		①标记时制：将来；②标记体：将行体	强调主观信念	在各条战线上，不久的将来必将会出现千万个雷锋。	标记功能①②羡余	B：基本功能羡余

　　（二）"长持续体"：时间副词＋趋向动词

　　趋向动词"下去"有几个不同的义项，其中具有体标记功能的义项是：（1）用在动词后，表示动作仍然继续进行；（2）用在形容词后，表示某种状态已经存在并将继续发展下去。我们把具有体标记功能的"下去"统称为"下去₁"。趋向动词"下来₁"用于动词后，表示动作从过去继续到现在。"下去₁"和"下来₁"所标记的"长持续体"在语义上是有明显区别的，这跟它们本身原有的具体的空间义是有联系的，它们的体标记功能本来就是空间范畴隐喻时间范畴的结果。它们对"长持续体"内部的状态区分在句中具有无法替代性。因此，尽管可能另有时间副词同时标记"长持续体"意义，但它们在句中并不能看成一种羡余成分。

　　从时间副词角度来看，前面讲过，具有"长持续体"标记功能的时间副词内部，由于许多成员还具有较强的词汇义，个体差别都比较明显。不仅有"长持续"、"惯常"、"规律性"、"偶发"等小类的差别，而且内部成员的个性也非常明显，其中绝大多数副词所表达的语义在句中也都具有不可替代性，它们的体标记功能也大多是由它们自身尚存的词汇义附带的，所以，这些成员可能在体的标记功能上会与其他表体成分出现重合，但在句中并不能看成一种羡余成分。相对而言，在"长持续体"标记功能上，"一直"（包括"直"）的虚化程度是最高的，可以看作"长持续体"的典型标记。① 在下面三种情况下，可以认为"一直"的体标记功能是羡余的。

　　1. 句中有标记"长持续体"的趋向动词"下去₁"和"下来₁"时，可以认为"一直"的体标记功能是羡余的。例如：

　　（95）a. 按这样一直做下去，将来必有成效。
　　　　　 ＝b. 按这样做下去，将来必有成效。
　　（96）a. 事实还不清楚，再一直讨论下去也没用。
　　　　　 ＝b. 事实还不清楚，再讨论下去也没用
　　（97）a. 这么艰苦的条件他都一直坚持了下来。
　　　　　 ＝b. 这么艰苦的条件他都坚持了下来。
　　（98）a. 这是从古代一直流传下来的一个故事。
　　　　　 ＝b. 这是从古代流传下来的一个故事。

　　2. 当句中有时量或物量词语，或用"到"介引出动作结束的时间，以量化方式显示了动作的持续性，可以认为"一直"的体标记功能也是羡余的。例如：

　　（99）a. 这个问题一直讨论了两个多小时。（转引自吕叔湘主编，1999：610）
　　　　　 ＝b. 这个问题讨论了两个多小时。

① 参见杨国文《汉语态制中"复合态"的生成》，《中国语文》2001 年第 5 期。

（100）a. 大雨一直延续了三天。（转引自吕叔湘主编，1999：610）

　　　　=b. 大雨延续了三天。

（101）a. 他一直走出七八里地才天亮。（转引自吕叔湘主编，1999：610）

　　　　=b. 他走出七八里地才天亮。

（102）a. 我们一直谈到深夜。（转引自吕叔湘主编，1999：611）

　　　　=b. 我们谈到深夜。

（103）a.《汉语讲座》打算一直办到年底。（转引自吕叔湘主编，1999：611）

　　　　=b.《汉语讲座》打算办到年底。

3. 实际上，前面讲过，排除上下文语境对"体"的限制作用，真正利用零形式来标记的"体"主要限于"长持续体"，就是说，很多情况下可以通过无标记的形式就可以达到标记"长持续体"的目的（当然，这跟谓词本身的语义特征是有关系的）。此时，如果加上"一直"作为有标记形式，"一直"的体标记功能是羡余的。例如：

（104）a. 这对夫妻生活一直很和睦。=b. 这对夫妻生活很和睦。

（105）a. 他这个人一直沉默寡言。　　=b. 他这个人沉默寡言。

（106）a. 他以前一直抽烟。　　　　=b. 他以前抽烟。

尽管"一直"在上述三种情况下可以认为其体标记功能是羡余的，但考虑到它在句中具有强调确认或表明作者主观态度的功能，因此，我们认为"一直"在句中属于基本功能羡余。试比较：

（107）a. 这个问题一直讨论了两个多小时。

　　　　b. 这个问题讨论了两个多小时。

　　　　c. 这个问题才讨论了两个多小时。

　　例（107）a、b、c 所赋予的主观态度是有差别的。很明显，"一直"
具有赋予主观大量的功能。不过，我们认为"一直"的主观赋量功能是
由其标记"长持续体"这一基本功能所附加产生的。很多情况下，它还
可以附加产生强调确认功能。有时，"一直"在语用上到底属于强调确认
还是属于表达主观大量，界限并不十分清晰。例如：

　　（108）他一直就没离开这儿。
　　（109）我一直就不紧张。（转引自吕叔湘主编，1999：611）

　　如例（108）、（109）用"一直"的句子中常用"就"呼应，"一直"
的强调功能可见一斑。

　　需要另外说明的是，因为"长持续体"内涵比"持续体"丰富，"长
持续体"首先是"持续体"，因此，当具有"持续体"标记功能的时态助
词"着"、"中"、"着呢"与具有"长持续体"标记功能的时间副词组配
在一起时，可能会产生"着"、"中"、"着呢"体标记功能的羡余现象。
例如：

　　（110）a. 谈话的时候，他不停地抽着烟。
　　　　　＝b. 谈话的时候，他不停地抽烟。
　　（111）a. 他家的电话老是通话中。
　　　　　＝b. 他家的电话老是通话。
　　（112）a. 这家店的生意啊，一直火爆着呢！
　　　　　＝b. 这家店的生意啊，一直火爆！

　　显然，例（110）—（112）a 中的"着"、"中"、"着呢"的体标记
功能是羡余的。其中例（110）、（111）a 与 b 之间也未发现在语用上有什
么明显的差别，因而这种情况下，"着"、"中"在句中属于功能完全羡
余。而例（112）a 相对于 b，强调了性状的程度，"略有夸张意味"（吕
叔湘主编 1999：667），并具有一定的现时相关性，在这种情况下，可以
认为"着呢"在句中属于基本功能羡余。

　　还值得注意的是，"持续体"与"长持续体"有时候不是共同表示
"长持续体"这一种态制，而是构成了一种复合态，"长持续体"与"持

续体"之间是一种层级关系。一般是"持续体"在内层，"长持续体"在外层，即"长持续体"中套着"持续体"。而且，多是由"经常"、"有时"等标记的惯常或偶发行为。例如：

（113）路旁长椅子上<u>经常</u>坐<u>着</u>一对老年夫妇。

（114）他<u>有时</u>白天也在家里躺<u>着</u>。

此时，"持续体"标记词"着"是不能省略的，否则，无论在句法上还是语义上都是不合格的，因此，其中的"着"当然是非羡余成分。

具有"长持续体"标记功能的时间副词内部成员有时也能够连用，但由于它们各自还具有较强的实义性，一般归属于不同的小类，相互之间具有层级关系，是"长持续体"中套着"长持续体"，所以并非体标记功能的羡余现象。例如：

（115）这一年来，他<u>经常彻夜</u>难眠。

（116）他<u>总是</u>不停地工作。

（117）小英<u>一天到晚总是</u>乐呵呵的。（转引自吕叔湘主编1999：697）

我们再进一步观察，实际上，正如"长持续体"内涵比"持续体"丰富，"持续体"中如果专指"动作行为的持续"其内涵又比"进行体"丰富，即动作行为的持续，首先是动作行为在进行着。同样，"起始体"的内涵也比"进行体"丰富，即动作行为的起始，首先是动作行为开始进行了。因此，当具有"进行体"标记功能的时间副词"正"、"正在"、"在"与具有"持续体"标记功能的表体助词，或某些具有"长持续体"标记功能的时间副词、趋向动词，或具有"起始体"标记功能的趋向动词，组配在一起时，可能会产生"正"、"正在"、"在"体标记功能的羡余现象。例如：

（118）a. 摆脱［这些累赘］也知是不行的，但不自觉地时时在摆脱着。（转引自侯学超编1998：725）

　　=b. 摆脱［这些累赘］也知是不行的，但不自觉地时时摆脱着。

　　（119）a. 现在外面正下着雨。

　　　　　＝b. 现在外面下着雨。

　　（120）a. 北京牌电视"历史情"、"手足情"40 年庆典活动正在火热进行中。

　　　　　＝b. 北京牌电视"历史情"、"手足情"40 年庆典活动火热进行中。（转引自张谊生 2002：56）

　　（121）a. 当今的中国正在不断发展壮大。

　　　　　＝b. 当今的中国不断发展壮大。

　　（122）a. 就这个研究课题，他在一步步地深入下去。

　　　　　＝b. 就这个研究课题，他一步步地深入下去。

　　（123）a. 队伍正在一天天壮大起来。（转引自吕叔湘主编 1999：672）

　　　　　＝b. 队伍一天天壮大起来。

　　这种"长持续体"、"持续体"、"进行体"标记成分的相互组配形式，不宜看作复合态，因为它们之间在内涵上具有包含与被包含关系，即"长持续"内涵中包含了"持续"，"持续"、"起始"内涵中包含了"进行"，也就是，"进行体"和"持续体"标记成分的组配共同标记"持续体"，"进行体"和"起始体"标记成分的组配共同标记"起始体"，"进行体"与"长持续体"标记成分的组配共同标记"长持续体"，"持续体"和"长持续体"标记成分的组配共同标记"长持续体"，而且这种关系是不可逆的。

　　此外，"在"和"正"、"正在"之间的差别是明显的。① 郭风岚（1998）认为，"在"与"正"的不同可以概括为"时量·延续性"和"时位·非延续性"，并认为把"正在"看成"正"的双音节形式更为合理些。这有一定道理，但是作者只考察了"正"前带时间副词的严格限制，实际上，如果"正"所表示的"时位"本身也是一个过程（点和段

---

　　① 参见吕叔湘《现代汉语八百词》（增订本），商务印书馆 1999 年版，第 672 页；郭志良《时间副词"正""正在"和"在"的分布情况》，《世界汉语教学》1991 年第 3 期、1992 年第 2 期；郭风岚《论副词"在"与"正"的语义特征》，《语言教学与研究》1998 年第 2 期。

是相对的），"正"也可以与标记"持续体"甚至"长持续体"的成分组配，如"他的伤口正渐渐愈合"、"他现在正忙着呢"。我们认为，"在"和"正"、"正在"都标记着动作行为的进行，相比较，"在"强调状态，即动作行为所处的进行状态，"正"强调时间，即强调某个特定时点或时段上的动作行为所处的进行状态，"正在"既强调时间又强调状态。由此，"在"可表示反复进行的状态，如：他经常在思考问题。"正"、"正在"不可能表示反复进行的状态，如"＊一直正（正在）思考问题"。鉴于"在"和"正"、"正在"各自在语用上的侧重点不一样，我们认为，虽然"在"、"正"、"正在"在句中与"长持续体"或"持续体"标记成分共现时，其体标记功能是羡余的，但它们在句中属于基本功能羡余。

综上，我们把虚词"长持续体"以及"持续体"、"进行体"标记功能的羡余情况列表如下（见表6－5）：

表6－5 虚词"长持续体"、"持续体"、"进行体"标记功能的羡余情况

虚词	归类	语义标记功能	附加语用功能	例式	语义标记功能羡余情况	句中的羡余度等级
一直、直	时间副词	标记体：长持续体	强调确认和主观赋量	①按这样一直做下去，将来必有成效。②大雨一直下了三天。③这个人以前一直抽烟。	标记功能羡余	B：基本功能羡余
着	表体助词	标记体：持续体	无	谈话的时候，他不停地抽着烟。	标记功能羡余	A：功能完全羡余
中		标记体：持续体	无	他家的电话老是通话中。	标记功能羡余	A：功能完全羡余
着呢		标记体：持续体	强调性状的程度	这家店的生意啊，一直火爆着呢！	标记功能羡余	B：基本功能羡余
正、正在	时间副词	标记体：进行体	强调时间	①现在外面正/正在下着雨。②当今的中国正/正在不断发展壮大。③队伍正/正在一天天壮大起来。	标记功能羡余	B：基本功能羡余
在		标记体：进行体	强调状态	①现在外面在下着雨。②队伍在一天天壮大起来。	标记功能羡余	B：基本功能羡余

（三）"经历体"：时间副词 + 表体助词

标记"经历体"的时间副词主要是"曾经"（包括其简式"曾"）、

"一度"；标记"经历体"的表体助词只有一个"过"。"一度"在时制上
一般表示过去的某个时段，在实际语料中很少与"过"组配。而"曾经"
在时制上既可以表示过去的某个时点，也可以表示过去的某个时段，经常
与"过"组配共现。当"曾经"与"过"共现的时候，两者在"经历
体"的标记功能上相互重合。例如：

（124）a. 他曾经接受过电视台的采访。

=b. 他曾经接受电视台的采访。

≠c. 他接受过电视台的采访。

（125）a. 我曾经相信过这个观点。

=b. 我曾经相信这个观点。

≠c. 我相信过这个观点。

例（124）、（125）a 与 b、c 在"经历体"意义的表达上是一致的。
但是由于"曾经"具有"远经历"标记功能，并且强调了句中所说的事
情或者情况是以往（一般不是最近）的一种经历，其内涵比一般的"经
历体"丰富，因而它的省略会影响到句子时制意义的表达，如 a 与 b 的基
本语义一致而与 c 有所不同。因此，a 中的"曾经"在句中只能属于功能
半羡余。倘若句中同时具有表示明确时制意义的词语，那么"曾经"在
句中属于基本功能羡余。例如：

（126）a. 他三年前曾经接受过电视台的采访。

=b. 他三年前接受过电视台的采访。

例（126）a 中的"曾经"省略不会影响句子基本语义的表达。

虽然"过"与"曾经"共现，"过"的"经历体"标记功能羡余，
其省略不影响句子的基本语义，但是有时句子中"过"省略，会影响到
句子的可接受度。例如：

（127）a. 我们曾经分析过这个问题。

? b. 我们曾经分析这个问题。

（128）a. 我曾经与一位有经验的朋友讨论过这个问题。

? b. 我曾经与一位有经验的朋友讨论这个问题。

例（127）、（128）b 的可接受度低不是因为"过"的体标记功能缺失造成的，而是由于其他因素造成的。（Hopper & Traugott，2003：116）认为，在体标记的选择使用上，人们倾向于使用那些紧贴动词虚化程度更高的形式（如"着"、"了"、"过"）。因而，要表达"经历体"，"过"的使用应该是一种常态。如果同时需要强调以往的一种经历，那么从理论上讲，"曾经＋过"应该是一种常态。

另外还值得关注的是，标记"经历体"的两个时间副词"曾经"和"一度"也经常连用共现，共现时"曾经"更多地使用其简式"曾"。连用的顺序是"曾经一度"而极少相反。① 例如：

（129）他曾经一度被媒体称为天王的接班人。（CCL）
（130）宗教曾一度拥有强大的势力。（CCL）
（131）西方的政治地理学曾一度消沉，50 年代又渐渐发展。（CCL）

"曾经"和"一度"连用，"曾经"标记"经历体"的同时，凸显了"较远的过去"这一时制功能，因此，它与"一度"的"经历体"标记功能虽然重合了，但在句中并非羡余成分。不过，当"曾经"和"一度"连用，并且句中同时还具有表示明确时制意义的词语，"曾经"便可以省略而不影响句子的基本语义。例如：

（132）他们年轻的时候曾一度失学。（CCL）
（133）性病，在中华人民共和国成立以后，曾一度几乎已经绝迹。（CCL）
（134）清末留学生中曾一度弥漫过的文化自责思潮。（CCL）

例（132）—（134）有明确表时制的时间词语"年轻的时候"、"在

---

① 在 CCL 现代汉语语料库中，"曾经一度"共有 2064 例（含"曾一度"1831 例），而"一度曾经"仅有 194 例（含"一度曾"179 例）。

中华人民共和国成立以后"、"清末",而句中的"经历体"标记功能,以及时间副词所具有的强调功能均可以由"一度"独自承担,因而其中的"曾"在句中便属于一个功能完全羡余的成分。

相对于"曾经"而言,"一度"作为"经历体"的标记词,其内涵更加丰富,特指曾经历过某种被认为是比较"极端"的情况。如前例(129)—(134),又如:

(135)那年,他的唱片销量一度跌到了最低谷。(CCL)

(136)人们一度只重视不连续变异,而认为连续变异是无足轻重的。(CCL)

(137)最早欧洲一度是世界城镇化程度最高的地区。(CCL)

(138)这个课题一度成为学术界的焦点之一。(CCL)

如果不可能被认为是一种"极端"的情况,则不宜使用"一度",只能使用"曾经"。例如:

(139)＊爷爷一度上过三年小学。(爷爷曾经上过三年小学。)

(140)＊这个问题我以前一度提到过。(这个问题我以前曾经提到过。)

因此,"一度"的使用范围比"曾经"窄得多,使用频率也相对低得多。能用时间副词"一度"的句子都可以替换为"曾经",而"曾经"替换为"一度"则会受到较多的限制。"曾经"与"一度"连用,"一度"的隐现虽然不会影响句子的合法性和基本语义,但它所具备的语用功能是"曾经"所不具有的。因此,与"曾经"连用时,"一度"在句中只能属于基本功能羡余,而非功能完全羡余。

第四节　结语

相对于汉语虚词题元标记功能的羡余问题,汉语虚词时体标记功能的羡余问题表现得更为复杂,这主要是因为时体问题本来就非常复杂,争议颇多。具体表现在以下几个方面:

1. 具有时体标记功能的成分涉及的范围广、数量多。包括：时制助词、表体助词、一些句末语气词、大量的时间副词、一些趋向动词和少数助动词的某些义项。另外，大量时间词语、一些做补语的实词性成分也具有时体标记功能，其中，时间词语主要表达"时"，在数量上是开放式的，一些做补语的实词性成分表达"体"，数量上是相对封闭的。

2. 具有时体标记功能的虚词内部成员之间来源各异，在句中所处的位置不同，虚化程度不一。有的虚词是专职标记"时"或"体"的，如"着"、"了₁"、"过₁"、"过₂"、"将"、"已经"、"曾经"，等等；有的虚词虽然其基本功能是标记"时"或"体"的，但还附带有一定的语用功能，如"的₂"、"来着"、"着呢"、"从来"、"至今"、"必将"、"早已"、"一直"、"正"，等等；有的虚词尚存一定的词汇义，其体标记功能是由其尚存的词汇义带来的，如"成天"、"整日"、"彻夜"、"逐步"、"随时"、"间或"、"有时"、"照旧"、"下来"、"下去"、"出来"，等等。而大量的时间词语（包括表时间的名词或名词性短语）因其本身的词汇义，而具有了某种时制功能，补语位置上的实词性成分则是因为其本身的词汇义具有某种状态意义，而具有了表体功能。因此，时体标记词内部，许多成员并不是只具有单一的时制标记功能或体标记功能。它们之间的共现（包括虚词之间，以及虚词与具有时体标记功能的实词性成分之间的共现），也便会产生一些复杂的情况，许多虚词在某种时体标记功能上可能出现了功能羡余，但它们在句中往往不是真正的羡余形式，而是功能的部分重合。

3. 要真正全面把握每个具有时体标记功能的虚词的语法功能，包括对其基本的句法语义标记功能、附加的语用功能的判断，具有很大的难度。语法学界对许多虚词语法功能的概括也确实存在很多争议，这些争议本来就是因为语言事实本身的复杂性所带来的。而这些问题，在我们的研究过程中又不得不直接面对，是绕不过去的。因为要研究虚词时体标记功能的羡余问题，就不得不首先理清这些个体的基本的句法语义标记功能及其附加的语用功能。我们采取的策略主要是，在参照许多前人的研究成果的基础上，从汉语的时体功能及其表达形式这两方面同时入手，进行双向考察，寻找它们之间的对应关系，对具有时体标记功能的虚词重新加以甄别与分析，进而从考察虚词时体标记功能的羡余问题这一总目标出发，通过对虚词时体功能羡余句与非羡余句的比较，对个别虚词的功能进一步加以深究。在这个过程中，一定存在许多纰漏和值得继续探讨的地方，但也有一些新的发现，比如，我们本来以为"VV看"格式中的"看"与动词重叠的格式义可能是一种功能羡余现象，但经过考察发现，实际上两者的功能是不同的，并不是一种羡余现象。

我们认为，任何一个语法形式的应用都要以其语法意义为基础。从语言经济性角度来看，纯粹的羡余形式最终都会被取消，而存在着的羡余形式都应该有其存在的理据。从我们的考察结果来看，虽然许多虚词在句中其标记"时"或"体"的功能羡余了，但它在句中并不属于单纯的功能羡余，不属于严格意义上的语言成分羡余现象。主要是以下几个方面：

1. 有的虚词基本的语义标记功能是标记某种"时"或"体"，但它还有附加的语用功能，主要是主观情态功能，因此，当它与另外的标记同一种"时"或"体"的成分共现时，它在句中的有无，虽然不影响句子的基本语义，但影响了句子的语气表达或说话者的主观倾向。这种情况下，我们把虚词在句中的羡余度等级归为基本功能羡余。

2. 有的虚词基本的语义标记功能是同时标记"时"和"体"，因此，当它与另外的标记同一种"时"或"体"的成分共现时，只有其中一项基本功能产生羡余，它在句中的有无，仍会影响到句子的基本语义。这种情况下，我们把虚词在句中的羡余度归为语义功能半羡余，其实质是非羡余成分。当然，当它的两项基本功能同时都有其他成分来承担，也可以归为基本功能羡余（如果它还有附加的语用功能的话）。

3. 有的虚词本身尚存有一定的词汇义（也可以因此认为它还是一个实词），虽然具有某种时体标记功能，但这种时体标记功能是由其尚存的词汇义带来的，因此，即使当它与另外的标记同一种"时"或"体"的成分共现时，它在句中的有无，也完全会影响到基本语义的表达。这种情况下，该虚词只能看作非羡余成分。

从严格意义来讲，上述三种情况都不属于真正的语言羡余现象。不过，如前（第一章第三节"三"）所述，如果我们将羡余理解得宽泛些，不考虑语用因素，仅从基本语义来考虑，那么上述第一种情况也可以勉强算作语言的羡余现象。我们之所以还要同时考察虚词语义功能半羡余现象，甚至只有部分功能重合的非羡余现象，是因为：第一，这些功能既重合又有差别的时体表达手段极大地增强了汉语的表现力，丰富了汉语的表现形式；第二，把一些虚词之间，或虚词与实词之间在时体功能上可能存在着的功能重合部分找出来，本身也是对语言事实的一种深入的描写；第三，有时候具有同一时体标记功能的双方甲和乙，甲的某种"时"或"体"的标记功能是其唯一的语义标记功能，而乙与甲相重合的"时"或"体"的标记功能只是其语义标记功能之一或者并不属于其基本功能，那么乙的功能涵盖了甲，就甲而言，它在句中至少属于基本功能羡余了，但就乙而言，它在句中可能属于功能半羡余，也可能是非羡余成分；第四，有时候，在句中甲相对于乙而言是语义标记功能半羡余，甲相对丙而言也是语义标记功能半羡余，但就甲相对于乙＋丙而言，就有可能存在语义标记功能羡余了；第五，不管虚词在句中是否属于真正的羡余成分，就其时体功能的经常性羡余也会产生一种语言学力量，有可能触发羡余成分功能的转变，主要表现为时体标记功能弱化，而主观情态功能凸显。

事实上，虽然我们把一些时体标记功能羡余，又暂时无法找到其他语义标记功能或明显的语用功能的虚词，归入了功能完全羡余，但从更加严格意义上来讲，它们也一定有存在的理据，两种可能：第一，它们的羡余存在，可能有某种语用目的，只是还未显现出来。笼统而言，位于句中（右向）的时间副词往往具有句法上的扩容功能和表达上的强调功能，位于句末（左向）的兼有体标记功能的语气词往往具有句法上的完句功能，并且具有标明句子语气类别的功能。第二，如果它们的确是纯粹的羡余，那么其中的一方总要在语言的竞争中被另一方淘汰或发生功能转移。

第七章 "了₁"、"了₂"的"实现体"标记功能羡余研究

所谓"实现体",是指相对于某个参照时间,句子所表达的事件处于已经实现的状态。具有"实现体"标记功能的虚词主要包括:①谓词前位的时间副词"已经"等,它是通过右向作用于整个谓语部分来完成对事件状态的标记;②谓词末位的表体助词(也称时态助词)"了₁",它是直接作用于谓词来完成对事件状态的标记;③句子末位的兼有体标记功能的语气词"了₂",它是通过左向作用于整个句子来完成对事件状态的标记。

"已经"、"了₁"和"了₂"以及多个"了₁"之间的共现,会出现"实现体"标记羡余现象。但三者位置不同,语法化程度不一,功能并不完全一致,它们之间的各种组配,会产生一些复杂的情况。

本章只讨论"了₁"和"了₂",以及多个"了₁"之间的共现问题。

第一节 "了₁"、"了₂"语法功能的讨论

一 "体标记"说和"界限"说

关于谓词末位的"了₁"和句子末位的"了₂"语法功能的讨论由来已久。总的来看,目前学者对"了₁"、"了₂"语法意义的理解仍各有所倾,因而在具体的论述上也不尽相同。这与语言表象的复杂性,以及学者思考的角度各有差异有关。许多相关的论述虽然在观点上有所不同,但论证的过程给了我们很多启发和引导,成为了我们进一步分析的基础。

刘勋宁(1988)提出"了₁"是"实现体"的标记,表示谓词所指的动作行为或性状成为事实。这是最早对"了₁"的"完成"说提出质疑。刘勋宁(1985、1990)又认为"了₂"与"了₁""之间有一部分是同源

的",即当"了₁"位于句末,与近代白话的表申述语气的句末语气词"也"融合之后,形成了专门用以申述事实的语气词"了₂",即"了也"合音是今天句末语气词"了₂"的来源。孟子敏(2005)的研究,也支持了这个结论。按刘勋宁的观点推导,"了₂"的语法功能便是"了₁+也"的功能,句末不存在所谓的"了₁₊₂"的现象,因为"了₁"和"了₂"本来就不能干脆地分开,"了₂"的功能中蕴含了"了₁"的"实现体"标记功能。① 当"了₁"和"了₂"同现时,"了₁"在句中的功能是羡余的。

近来,又有学者进一步提出,"了"的本质和功能是表"界限"。② 这就跳出了"体"标记的框架。其中,陈忠(2006:496—558)的论述比较充分。持"界限说"的理由主要是:第一,"了"的隐现问题,有时难以用"完整体"(即我们所说的"实现体")加以解释,并非对应于"完整体"与"非完整体"的对立,即在时体意义相同的句子当中,存在"了"的隐现形式不一致、不对称的现象;第二,"了"的隐现形式对立,平行对应于"有界——无界"对立,即"了"倾向于与"有界"成分、结构在直接成分中同现,与"无界"成分在直接成分中不同现,或有条件地同现。第一条理由说明在时体意义背后,还有其他因素制约着"了"的隐现。第二条理由说明这个制约因素就是"有界——无界"的对立。

据此,"界限"说认为,汉语的"了",其语法功能是凸显"界限",通过有界和无界的形式对立来间接体现和折射完整体和非完整体的意义对立。

我们认为,"实现体"与"界限"概念虽然不同,但两者具有本质上的一致性。"'完整体'的本质是对事件进行整体性观察,关注事件是否

---

① 王光全、柳英绿(2006)将类似"我戒烟了"和"许多物种在地球上消失了"句中的两个句尾"了"区分开来。认为前者有平行的别的"了"字句("我戒了烟"),故这个句尾"了"是"了₂";后者没有平行的别的"了"字句,故这个句尾"了"是"了₁₊₂"。如果根据作者的思路,那么"烟我戒了"中的"了"又成了"了₁₊₂","冰川自1850年以来已经消失近一半了"中的"了"便成了"了₂",因为前者没有平行的别的"了"字句,后者有平行的别的"了"字句("冰川自1850年以来已经消失了近一半")。我们认为对句尾"了"作这种区分没有多大的意义,因为这不能说明这两个句尾"了"在语法意义上有什么样的差别,只能说明"戒烟"、"消失近一半"这样的动宾式短语内部还可以插入体标记"了₁"。

② 参见黄美金《"了":汉语中一个标示"界限"的符号》,载《台湾学者汉语研究文集》,天津人民出版社1997年版;陈忠《认知语言学研究》,山东教育出版社2006年版,第496—558页。

完结。而‘界限’则是着眼于终结点和离散性来凸显事件的整体性特征。‘完整体’与‘界限’都是在连续的时间流程当中，选取某段界限内的情状加以完整观察，因此‘界限’与‘完整体’有一致性和共同的本质。”（陈忠，2006：545）“界限”与“实现体”的关系是一种上下位的关系。“有界——无界”由时间或空间来体现，既包括时间特征，也包括空间特征。因此“实现体”属于“有界”的下位范畴。“了”的“界限说”认为“了”的语法功能是凸显“界限”，其“完整体”的功能是“界限”功能的间接体现，“‘体’和‘时制’是句子‘有界——无界’的副产品”（陈忠，2006：545）。令我们费解的是：相对抽象的“有界——无界”的对立必然要通过动词的时体范畴、名词的数量范畴、时态助词和副词的时间特征，以及形容词的程度等级来体现。“了”如何可能绕开它的“体”标记功能，直接体现它的“界限”特征呢？按照我们的理解，“了”首先具有“实现体”的标记功能（满足表达中的时体要求），从而“实际上就起着动作界化的作用”（张济卿，1998），因此，凡是用“了”，都“能使无界概念变为有界概念”（沈家煊，1995），或者与其他具有“界限”特征的成分组配同现强化“界限”。这样看来，“了”的使用与“有界”特征的严格对应也就不足为奇。

至于为什么在时体意义相同的句子当中，存在“了”的隐现形式不一致、不对称的现象，其实也是可以从别的角度作出一些解释的。“了”具有“实现体”的标记功能，不同于屈折语的形态变化，它与“着”、“过”一样都是一种添加手段，是“表示所属语法范畴的充分形式而非充要条件形式”（戴耀晶，1997：39—40），具有相对的灵活性。这种灵活性体现在以下几方面：

1. “了”标记体，可能是通过作用于谓词本身来完成对事件状态的标记（即一般所说的“了$_1$”），也可能是通过作用于整个句子来完成对事件状态的标记（即一般所说的“了$_2$”）。例如：

　　（1）a. 他坐了下来。　　　　　　b. 他坐下来了。
　　（2）a. 我吃了两碗米饭。　　　　b. 我吃两碗米饭了。

例（1）、（2）b 中的谓词“坐”、“吃”后的“了$_1$”之所以可以隐去，是因为体意义都由句末的“了$_2$”来承担了。

2. "了"并非"实现体"的唯一标记，"实现体"未必一定用"了"来标记，还可以有其他形式来标记。例如：

　　（3）a. 任务完成了。　　　　　　　　b. 任务<u>已经</u>完成。
　　（4）a. 前期工作落实了。　　　　　　b. 前期工作<u>业已</u>落实。

　　例（3）、（4）b 中句末的"了₂"之所以可以隐去，是因为体意义分别由"已经"、"业已"来承担了。

　　3. 一个多动词语结构的句子当中，并非一定要在每个动词后添加"了"方能体现"实现体"。例如：

　　（5）a. 他搬了个凳子坐了下来。　　　b. 他搬个凳子坐了下来。
　　（6）a. 他抓了一条鱼放进了桶里。　　b. 他抓了一条鱼放进桶里。

　　例（5）、（6）b 中的谓词"搬"、"放进"后的"了₁"之所以可以隐去，是因为体意义分别由第二个谓词"坐"和第一个谓词"抓"后的"了₁"来承担了。

　　4. "了₂"所附带的语气和言外之意（参见本章第三节"一"），导致它对与其组配的成分具有一定的语用限制。例如：

　　（7）a. 他才睡了两个钟头。　　　＊b. 他<u>才</u>睡了两个钟头<u>了</u>。
　　（8）a. 此时，饭店还坐了五六位客人。　＊b. 此时，饭店<u>还</u>坐了五六位客人<u>了</u>。

　　例（7）、（8）b 之所以是病句，是因为"了₂"所体现的语用义与"才"、"还"相冲突，"了₂"因为兼有"也"的"申明"语气的功能，表明说话人认为，对听话人来说，这是一个新信息、新情况，对事实加以肯定的同时，包含有"超出心理预期"的意思，而"才"、"还"则包含有"尚未达到或落后于某种预期"的意思。

5. 句子中的"有界"和"无界"形式的对立对"了"具有一定的制约作用。例如：

(9) a. 我吃了点东西。　　　　　　　＊b. 我吃了东西。

(10) a. 我在校园里转了一下。　　　　＊b. 我在校园里转了。

例 (9)、(10) b 之所以是病句，是因为"了"作为"实现体"标记成分，是体现"界限"特征的因素之一，倾向与"有界"的成分、结构在直接成分中同现和匹配。

这样看来，"了"的隐现形式不一致、不对称的现象都是有条件的，并不能因此否认"了"在本质上所具备的"实现体"标记功能。假设"了"的本质功能就是凸显"界限"，不属于"体"标记，那么如何来解释"我吃了点东西"与"我吃点东西"之间在体意义上的区别呢？再如，陈忠 (2006：547) 认为"明天不要给我打电话了"和"明天不要给我打电话"这两个句子的体意义完全相同，我们则认为这两个句子具有不同的体意义。前者是"实现体"，即表示"明天给我打电话"这一原定计划的改变是一种已经成为事实的新情况，而后者是"将行体"。

我们认为纯粹的"界限"标记是不存在的，这些具有"界限"标记功能的成分，本身都有自己独立的词汇语义（就实词而言）或句法语义功能（就虚词而言），"界限"特征是对它们在更高层次上的抽象概括。"了"的隐现与"有界——无界"对立的平行对应，只能说明"了"作为"实现体"的标记成分，只与"有界"的成分、结构在同一层次（直接成分）中同现，不与"无界"的成分、结构在同一层次中同现，而不能说明"了"的本质就是凸显"界限"。

二 "了₁"、"了₂"的"实现体"标记功能

根据上述讨论，对于"了₁"、"了₂"的功能，我们最终仍倾向延用"实现"说。我们认为，"了₁"、"了₂"都具有"实现体"标记功能，表明谓词所指的动作行为或性状成为事实。我们也可以借用戴耀晶 (1997：47) 对"了"的"现实性"的表述来概括"实现体"标记功能，他认为"所谓现实性，指的是相对于某个参照时间来说，句子所表达的事件是一个已经实现了的 (realized) 现实事件，'了'是这种现实性的显性语法标

记"。此外，刘勋宁（1990）指出："'了'字之所以能够由'终了'义变为表示动作或状态成为事实，道理也很简单。因为事物都是在时间和空间上展开的。前后相继，左右相接，一个过程的结束就意味着另一个过程的开始，相对于后一个过程来说，前一个过程就成为事实。"

前面讲过，"体"和"时"是一对既有联系又有区别的语法范畴，"了₁"、"了₂"所标记的"实现体"可以是过去的"实现"，也可以是现在的"实现"，还可以是将来的"实现"。用于过去时，如"去年他俩才结了婚"。用于现在时，如"现在妻子有了身孕"。用于将来时，如"等再过几个月生下了孩子，一家子可就要忙喽"。① 关于这点，戴耀晶（1997：47—57）也有同样的论述。他认为"了"的现实性，是指在关系时间中的现实性，不管句子所表达的事件是在过去、现在还是将来发生，只要它相对参照时间而言是实现了的，就是现实事件。同时，作者认为，"了"所具有的现实性质，使它在未来事件的使用中受到很多限制：第一，未来事件要在未来参照时间之前或同时发生，其现实性才有保证，才可以用形态"了"表示一种"虚拟的现实"，如"明天八点，我肯定已经离开了上海"。第二，"了"用在未来假设关系的条件分句里，表示一种"虚拟的现实"，如"你看了这本书，就会明白其中的道理"；当条件与推论具有"等同于"的意义联系时，"了"有时可以用在前后两个分句里，如"你养好了身体，就有了工作的本钱"。凡是在未来时间发生的事件都不具有现实性，都不可以用"了"，这一点在单一事件中尤为严格，如"我明天离开了上海"显然是一个病句。

当然，"了₁"和"了₂"之间有同也有异。尽管"了₁"和"了₂"都具有相同的"实现体"标记功能，但是"了₁"是通过作用于谓词本身来完成对事件状态的标记，"了₂"是"了₁"和"也"的融合②，是兼有体标记功能的语气词，是通过作用于整个句子来完成对事件状态的标记。因此，"了₁"和"了₂"在语法功能上既相联系又有明显的区别，这种区别

---

① 有学者认为"他要来了"、"我们快考试了"这样的句子表示将来的实现。实际上，它们属于复合态，是"行将体＋实现体"，从时制上来看还是属于现在时，即以说话时间为参照，即"他要来"、"我们快考试"已经成为事实了。

② 根据孟子敏（2005）的研究，从元代开始，"也"开始出现两个变体形式"呀"和"啊"。因此，我们认为，书面上的句末"了₂"（即"了也"）和"啦"（即"了啊"）是同一个东西，也就是这个道理。

甚至会影响到基本语义的表达，下面我们将会对"了₁"和"了₂"的共性和个性具体展开讨论。

尽管我们倾向"实现"说，但"界限"说的确给了我们许多启发，并为我们对"了"的一些隐现问题，尤其在多动词语结构当中"了"的分布位置的研究，提供了一种新的思考角度。

第二节 "了₁"、"了₂"的共性

一 把"了₁"看作"完成体"标记的种种矛盾

"了₁"和"了₂""二者本来密切相关"（吕叔湘，1999：353）。认为"了₁"、"了₂"都具有"实现体"标记功能，这样对二者不必刻意求异，过分地纠缠于"了₁"和"了₂"的绝对分别①，也可以避免把谓词末尾的"了₁"看作表示"完成"所带来的种种矛盾。根据前人的研究②，我们把这些主要矛盾概括如下：

1. 形容词后的"了₁"解释为"完成"不太合理。例如：

> （11）这两年，老师头发白了许多。
> （12）他最近瘦了很多。
> （13）几个月不见，孩子大了不少。
> （14）这双鞋大了一号。
> （15）这件衣服短了点儿。
> （16）我苦了一辈子，就盼着你们不再这么苦。

例（11）—（16）都不是形容词所表示的性状的结束，因而很难说"了₁"表示"完成"。有学者认为，例（11）—（13）"了₁"表示"性

---

① 参见石毓智《语法的认知语义基础》，江西教育出版社2000年版。作者认为，"了₁"和"了₂"实质上是同一个东西在不同句法位置上的语法变体，两种的使用条件是一致的，所以他也把两个不同叫法的"了"作为同一个成分来看待。

② 参见刘勋宁《现代汉语词尾"了"的语法意义》，《中国语文》1988年第5期；《现代汉语句尾"了"的语法意义及其与词尾"了"的联系》，《世界汉语教学》1990年第2期。戴耀晶《现代汉语时体系统研究》，浙江教育出版社1997年版，第35—57页。

状变化的完成",但实际上例（11）—（13）都是指形容词所指状态从无
到有,这就使得所谓"完成"的意义等于"形容词所表示的性状成为事
实",而例（14）—（16）根本"不表示有什么变化,只表示某一性质
偏离标准"（吕叔湘,1999:355）,"恐怕还是简简单单地看作'有这么
一个事实'为好"（刘勋宁,1988）。

2. 表示性状的动词后的"了₁"解释为"完成"非常勉强。例如：

（17）他懂了不少道理。
（18）他死了三年。
（19）他成为了先进工作者。
（20）父亲终于同意了我的看法。
（21）池子里养了许多鱼。

例（17）—（21）都不是动词所表示的性状的结束,而恰恰是这些
动词所表示的性状的实现。如果非得认为"了₁"表示"性状变化的完
成",那么,这里所谓"完成"的意义也是等于"动词所表示的性状成为
事实"。况且,句义的重点也正在于描述这些已经存在着的事实,这在例
（21）这样的存现句中是非常明显的。

实际上不仅表示性状的动词,即使一些动作动词后的"了₁"也无法
解释为"完成"。例如：

（22）有什么问题去了再说。
（23）她的红斑狼疮已经到了晚期。

例（22）"说"的动作发生在"去"这一动作行为实现之时,而非
结束之后,因为"说"的地方尚在彼,不在此;例（23）表示的是"到
晚期"成为事实而非"到晚期"的结束。

3. 述补结构后的"了₁"解释为"完成"也非常勉强。例如：

（24）他放平了桌子。
（25）孩子弄脏了衣服。
（26）她哭红了眼睛。

（27）小王笑弯了腰。

　　例（24）、（25）可以认为"放"或"弄"的动作已经结束了，但"平"或"脏"的状态成为事实而决非结束。一般认为，述结式中，在语法和语义方面起主导作用的是"结"而不是"动"，这正是说明"了₁"表示了"平"或"脏"的状态成为事实。例（26）、（27）则更是连"哭"、"笑"的动作是否结束也不一定。

　　4."了₁"与"上"、"来"、"起"、"起来"、"上来"、"上去"、"开去"、"过来"、"下来"等趋向补语组配在一个句子中，或者另有后续分句说明动作没有结束，"了₁"也很难解释为"完成"。例如：

　　（28）老百姓终于过上了好日子。
　　（29）前面走来了一老一少。
　　（30）我甚至已经想起了每次在梦中回来都干些什么。
　　（31）他俩说着说着就打了起来。
　　（32）上课铃后，教室里渐渐平静了下来。
　　（33）消息很快传了开去。
　　（34）他把车子开了过来。
　　（35）我干了半天也没干完。

　　5.我们在前面的表6—3中列出了表示动作完成的一些语法成分，如在补语位置上的"完/好/成/见/会"等。现在试将谓词后的"了₁"与动词后真正表示完成的"完"进行比较，不仅本章上述提到的所有例子都根本无法替换，即使那些动作行为"成为事实"的同时也伴随着动作行为结束的句子，其中的"了₁"许多也不能用"完"来替换，或者替换后意义发生了变化。例如：

　　（36）a.我买了三张票。　　　　　　＊b.我买完三张票。
　　（37）a.他接到电话，当时立即通知了小王。＊b.他接到电话，当时立即通知完小王。
　　（38）a.这本书我大概看了四天。　　　　＊b.这本书我大概看完四天。

（39）a. 我休息了三天。 　　　≠b. 我休息完三天。

（40）a. 他睡了一个钟头。 　　　≠b. 他睡完一个钟头。

例（36）—（40）a 中的 "了₁" 与其看作 "完成"，毋宁看作 "实现"，表示 "买票"、"通知小王"、"看四天（连续四天或加起来四天）"、"休息三天"、"睡一个钟头" 等动作行为已成为事实。

6. "谓词 + 了₁" 同 "谓词 + 了₂" 一样，其否定形式也是 "没有 + 谓词"，其中 "没有" 否定的不是 "完成" 状态，而是 "否定动作或状态已经发生"（吕叔湘，1999：383），也就是谓词所指未成为事实。例如：

（41）a. 吃了饭就去。 　　　b. 没吃饭就去。

（42）a. 采取了措施。 　　　b. 没采取措施。

（43）a. 水开了冲的。 　　　b. 水没开冲的。

（44）a. 柿子红了摘的。 　　　b. 柿子没红摘的。

例（41）b 中的 "没吃饭" 是根本没有吃，而不是没有吃完；例（42）b 中的 "没采取措施" 是根本没采取，而不是没有采取完；例（43）、（44）b 中的 "水没开"、"柿子没红" 指 "开"、"红" 的状态还不存在。显然，"了₁" 与 "没有" 的对立正是谓词所指 "实现" 与 "未实现" 的对立。

7. 在一些日常的会话当中，不难发现 "了₁" 和 "了₂" 有着紧密的联系，不能截然将两者区分开来。例如：

（45）——你买了菜没有？

　　　——买了。

（46）——我吃了。

　　　——吃了什么？

（47）——我饭吃完了。

　　　——吃完了饭再吃点儿水果吧。

例（45）—（47）三个对话中，"了₁" 和 "了₂" 在话轮对里的相承关系都非常明显，可见"了₁"和"了₂"在"实现体"的标记功能上应该是一致的。甚至有些时候，句中的"了"到底属于"了₁"还是"了₂"，存在依违两可的情况。例如：

(48)　——关窗了吗？
　　　　——关了。
(49)　——买书了没有？
　　　　——买了。

例（48）、（49）问话中的"了"既不是统摄全句的语气词，又不是处于动词末位，直接作用于动词。因此，认为其中的"了"是"了₁"或"了₂"都有一定的道理：看作"了₁"，是因为它在句中体现的是"实现体"标记功能，整个句子的疑问语气与它无关，因而不宜看作句末语气词；看作"了₂"，是因为它毕竟不是位于谓词末位，而是位于整个动宾短语的末位，句末"了吗"整个儿可以看作一个复合语气词。

8. 很多时候句子中的"了₁"可以因为"了₂"的存在而省略，又不影响基本语义的表达。能够省略，说明"了₂"的功能蕴含了"了₁"的体标记功能，从而使"了₁"成为了羡余成分。例如：

(50) a. 小李报了名了。　　　　= b. 小李报名了。
(51) a. 老何有了对象了。　　　= b. 老何有对象了。
(52) a. 我朗读了三遍了。　　　= b. 我朗读三遍了。
(53) a. 我在北京住了半个月了。　= b. 我在北京住半个月了。

这一点实际上已经涉及"了₁"和"了₂"在"实现体"标记功能上的羡余问题。我们将在下文（本章第四节"一"）具体展开讨论。

二　"实现体"标记功能的内部分解

动作行为或性状的实现（成为事实），同时可能存在着如下几点可能：

1. 动作行为的结束，即整个动作行为过程的实现。例如：

（54）我已经询问了营业员。

（55）我刚看了场电影。

（56）才换了衣服，你又弄脏了！

（57）刚才他打电话叫了一辆车。

例（54）—（57）中"询问"、"看"、"换"、"叫"等动作行为实现后，这些动作行为本身也结束了。也正是因为这些动作行为本身也结束了，所以使得许多人认为"了₁"表示"完成"。关于这点，刘勋宁（1988）已阐述得比较清楚，他认为，"实现"与"完成"所指范围是交叉的（即在语义上具有某种重合）。"实现"是就动作是否成为事实而言的，"完成"是就动作的过程是否结束而言。过程的结束可以是一件事实，但是，是事实的却不一定是过程的结束。当"了"所标记的动作正好处于完成状态时，二者重合（角度不同），只要超出了这个范围，二者就大相径庭了。这一点对"了₁"和"了₂"都是适用的。下面的例子，是"了₂"所表示动作行为实现的同时，该动作行为本身也结束了：

（58）票我已经买了。

（59）他通知我了。

不过，尽管"实现"可能是动作行为的结束（完成），即便如此，"实现"和"完成"所标记的"体"意义（状态义）还是不同的。前者重于动作行为全程是否成为事实，后者重于动作行为过程是否结束。因此，将前例（54）—（59）中的"了"改为"完成体"的标记成分"完"，有的句子虽然可以说，但体现出来的"体"意义是有所不同的，如例（55）、（56），有的句子甚至不能说，如例（54）、（57）和例（58）、（59）。当然，如果是同时出现"完+了"，可以看作一种复合体，最外层还是"实现体"，表示动作行为的完成已成为事实。

2. 动作行为或性状的起始，即动作行为过程或性状从无到有的实现。例如：

（60）外面刮风了。（未刮风→刮风）

（61）米饭熟了。（未熟→熟）

（62）小明也喜欢跳舞了。（不喜欢→喜欢）

（63）他俩说着说着就打起来了。（未打→打）

（64）会场上响起了热烈的掌声。（未响→响）

（65）马走着走着就跑了起来。（未跑→跑）

（66）消息很快传了开去。（未传→传）

例（60）—（62）是性状的从无到有，例（63）—（66）是动作行为的从无到有。实际上，例（63）—（66）中的"了"与"起始体"标记词"起来"、"起"、"开去"等构成了一种复合态。

其中，例（63）、（64）中"打起来了"、"响起了"是"起始＋实现"，"实现体"标记词"了"处于最外层，可以理解为"打起来"（开始打）、"响起"（开始响）这么一个事实出现了。

至于例（65）、（66）的"跑了起来"、"传了开去"是很值得推敲的。我们认为，在两种"体"的关系上，仍然是"起始＋实现"，"实现体"标记词"了"还是处于最外层，可以理解为"跑起来"（开始跑）、"传开去"（开始传）这么一个事实出现了。这是有理由的：

第一，"V＋了＋复合趋向补语"是一类比较独特的格式，如果对这一格式本身进行提问，不能是"V＋了＋复合趋向补语＋吗"形式，而只能使用"V＋复合趋向补语＋了＋吗"。例如：

（67）甲：马走着走着就跑了起来。

　　　乙：马跑起来了吗？　　＊乙：马跑了起来吗？

（68）甲：他俩说着说着就打了起来。

　　　乙：他俩打起来了吗？　　＊乙：他俩打了起来吗？

第二，据柯理思（2006）考察，在北方话的语法体系中并没有类似"走了进来"、"搬了出去"这类在一般动词和复合趋向补语之间插入体标记的格式，而只有"走进来了"、"搬出去了"的格式。陈刚（1987）也认为"走了进来"这一类格式在地道的北京口语里是不存在的。这就可以认为，"V＋了＋复合趋向补语"格式在共同语里相对于"V＋复合趋向补语＋了"并没有明显独特的句法功能和语义功能。不过，在汉语书面语中，"V＋了＋复合趋向补语"确实丰富了汉语书面语的表述功能，

即 "跑了起来"、"打了起来" 与 "跑起来了"、"打起来了" 在表述功能上的确存在差别，前者更强调 "起始"，后者更强调 "结果"①，这与前者的 "了" 是 "了₁"，是纯粹的 "实现体" 标记词，后者的 "了" 是 "了₂"（"了₁+也"），是兼有 "实现体" 标记功能的句末语气词（表 "申明/确认" 语气）有一定的关系。

3. 动作行为或性状的持续，即动作行为过程阶段性的实现或处于某种性状中。例如：

（69）已经念好几遍了，再念两遍就休息一会儿。

（70）我在北京已经住半个月了，再过几天就要离开。

（71）已经热了差不多一个月还不见凉快。

（72）他已经睡了两个钟头还在睡。

（73）这活儿我干了半天还没干完。

（74）他死了很久了。

（75）他知道了很多事情。

（76）门口站了一个人。

（77）池子里养了许多鱼。

例（69）—（73）是动作行为的持续，例（74）—（77）是性状的持续。同样，"实现" 与 "持续" 也是一种交叉重合关系，过程的持续可以是一件事实，但是，是事实的却不一定是过程的持续。"持续" 义不是 "了" 所带来的：有的是上下文带来的，如例（69）—（73），假如例（69）改为 "已经念好几遍了，我不念了"，动作行为 "念好几遍" 实现的同时，也是动作行为过程的结束；有的跟动词本身的属性有关，如例（74）、（75）中表示性状的动词 "死"、"知道"；有的是存现句式本身带来的，如例（76）、（77），类似这样的存现句中的 "了" 可以替换为 "着" 而句子基本语义能够保持不变，这是由于存现句这一特殊句式造成的，因而主要也限于存现句中可以这样替换，如例（69）—（75）中都

---

① 参见杨国文《汉语态制中 "复合态" 的生成》，《中国语文》2001 年第 5 期。尽管作者认为 "V+了+复合趋向补语" 与 "V+复合趋向补语+了" 格式具有不同的强调功能，但根据文中所列举的复合态的 "复合顺序"，可以得知作者也认为这两个格式的复合态是一致的，都是 "起始+实现"。

是不能这样替换的。关于存现句中"了"和"着"的可替换性，王还
（1990）的研究中已经提及，作者认为这种以处所词为主语，以"摆"、
"盖"、"挂"、"糊"这类动词为述语的句子都可以把"着"换成"了"
而意思不变。① 不过，尽管在存现句中"着"和"了"二者可相互替换
而不影响句子的合法性，但"了"和"着"毕竟是两种不同的体标记，
因此，两者之间还是有一定差别的：用"了"，强调了某种状态成为一个
事实，用"着"则强调了某种状态的持续。

实际上，第 2 点"动作行为或性状的起始"也可以与第 3 点"动作
行为或性状的持续"归在一起，因为都说明已经处于某种动作行为过程
或性状中。如果从"界限"特征来看，第 1 点凸显事件的终点，第 2 点
和第 3 点不涉及终点，其中第 2 点凸显事件的起始点，第 3 点则淡化了事
件的起始点。

戴耀晶（1997：35）曾从"了"的动态性的角度分析认为，"'了'
指明变化到达了某一个点（或终结点，或中间点，或起始点，要视动词
类别和句子各成分构成的情状类型而定）"。这个看法与我们基本一致。

金立鑫（2002）也考察了词尾"了"的语法意义，认为，现代汉语
谓词性成分加词尾"了"在"实现"体特征上表现为三种细微的差别：
一是行为得到了实施，并且已经结束；二是行为得到了实施，并且行为还
在持续；三是行为得到了实施，行为（或加工）对象（或主体）的状态
发生了变化，变化后的状态还在持续。作者把"了"作为一个"常项"，
通过逐一添加变量，推断出这种差别的决定因素：

> 弱持续性动词为核心的 SV 了 O 句，施事主语决定了"结
> 束"体。
> 弱持续性动词为核心的 SV 了 O 句，处所主语决定了"状态延
> 续"体。

_____

① 此外，刘勋宁（1988）列举了"红了脸说"、"低了头走"等例子，说明其中的"了"
和"着"的可替换性；赵淑华（1990）研究也认为，在连动句中，当"V₁＋O"表示方式，出
现在 V₁ 后的"了"相当于"着"，可以用"着"来替换，如"曹操只得带了他们从华容道逃
跑"。可见，两者的互替是有条件的，除了主要发生在存现句式中之外，有时还发生在连动式中
的前项，如"红了脸说 | 红着脸说"、"低了头走 | 低着头走"，多表示方式，可以看作一种"背
景"信息。

强持续性动词为核心的 SV 了 O 句，动词后的时段成分决定了"结束"体。

强持续性动词为核心的 SV 了 O 句，施事主语决定了"行为延续"体。

强持续性动词为核心的 SV 了 O 句，处所主语决定了"状态延续"体。

非持续性动词为核心的 SV 了 O 句，动词后的时段成分决定了"结束"体。

非持续性动词为核心的 SV 了 O 句，一般状态下为"状态延续"体。

形容词为核心的 SV 了 O 句，一般情况下为"状态延续"体。

虽然还有一些其他变量尚未加入，但作者利用这种经典实验科学所得出的结论还是非常值得参考的。

第三节 "了₁"、"了₂"的个性

一 "了₂"的现时相关性及其对语义的影响

（一）"了₂"隐现对语义的影响

认为"了₁"和"了₂"一样，都是"实现体"的标记，的确也会碰到一些比较棘手的问题需要进一步解释。

我们先看下面的例子：

（78）a. 这本书我看了三天。（已看完）

　　　b. 这本书我看了三天了。（还没看完）

（79）a. 这段路我们走了 40 分钟。（已走完）

　　　b. 这段路我们走了 40 分钟了。（还没走完）

例（78）、（79）a 的"完成"义是怎么来的？对此，刘勋宁（1988）作过解释：就"这本书我看了三天"来说，最重要的是它把动作对象提到了大主语的位置上，强调了动作对象与动作的关系。"V（了）+T"

后结句，又无其他特殊说明，这就保证了我们把动作的实际持续时间看作一个总量，把动作过程与动作对象的完成视为一致，从而认为动作和书都完成了。作者认为，"这本书我看了三天"这句话，字面上告诉我们的只是实际发生的动作及其时间量，所具有的"看完"的意思是由字面以外的东西告诉我们的，是在特定的语言环境下产生的。

至于"完成"的意义是否跟动作对象提到了大主语的位置上有着直接的关系，目前，我们还无法求证，因为在"他下午睡了两个小时"这样谓词为不及物动词的句子中，不存在动作对象提前的问题，但同样也是表示"睡完"了。不过，作者所认为的，"'V（了）＋T'后结句，又无其他特殊说明，这就保证了我们把动作的实际持续时间看作一个总量"，是有道理的，也可以用来解释"他下午睡了两个小时"是"睡完"了。我们把"T"（时量）替换成动量或物量（部分量），也都是如此。例如：

（80）这篇课文我念了三遍。（没有念第四遍）

（81）这出戏我只看了一半。（没有看全）

设想一下，如果例（78）a、（79）a和例（80）、（81）所表示的"完成"义是由"了₁"本身带来的，那么同样有"了₁"的句子，如例（78）b、（79）b为什么不表示"看完"、"走完"的意思呢？又如：

（82）这本书我看了三天才看了一半。

（83）这段路我们走了40分钟，还剩下两里路要走。

例（82）、（83）同样有"了₁"，但也不具有"看完"、"走完"之意。这样看来，例（78）a、（79）a和例（80）、（81）在表示动作行为实现的同时，所具有的"完成"义虽然与"了₁"有关，但并非"了₁"本身带来的，而确实是在"'V（了）＋T'后结句，又无其他特殊说明"这么一个语言环境下产生的（T还可以推广到动量或物量），其中的"T""具有封闭行为、指示行为终止的作用"（金立鑫，2002），其中的"了₁"仍只是表示动作行为的实现。

而例（78）b、（79）b之所以会有动作行为"未完成"（"持续"）之义，与"了₂"有关，但也不是"了₂"本身带来的。从体标记功能来看，"了₂" 也只是表示动作行为的实现。下面我们具体说明这一点。

（二）"了₂" 的现时相关性

根据前述，"了₂" 是 "了₁" 和 "也" 的融合，是兼有体标记功能的句末语气词。因此，位于句末的 "了₂" 既具有 "了₁" 的 "实现体" 标记功能，同时又继承了语气词 "也" 的功能。根据刘勋宁（1985、1990）研究，近代白话语气词 "也" 具有的功能主要是：用于 "陈述句" 后表示 "申明" 语气，即对事实的肯定的语气。孟子敏（2005）也认为 "也" 的作用就是用来 "强化" 语气。正是因为 "也" 是语气词，只能位于句末，所以在句法上还具有完句功能。

那么，接下来需要回答的是，为什么 "了₂" 兼有 "也" 的 "申明" 语气的功能后便有可能在一定条件下改变整个句子的基本语义呢？这是因为语气词的使用，"关涉到对话双方的关系和说话人对所涉及事物的主观态度"（刘勋宁，1990），句末的 "了₂" 因为兼有 "也" 的 "申明" 语气的功能，表明说话人认为，对听话人来说，这是一个新信息、新情况，即 "了₂" 的作用就在于申明这种新信息、新情况。① 而报道、申明这种新信息、新情况，实际上就是一种 "现时相关性"（current relevance）。所谓的 "现时相关性" 与 "现实性" 在概念上还是稍有区别的。"了₁"、"了₂" 作为 "实现体" 的标记成分，使事件带上了 "现实性" 特征，即表明谓词所指的动作行为或性状成为了事实。在参照时间之前（含参照时间）实现了的事件都具有现实性。因此，所谓的现实性，是指在关系时间中的现实性，不管句子所表达的事件是在过去、现在还是将来发生，只要它相对参照时间而言是实现了的，就是现实事件。而 "现时相关性" 是从实现了的事件对现在（即言语情景）所产生的特定的联系或影响这个角度来考虑的。就是说，不管事件是在过去、现在还是将来实现，"了₂" 的存在使得实现了的事件对言语情景发生了某种联系或产生了某种影响。比如 "他十年前就来上海了" 这样的句子，我们认为，其 "实

---

① 参见刘勋宁《现代汉语句尾 "了" 的语法意义及其与词尾 "了" 的联系》，《世界汉语教学》1990 年第 2 期；肖治野、沈家煊《"了₂" 的行、知、言三域》，《中国语文》2009 年第 6 期。肖文将 "了₂" 分为行域义、知域义、言域义。我们认为，"了₂" 的确关涉三域，但考虑到三域之间常有交叉情形，而且不管 "新行态的出现"、"新知态的出现" 还是 "新言态的出现"，"了₂" 仍然可以概括为一个意义，即申明新信息、新情况的出现。故本书暂不作分化。

现体"的参考时间还是句子中给出的"十年前",属于"过去的实现"。但由于"了₂"的"现时相关性"与现在(言语情景)发生了某种联系,在不同的语境中可能传达出"他来上海已经很久了"、"他对上海很熟悉了"等各种与现在有联系或对现在产生影响的暗含信息。并且,如果没有后续说明,"他在上海"这一行为还将持续下去。张黎(1997)认为句末的"了"同说话时有关系,这大概也是意识到了"了₂"的这种"现时相关性"。

孟子敏(2005)曾提出"交流句"和"非交流句"的概念,认为非交流句不用语气助词(即句末语气词),交流句可以使用语气助词。作者所考察的近代汉语的语气助词"也",其出现的语境也都是在交流句中。据此,有"了₂"的句子必是"交流句",因而与言语情景发生联系也是必然的事情。例如:

(84) 我刚才吃下两个馒头了。(过去时)

(85) 他去美国读书了。(现在时)

(86) 他明天的这个时候走了。(将来时)

例(84)在不同的语境中可能隐含的意思有:我现在胃口大了;我现在差不多饱了;现在不饿了;现在馒头已经少了两个;现在该你吃了,等等。例(85)在不同的语境中可能隐含的意思有:他现在不在家;他暂时是不会回来了;他现在很有出息;你现在不可能见到他;你现在当然联系不上他,等等。例(86)在不同的语境中可能隐含的意思有:现在多陪陪他;该和他聚一下;该帮他收拾一下行李;时间过得很快;所以现在我很伤感,等等。因此,"了₂"的"现时相关性"最通俗的理解便是"'了₂'往往包含某种提示性信息。暗示动作对现在的影响"(陈忠,2006:559)。

句子被赋予"现时相关性"还会出现如下直接结果:当"了₂"前面的名词语具有[+顺序义](即这个名词语可以和其他相关的词语构成一个序列),且这个名词语自身又非"终结点",且"了₂"后无特殊说明动作行为中止时,句子所反映的动作行为还将继续进行。这正是前例(78)b、(79)b之所以会有"动作未完成"之义的原因。再如:

(87) 我在上海工作两年了。

（88）地铁开到徐家汇站了。

（89）我读了三页了。

例（87）—（89）中"了₂"前面的名词语"两年"、"徐家汇站"、"三页"可以与相关的词语分别构成如下序列：

一年、二年、三年、四年……

……漕宝路站、体育馆站、徐家汇站、衡山路站……

一页、二页、三页、四页……

并且，"二年"、"徐家汇站"、"三页"本身又非各自所属序列中的"终结点"，因而在"了₂"后无特殊说明动作行为中止时，句子所反映的动作行为还将继续进行。

由此可见，前例（78）b、（79）b 和例（87）—（89）所具有的动作行为"未完成"之义，同样也是语境带来的，与"了₂"有关，但并非"了₂"本身带来的。

刘勋宁（1988）曾解释了"这本书我看了三天了"为什么会表示"还没看完"，他认为：数量本来就是连续的，代表它们的词自然组成连续的链。由于带"了"后所指示的数量位置只是整个链条上的一个点，所以它可以延伸，也可以中止。因此，就"看了三天了"这句话说，它给我们的只是动作已有的时间量，动作本身是否结束并没有说明。不过，已有动作的中止是需要特别说明的，所以在没有说明的情况下，认为动作还将继续进行。既然动作还将继续，那么动作的对象也就不会完成。所以说，"这本书我看了三天了"，意思是我还没看完，这个"还没看完"也是字面以外的东西告诉我们的。

尽管刘勋宁只是解释了"了₂"前是数量词语的情况，但他的观点与我们的上述观点还是基本一致的。

再看下面的例子：

（90）这本书我看了三天了，不想看下去了。（同：这本书我看了三天）

（91）我在这儿工作十几年了，现在要离开还真舍不得。（同：我在这儿工作了十几年）

（92）火车开到终点站了。（同：火车开到了终点站）

（93）我做完作业了。（同：我做完了作业）

例（90）—（93）正是说明，即使有"了$_2$"，但语境改变，句义也有可能表示整个动作行为的结束。其中例（90）、（91）"了$_2$"后有动作行为中止的说明；例（92）的"终点站"是动作行为的终结点；例（93）"作业"为〔-顺序义〕名词，表示动作对象的整体，且动词后的补语成分"完"表示动作对象的完成，而动作对象整体的完成也便是整个动作行为的完成。

陈忠（2006：516、556）也曾考察了"了$_2$"的语用功能，认为"了$_1$"、"了$_2$"都表示一种时间界限，但"了$_2$"不仅表时界，而且表示一定的心理界限，表示心理的界前界后变化，这是通过对比信息与储备信息、常态与非常态的情况而得来的，突出了主观信息，往往附带一定的语气和言外之意。他解释："看了一半"凸显了观察界限，表示在"一半"的观察范围内的结果，这个事件跟说话的时间没有任何联系。而"看了一半了"是观察界限与说话的时刻重合，表示从开始截止到说话时刻观察到的数量结果，但是由于观察界限即说话时刻不代表事件自身的发展进程，因此这里的"一半"并不代表事件已经终结，表示事件将继续发展下去。由于引进了说话时刻，"看了一半了"这个事件凸显说话时刻之前和之后的连续的进程，包含"超出界限"的意思。尽管陈忠是从"界限"说的角度对"了$_1$"句和"了$_2$"句所体现出来的差异加以解释，但对"了$_2$"所体现出来的"现时相关性"的理解与我们的看法具有一致性。

二　"了$_1$"、"了$_2$"在不同语体中的分布

孟子敏（2007）对"了$_1$"和"了$_2$"在口语和书面语中的分布情况分别进行了考察，结论是：在口语中，"了$_1$"、"了$_2$"都是不可缺少的表达成分，其中"了$_2$"的出现频率明显高于"了$_1$"（"了$_1$"、"了$_2$"的平均出现频率分别是0.0059和0.0091）；在典型的书面语中，只使用"了$_1$"，不使用句末语气词"了$_2$"，且"了$_1$"出现频率要低于口语（书面语中"了$_1$"的平均出现频率是0.0026，口语中"了$_1$"的平均出现频率是0.0059）。作者所统计的书面语语料是《政府工作报告》（1999—2007）。事实上，在《政府工作报告》（2002）中出现了一个"了$_2$"的例子："今年中央财政预算赤字1503亿元，比去年增加了，但发债规模并没有扩大。"作者认为，

此例"了$_2$"的出现显得非常突然，疑是后面本来写出了一个数据，但又被删除掉了，因为该年的财政部的报告中，就明确写出了增加的数额是543亿元。这是新中国成立以来赤字规模最大的一年，且增加的幅度之大也是空前的。因此，作者推测当时政府工作报告是故意没有写明增加数额的，这样可以从字面上淡化一些。据此，作者认为书面语中仅有的1例"了$_2$"也就不能成立了。作者所得出的书面语只使用"了$_1$"的结论似乎有些出人意料，但从"了$_2$"所具有的"现时相关性"，以及"了$_2$"的存在使句子成为了"交流句"这一特性来看，典型的书面语（或称非交流性的语言）中不出现"了$_2$"也就完全可以理解了。

我们也曾对实现体标记成分"已经"、"了$_1$"、"了$_2$"之间的各种组配形式，在一些典型的书面语文献和典型的口语文献中的表现情况进行过详细统计（参见第八章附表）。表7－1、7－2是从中抽取出来的关于"了$_1$"（含"了$_1$"独用和"已经＋了$_1$"）、"了$_2$"（含"了$_2$"独用或"已经＋了$_2$"），以及"了$_1$＋了$_2$"（含"了$_1$＋了$_2$"和"已经＋了$_1$＋了$_2$"）出现次数的统计：

表7－1

形式 ＼ 书面语文献	政府工作报告（2004—2012）	中共党代会报告（十六大至十八大）	人民日报（95.09.04）	科技论文（5篇）	总数
了$_1$	310	97	533	171	1111
了$_2$	1	2	49	2	54
了$_1$＋了$_2$	0	0	0	0	0
文献字数	177721	84545	81066	45715	389047

表7－2①

形式 ＼ 口语文献	话剧《茶馆》剧本	话剧《西望长安》剧本	话剧《方珍珠》剧本	小品剧本（7部）	相声《百吹图》剧本	总数
了$_1$	144	269	239	113	6	771

---

① 其中"了$_2$"的出现次数包括"啦"（即"了$_2$＋啊"的合音）在内。表中括号内特别标出其中"啦"的出现次数。

续表

形式 ＼ 口语文献	话剧《茶馆》剧本	话剧《西望长安》剧本	话剧《方珍珠》剧本	小品剧本（7 部）	相声《百吹图》剧本	总数
了₂	238（90）	254（28）	343（76）	215（7）	82（65）	1132（266）
了₁＋了₂	5（4）	1	4（4）	3（1）	1（1）	14（10）
文献字数	31430	42113	40293	19861	3567	137264

　　在我们所统计的《政府工作报告》中，仅仅在 2010 年的报告中出现 1 例"了₂"，原文是："从财政收入看，上年一次性特殊增收措施没有或减少了，还要继续实施结构性减税政策，财政收入增长不会太快。"从整个句子的语气来看，这个"了₂"还不是十分典型。所统计的中共党代会报告中，仅仅在十七大报告中的两个连续的具有排比关系的句子中出现 2 例"了₂"，原文是："从农村到城市、从经济领域到其他各个领域，全面改革的进程势不可挡地展开了；从沿海到沿江沿边，从东部到中西部，对外开放的大门毅然决然地打开了。"排比句本身语气比较强烈，具有一定抒情性，因而在两个排比句的末尾使用"了₂"也在情理之中。《人民日报》中"了₂"有一定量的出现，主要有以下几个原因：一是有些报道为了煽情，采用了文学性较浓的语言形式，如："一转眼四年过去了，现在这两个村子怎么样了呢？""一场在党领导下的抗洪救灾重建家园的战斗打响了。"这些表达都有意识地融入了一种具有现时交流性的语言，目的为了拉近与读者的心理距离，使读者身临其境，达到一种煽情的效果。二是直接引用对话、告白或是心理独白，而这些本来就是纯粹的口语形式。因此，从这个角度来看，政论文比起新闻报道来，书面语语体色彩更为典型。

　　鉴于目前书面语体和口语语体之间还没有一个十分明确的界限，并且我们在一般认为属于书面语体的语料中也发现有少量使用"了₂"的事实（参见上表 7－1），我们尚不能下结论说书面语中一定不出现"了₂"。但是，书面语中不使用"了₂"的倾向性还是非常明显的。并且可以认为，即使在书面语中，只要句子带上"了₂"，也便具有了"交流句"的性质。

第四节 "了₁"、"了₂"的"实现体"
标记功能羡余研究

研究"了₁"、"了₂"的"实现体"标记功能的羡余现象,既是我们在这一章探讨"了₁"、"了₂"语法功能的最终目的,也是我们研究的出发点。上面探讨了"了₁"和"了₂"语法功能的共性和个性,这样,"了₁"和"了₂"之间,以及多动词语结构中的几个"了₁"之间在"实现体"标记功能上的羡余问题研究也就有了基础。

一 "V了O了"中"了₁"、"了₂"体标记功能羡余研究

(一)"V了O了"中"了₁"体标记功能羡余研究

根据前述,"了₁"、"了₂"在体标记功能上存在着共性,都具有"实现体"的标记功能。其中,"了₂"是"了₁"和"也"的融合,是兼有体标记功能的句末语气词。因此,从功能上来看,"了₂"的功能蕴涵了"了₁"的体标记功能,二者在"实现体"标记功能上是重合的。我们在前面已经提到过,根据孟子敏(2007)的统计,在口语中,尽管"了₁"、"了₂"都是不可缺少的表达成分,但其中"了₂"的出现频率明显高于"了₁"。"了₁"、"了₂"的平均出现频率分别是 0.0059 和 0.0091。"了₂"的频率高出"了₁"0.0032。显然,这个结果跟"了₂"的功能蕴涵了"了₁"的体标记功能有一定的关系。很多时候句子中的"了₁"可以因为"了₂"的存在而省略,又不影响句子基本语义的表达,如前例(50)—(53),又如:

(94) a. 我吃了两碗米饭了。　　　　= b. 我吃两碗米饭了。

(95) a. 这本书我看了一半了。　　　= b. 这本书我看一半了。

(96) a. 他睡了一个钟头了。　　　　= b. 他睡一个钟头了。

(97) a. 这段路我们走了 40 分钟了。　= b. 这段路我们走 40分钟了。

(98) a. 大会结束了好几天了。　　　= b. 大会结束好几天了。

　　（99）a. 天气晴了三天了。　　　　　　＝b. 天气晴三天了。

　　（100）a. 我明白了它的两层含义了。　　＝b. 我明白它的两层
含义了。

　　在我们的问卷调查中，有些人认为例（94）—（100）b 略去
"了₁"，有个别例子不太合语感，但也有人认为有些例子 b 比 a 的句子更
自然些，且每个人的语感也似乎不尽相同。我们认为，b 中个别例子不太
合语感并不是因为"了₁"的体标记功能缺失造成的（"了₁"的体标记功
能已经由"了₂"承担了），而可能是使用上的一种个人倾向性使然，亦
可能受方言习惯影响或者其他因素所致，如动词的及物性、动词的音节、
动宾或动补短语内部成分结合的紧密程度、说话语气的缓急、对事实的强
调与否，等等，但它们表现出来的又都是一种倾向性，如果想在某一个层
面上找到截然的规则，似乎不太可能。因此，这种对句子合不合语感的判
断有时也并不是语义因素所能决定的，就是说，这些跟"了₁"的体标记
功能羡余与否没有直接关系，应该不影响我们的结论。

　　尽管"了₂"的功能蕴含了"了₁"的体标记功能，因而很多时候句
子中的"了₁"可以因为"了₂"的存在而省略，但是，并不是所有的
"了₁"都可以因为有"了₂"而省略。例如：

　　（101）a. 我吃了饭了。

　　　　＝b. 我吃饭了。（再吃就要撑着了。）

　　　　≠c. 我吃饭了。（吃完我就过来。）

　　（102）a. 他做了作业了。

　　　　＝b. 他做作业了。（你就让他出去玩玩吧。）

　　　　≠c. 他做作业了。（咱不要进去打扰他。）

　　在没有一定语境的情况下，例（101）、（102）a 表义是明确的，均
表示动作行为过程已经结束完成。而当它们省略了"了₁"，在表义上便
都存在两种可能性：一是表示动作行为过程已经结束完成，如 b；二是表
示已经处于某种动作行为过程中，如 c。

　　前面（本章第三节"一"）讲过，"完成"义虽然与"了₁"有关，
但并非"了₁"本身带来的；"持续"义与"了₂"有关，但也不是"了₂"

本身带来的。那么类似"我吃了饭了"、"我做了作业了"与"我吃饭了"、"我做作业了"之间在表义上的差别又是怎样产生的呢?从表面上看,它们之间在形式上的差别只是"了₁"的有无。下面对此作一解释。

根据前面(本章第二节"二")所述,"了₁"和"了₂"作为"实现体"标记,表示动作行为或性状的实现(成为事实)。"实现"作为一种事实的存在,有可能是:①整个动作行为过程的实现,即说明某种动作行为过程已经结束完成,如"他打电话叫了一辆车"、"票我已经买了";②动作行为过程或性状从无到有的实现,即说明动作行为或性状的起始,如"会场上响起了热烈的掌声"、"外面刮风了";③动作行为过程阶段性的实现或处于某种性状中,即动作行为或性状的持续,如"他已经睡了两个钟头还在睡"、"这活儿我干了半天还没干完"。其中②、③又可归为一类,说明已经处于某种动作行为过程或性状中。

因此,当谓词 V 为〔+持续性〕动作动词,无宾语或宾语 O 为〔-顺序义〕名词语时,"V(O)了"结构在未进入一定的语境时,实际上都是一个多义结构,都有"某种动作行为过程已经结束完成"或"已经处于某种动作行为过程或性状中"两种可能,如前所举的例子"我吃饭了"、"他做作业了"。而同样当谓词 V 为〔+持续性〕动作动词,无宾语或宾语 O 为〔-顺序义〕名词语时,"V 了 O 了"结构则只表示"某种动作行为过程已经结束完成",如前所举的例子"我吃了饭了"、"他做了作业了"。

但是,当谓词 V 为〔+持续性〕动词,且宾语 O 为〔+顺序义〕名词语时,"VO 了"结构和"V 了 O 了"结构则都只有"已经处于某种动作行为过程中"一种可能。如前例(94)—(97),又如:

(103) a. 我在上海住两年了。   = b. 我在上海住了两年了。

(104) a. 这篇文章我读一半了。   = b. 这篇文章我读了一半了。

当谓词 V 为形容词或〔-持续性〕动词时,"V(O)了"和"V 了 O 了"结构也都只有"已经处于某种性状中"一种可能。如前例(98)—(100),又如:

（105）a. 山上的枫叶红了。　　＝b. 山上的枫叶红了一大片了。

（106）a. 我知道这件事了。　　＝b. 我知道了这件事了。

这样看来，"VO 了"结构与"V 了 O 了"结构在格式义上无差别的条件是：谓词 V 为［＋持续性］动词，且宾语 O 为［＋顺序义］名词语，或者谓词 V 为形容词或［－持续性］动词。此时，"V 了 O 了"结构中的"了₁"是羡余成分。

造成"VO 了"结构与"V 了 O 了"结构在格式义上产生差别的条件是：谓词 V 为［＋持续性］动词，宾语 O 为［－顺序义］的名词语。因此，类似前例（101）、（102）a 与 c 在意义上的差别虽然与"了₁"的隐现有关，但并非"了₁"本身带来的，而是两种不同的结构在特定的条件下带来的。所以也是字面以外的东西告诉我们的。① 不过，考虑到在一定的语境中，"VO 了"结构还是能够消歧的，如前例（101）、（102）b 与 c，因此，在语境参与下，即使前例（101）、（102）a 这样的"V 了 O 了"结构中的"了₁"，其"实现体"标记功能也是羡余的，因而也仍然可以认为是羡余成分。

因此，总的来看，"V 了 O 了"结构中的"了₁"，其基本的体标记功能是羡余的。考虑到其中"了₁"隐现会影响到成分之间结构关系的紧密程度、界限的强弱程度，以及语气的轻重、缓急等。因此，我们认为它在句中应该属于基本功能羡余。

（二）"V 了 O 了"中"了₂"体标记功能羡余研究

反过来，"V 了 O 了"结构中"了₂"却不能因为"了₁"的存在而省略，这正是因为"了₂"所具有的对新信息、新情况的"申明"语气功能，并由此产生的"现时相关性"，是"了₁"所不具备的。因此"了₂"的隐现会对句子产生影响，如前例（94）—（100）a，如果省略了"了₂"，那么或者句子语义发生变化，或者在口语中句子不能自足：

（107）a. 我吃了两碗米饭了。　　≠b. 我吃了两碗米饭。

（108）a. 这本书我看了一半了。　　≠b. 这本书我看了

① 张黎（1997）也曾注意到句末"了"前的成分不同，会影响到所表达的句子的内涵。

一半。

（109）a. 他睡了一个钟头了。　　　≠b. 他睡了一个钟头。

（110）a. 这段路我们走了40分钟了。　≠b. 这段路我们走了40分钟。

（111）a. 大会结束了好几天了。　　≠b. 大会结束了好几天。

（112）a. 天气晴了三天了。　　　　≠b. 天气晴了三天。

（113）a. 我明白了它的两层含义了。　≠b. 我明白了它的两层含义。

因此，就"V了O了"结构而言，其中的"了₂"在句中只能属于语义功能半羡余，是非羡余成分。

二　连动式中几个"了₁"之间体标记功能羡余研究

上面主要涉及"了₁"、"了₂"之间"实现体"标记功能的羡余问题。下面讨论一下连动式（多动词语结构）中的几个"了₁"之间在"实现体"标记功能上的羡余问题。

赵淑华（1990）专门研究了连动式中"了₁"的位置，实际上也就涉及连动式中几个"了₁"之间因体标记功能的羡余而隐含的问题。作者统计了六年制小学语文课本28万多字的语料，把其中的连动式大致按照之间的语义关系分成六种类型：①V₁和V₂表示先后动作；②V₂表示目的；③V₁表示方式、工具；④V₂表示结果；⑤V₁为"有"；⑥V₁和V₂从正反两个方面说明一个情状。发现只有前四类连动式的谓语中才有可能带"了₁"，且无论连动式的谓语有几个动词，"了₁"一般只出现一次。至于"了₁"的位置大致情况是：如果V₁和V₂表示先后发生的动作，两者又没有明显的手段和目的关系，"了₁"一般出现在V₁之后，如"我睡了个懒觉起来"；如果V₂表示目的，"了₁"只出现在V₂之后，如"大家上街买了一些当地的土特产"，这是因为目的既已达到，那么为实现目的而进行的动作当然会先于目的的实现而实现；如果V₁表示方式、工具、手段、原因等，"了₁"只出现在V₂之后，如"我们从坝顶乘电梯下了大坝"，这是因为V₁＋O₁的作用只相当于一个状语；如果V₂表示结果，"了₁"一般出现在V₁之后，如"老师傅听了哈哈大笑"。据作者统计，119个带

"了₁"的句子中，"了₁"出现在 V₁ 之后的共有 27 句，出现在 V₂ 之后的共有 92 句。

赵淑华的研究重在描写概括，由于语料的限制，所得出的结论反映的只能是一种倾向性。正如作者所说的，有这样的情况，即在同一个句子里，既可以把"了₁"放在 V₁ 之后，也可以放在 V₂ 之后。例如：

（114）a. 他脱掉了鞋子走进来。　　　　= b. 他脱掉鞋子走了进来。

（115）a. 他找了个干净的地方放下行李。= b. 他找个干净的地方放下了行李。

实际上，当"了₁"既可以位于 V₁ 之后，也可以位于 V₂ 之后，基本语义保持不变的话，那么这种情况下，"了₁"也可以同时出现在 V₁ 和 V₂ 之后。如前例（114）、（115）分别可以变换成（116）、（117）：

（116）他脱掉了鞋子走了进来。

（117）他找了个干净的地方放下了行李。

这种情况下，V₁ 和 V₂ 之后的两个"了₁"之间在标记功能上是互为羡余的。

现在有两个问题：

第一，在句子合乎语感（合格句子）的前提下，哪些类型的连动式可能出现"了₁"共现，体标记功能互为羡余的情况，哪些类型的连动式一般不会同时出现两个"了₁"？

测试结果表明，如果 V₁ 和 V₂ 之间表示较单纯的先后动作，之间又无明显的方式（包括工具、手段）与目的、原因与结果等关系，最有可能会出现多个"了₁"共现的情况，不过前提是整个事件是已然的实现。如例（116）、（117）。又如：

（118）我到了楼下打了个电话给他。

（119）他从口袋里掏出了一封信递给了老师。

（120）他抓了一条鱼放进了桶里。

当然，如果表达的是未然的先后关系或一般规律，只说明 V_2 的发生紧接在 V_1 实现后，那么"了₁"只能位于 V_1 之后。例如：

（121）你到了北京打个电话给我。
（122）他每天在家吃了早饭去上班。

相反，如果 V_1 和 V_2 之间有明显的方式（包括工具、手段）与目的、原因与结果等关系，那么连动式不会同时出现两个"了₁"。"了₁"所附着的动词语往往是谓语的信息重心。例如：

（123）a. 他们来问了几道数学题。　　＊b. 他们来了问了几道数学题。
（124）a. 他做生意赚了几个钱。　　＊b. 他做了生意赚了几个钱。

第二，如果同一个连动式，"了₁"既可以出现在 V_1 之后（简称 A 型），也可以出现在 V_2 之后（简称 B 型），还可以同时出现在 V_1 和 V_2 之后（简称 C 型），且保持基本语义不变，那么 A 型、B 型、C 型之间到底有什么不同？

我们再看下面的例子：

（125）a. 他脱掉了鞋子走进来。（A 型）
　　　　b. 他脱掉鞋子走了进来。（B 型）
　　　　c. 他脱掉了鞋子走了进来。（C 型）
（126）a. 他找了个干净的地方放下行李。（A 型）
　　　　b. 他找个干净的地方放下了行李。（B 型）
　　　　c. 他找了个干净的地方放下了行李。（C 型）

从例（125）、（126）能够看出，A 型的信息重心在 V_1，B 型的信息重心在 V_2，C 型中 V_1 和 V_2 之间的地位是对等的。

陈忠（2006：537、554）则从"界限"说的角度分析了"了"的不同分布对各自句子语用义的影响。"'了'通过在句子当中的不同分布位置，表现成分之间结构关系的紧密程度、界限的强弱程度。""了"在句子当中所具备的语用功能，"可以凸显所在区域的信息重心，提高所在区域的信息量"，"动词后的'了'凸显动词的时间界限信息，增加动词的信息量"。作者所举的例子如下：

（127）a. 他昨天请了几个朋友来家里喝酒。（凸显"请"，"请"的受事情状信息量高）

　　　　　b. 他昨天请朋友来家里喝了点酒。（凸显"喝"，"喝"的受事情状信息量高）

我们认为，"了₁"所在区域的符号信息量的增加，正是显示了其信息重心的地位。

其实，第二个问题与第一个问题相关，也可以看作同一个问题的两个方面。第一个问题说明几个"了₁"共现的可能性与连动式的类型有关，并说明了"了₁"出现的不同位置与不同类型的连动式所表现的信息重心有关。第二个问题则正是说明几个"了₁"共现，以及"了₁"出现在不同位置，对连动式内部的信息重心会产生一定的影响。

C型句中的几个"了₁"之间在基本功能（体标记功能）上是互为羡余的。不过，考虑到C型句中，其中一个"了₁"的隐现，虽然未影响到句子的合法性和基本语义的表达，但对句子的语用义（连动式内部的信息重心）产生一定的影响，因此，我们认为C型句中的两个"了₁"只能属于基本功能互为羡余，从严格意义上看，都不是句中真正的羡余成分。

需要说明的是，除了连动式，我们还考察了其他多动词语结构，包括兼语式、宾语是谓词性成分的动宾式、重动式等。因为兼语式和动宾式都是一种套叠格式，动词语之间的关系非常紧密，也可以看作一个动词语，其中的"了₁"出现的位置也相对固定，基本不同时出现两个"了₁"的情况，而重动式内部又有不同的小类，不同的小类中，"了₁"出现的位置也相对固定，也基本不同时出现两个"了₁"的情况。因此，对于上述这些格式我们不再展开详细讨论。

第五节　结语

综上，"了₁"是功能比较单纯的"实现体"标记，"了₂"源于近代汉语的"了$_1$+也",是兼有"实现体"标记功能的句末语气词,因此"了$_2$"蕴涵了"了$_1$"的功能。但两者的区别也是明显的:"了$_2$"因具有"申明"语气功能,从而具有了"现时相关性",对言语情景发生了某种联系或产生了某种影响。这使得在一定条件下,"了$_2$"的有无会影响到句子的语义表达。正因为如此,以往的研究更多地关注"了$_1$"和"了$_2$"的异质性,而忽视了两者在体标记功能上的同质性。

此外,"了$_1$"能否因"了$_2$"而省略是有条件限制的。连动式中几个"了$_1$"能否共现,以及"了$_1$"出现的不同位置,也都是有理据可循的。虽然句中"了$_1$"、"了$_2$"或者多个"了$_1$"共现的情况下,会出现"了$_1$"体标记功能羡余的现象,但它是不是句中真正的羡余成分,要视具体情况来定。

第八章 "已经"的"实现体"标记功能羡余研究

第一节 关于"已经"的体标记功能

一般认为,"已经"(包括其简式"已")是具有"实现体"标记功能的时间副词。根据前述,所谓的"实现体",是指相对于某个参照时间来说,句子所表达的事件处于已经实现的状态。杨国文(2001)明确地将"已经"归为表示"实现"的有标记形式。陆俭明、马真(1999)将"已经"归为"已然态",他们对"已然态"的定义是:"表示某行为动作或情况在说话之前,或者在某一特定时间之前,或者在另一行为动作或情况之前进行、完成或发生、存在了。"不难发现,所谓的"已然态"与我们对"实现体"定义具有一致的内核。也因此,学者多将"已经"和"了"放在一起,来研究它们组配同现的时体意义。即使不从时体角度考察,而是从"界限"特征角度考察,也是认为"'已经'都与'了'相容,二者无条件同现,构成'已经……了'结构"(参见陈忠 2006:439)。

既然"已经"与"了"都具有"实现体"标记功能。那么从理论上讲,当"已经"与"了"组配在一起的时候,会出现体标记功能的羡余,彼此因为另一方的存在而省略是不影响句子的体意义的表达。但是否会在语义或语用上对句子产生影响呢?

"已经"和"了$_1$"、"了$_2$"虽然同为"实现体"标记词,但它们的句法位置不同。其中,"已经"是时间副词,处于谓词前位,它是通过作用于整个谓语部分来完成对事件状态的标记;"了$_1$"是表体助词,处于谓词末位,它是直接作用于谓词来完成对事件状态的标记;"了$_2$"是具有体标记功能的语气词,处于句子末位,它是通过作用于整个句子来完成对事件状态的标记。因为三者位置不同，因而语法化程度不一，功能并不完全一致。根据前述，表体助词"了₁"是功能比较单纯的体标记，其虚化程度最高；"了₂"与"了₁""之间有一部分是同源的"，即当"了₁"位于句末，与近代白话表申述语气的句末语气词"也"融合之后，形成了专门用以申述事实的语气词"了₂"，即"了也"合音是今天句末语气词"了₂"的来源，因而"了₂"是具有体标记功能的句末语气词。因"了₂"具有"申明/确认"的语气功能，从而具有了"现时相关性"；时间副词"已经"附带有强调的语气功能①，实际上也具备了类似"了₂"的"现时相关性"。因此，它们之间的各种组配，会在语义和语用上产生种种差异。

前面第七章已经讨论过"了₁"和"了₂"，以及多个"了₁"之间的共现问题。本章主要考察"已经"与"了₁"、"了₂"之间，以及"已经"与"都"之间的共现情况。② 然后，从宏观上对时间副词的扩容功能和强调功能展开研究。

第二节 "已经"与"了₁"的体标记功能羡余研究

我们首先考察"已经"与"了₁"之间的共现与互隐对句子的影响。

一 "已经"的隐现对句子的影响

"已经"隐现的情况如下：

（1）a. 这本书我已经看了一半。
　　≠b. 这本书我看了一半。

（2）a. 我已经在北京住了两年。
　　≠b. 我在北京住了两年。

（3）a. 我已经到了你家楼下。

---

① 参见杨永龙《"已经"的初见时代及成词过程》，《中国语文》2002 年第 1 期。

② 事实上，跟"已经"、"都"体标记功能相仿的时间副词还有"业已"、"业经"、"终于"，它们都具有"实现体"的标记功能。但"业已"、"业经"、"终于"三者对"时"都有一定的限制，属于定时时间副词，同时，它们具有较强的书面语色彩。此外，"终于"还具有较强的情态功能，多用于希望达到的结果。限于篇幅，我们暂不一一展开讨论。

$?$ b. 我到了你家楼下。

(4) a. 我已经吃完了饭。

$?$ b. 我吃完了饭。

(5) a. 我国已经在全面建设小康社会道路上迈出了新的步伐。

$=$ b. 我国在全面建设小康社会道路上迈出了新的步伐。

(6) a. 上级部门已经批准了建设市政府政务大楼方案。

$=$ b. 上级部门批准了建设市政府政务大楼方案。

很显然，例（1）、（2）a 中的"已经"省略后，句子的基本语义有所变化；例（3）、（4）a 中的"已经"省略后，句子不能自足，可接受度较低；例（5）、（6）a 中的"已经"省略后，没有影响句子的自足，句子的基本语义也没有变化。例（1）—（6）的六组句子何以会出现这些差别呢？我们试图对此作出说明。

"已经"是具有"实现体"标记功能的时间副词，它位于谓词前位，是通过右向作用于整个 VP 来完成对事件的时态表达。作为"右向"成分，"已经"附带有强调的语气功能。杨永龙（2002）认为，现代汉语中，"已经+时量（时段）"表示时间延续的长度，可用于强调时间很长，如"已经三年丨已经十个月丨已经三小时丨已经一小时二十分"；"已经+时位（时点）"表示时间所处的位置，可用于强调时间很晚，如"已经三岁丨已经十月份丨已经三点钟丨已经一点二十分"。我们赞同这一观点。杨文所说的"强调"语气，正是由"已经"传达出来的。而句子一旦赋予强调的语气，即表明说话人认为，对听话人来说，这是一个新信息、新情况。而报道、申明这种新信息、新情况，实际上也就具备了一种类似于"了₂"的"现时相关性"，即"已经"包含着某种提示性信息，暗示着动作行为对现在（言语情景）的影响。其中：例（1）、（2）a 中动词后的宾语"一半"、"两年"具有［+顺序义］，且这个词语自身又非"终结点"，在无特殊说明动作行为中止时，句子所反映的动作行为还将继续进行，如果缺少"已经"，只是对实现了的动作行为加以说明，该动作行为是封闭的和终止了的；例（3）、（4）a 出现在口语中，对言语情景的联系相当紧密，如果缺少"已经"，在语气上似乎不完整，因而句子不能自足，可接受度较低；例（5）、（6）a 出现在书面语中，其对言语情景的联系可松可紧，并且，其中的"迈出"、"批准"所反映的动作行为一定是封闭和终止了的,因此即使省略"已经",基本语义仍然一致,也不影响句子的自足。不过,例(5)、(6)a 和 b 在语气上还是有一些差别,前者具有强调的语气,从而与言语情景具有更为紧密的联系。

因此,尽管"已经+了₁"中"已经"的体标记功能羡余,但总的来看,"已经"并不属于句中真正的羡余成分。只有类似例(5)、(6)a 的情况,才能认为其中的"已经"在句中属于基本功能羡余。

二 "了₁"的隐现对句子的影响

"了₁"隐现的情况如下①:

(7) a. 这本书我已经看了一半。

? b. 这本书我已经看一半。

(8) a. 我已经在北京住了两年。

? b. 我已经在北京住两年。

(9) a. 我已经到了你家楼下。

=b. 我已经到你家楼下。

(10) a. 我已经吃完了米饭。

=b. 我已经吃完米饭。

(11) a. 我国已经在全面建设小康社会道路上迈出了新的步伐。

=b. 我国已经在全面建设小康社会道路上迈出新的步伐。

(12) a. 上级部门已经批准了建设市政府政务大楼方案。

=b. 上级部门已经批准建设市政府政务大楼方案。

例(7)、(8)a 中的"了₁"省略后,句子的基本语义没有改变,但句子的可接受度偏低;例(9)—(12)a 中省略了"了₁"后,可接受度仍然很高。根据前述,表体助词"了₁"是功能比较单纯的"实现体"标记,副词"已经"是附带有强调语气功能的"实现体"标记。按理,"已经"的功能蕴含了"了₁"的体标记功能,"了₁"省略后是不影响句子基本语义的,最有力的证据便是例(9)—(12)省略了"了₁"后,

---

① 我们有意使用那些没有"了₂"的句子,以使"已经"和"了₁"之间的功能关系看得更加清楚。

可接受度照样很高。这样看来，例（7）、（8）b的可接受度低不是因为"了₁"的体标记功能缺失造成的，而是由于其他因素造成的。

前面讲过，在体标记的选择使用上，人们倾向于使用那些紧贴动词虚化程度更高的形式（如"着"、"了"、"过"）。因而，要表达"实现体"，"了₁"的使用应该是一种常态。如果同时还需要强调、体现一种"现时相关性"，那么从理论上讲，在典型的书面语中，"已经+了₁"应该是常态，在典型的口语中，"了₁+了₂"应该是常态。不过，既然"已经"、"了₂"的基本功能都蕴涵了"了₁"的功能，那么根据语言经济原则，"了₁"是可以省略的。因而，如果要体现一种"现时相关性"，在典型的书面语中，"已经"独用应该是常态，在典型的口语中，"了₂"独用应该是常态。而这也正好符合我们对实际语料的统计结果（参见本章附表）。不过，我们发现，要使"已经"独用而又具有较高的可接受度，VP至少需要符合以下两个条件中的一个：

1. VP本身具有［+结果］或［+趋向］语义特征。比如例（9）—（12）的VP分别是"到"、"吃完"、"迈出"、"批准"，句中省略"了₁"，不影响句子的可接受度。这主要是因为这些具有［+结果］或［+趋向］语义特征的VP本身表现了一种状态，因而具备了一种类似于"体"的标记功能。杨国文（2001）也有基本相同的看法。作者认为，动词与"着（zhao）"、"到"、"见"、"完"、"过"等这类补语结合构成的动补结构，包括与具有状态意义的一部分普通结果补语和趋向补语结合而构成的动补结构（如"打翻"、"拿出来"），可以单独使用"已经"。"无明确结果"（指未使用具有状态意义的结果补语的情况）时，不能单独使用"已经"，而是使用"已经……了"的搭配形式。又如：

（13）我已经做完两道题。

（14）他已经想到这些细节。

（15）我们已经登上两个坡。

（16）我已经把书放在他的桌上。

（17）我已经看见他们。

（18）周杰伦昨天已经抵达上海。

（19）这篇论文我已经完成一半。

（20）人口与计划生育工作已经取得新进展。

2. V 为双音节动词。我们把可接受度较低的例（7）、（8）b 中的单音节动词"看"、"住"改为双音节动词"阅读"、"居住"后，句子的可接受度明显提高。这个变化显然与节律有关。又如：

（21）a. 这条鲨鱼已经吞食两条小鱼。

　　? b. 这条鲨鱼已经吃两条小鱼。

（22）a. 这篇课文我已经朗读三遍。

　　? b. 这篇课文我已经念三遍。

正是因为"已经"单独使用有上述两个条件的限制，因而"已经 + 了$_1$"还会有一定数量的存在。

类似例（9）—（20），以及例（21）、（22）a 的句子可使用也可以不使用"了$_1$"，但在用与不用之间，语用功能上也存在着微殊。张旺熹（1999：39—52）曾把"动补 + 了"和"动补—了"结构，放在语篇中，从焦点、视点（包括瞬时叙述和概括地静态叙述）、语气连贯性等角度进行过比较研究。这方面我们不再赘述。考虑到这些语用上的差异，我们认为，在这些"已经 + 了$_1$"的例子中，"了$_1$"尽管在体标记功能上羡余了，但在句子中其功能并非完全羡余，而只能属于基本功能羡余。

三 "已经"的焦点标记功能

值得一提的是，"已经"是具有一定"强调"语气功能的时间副词，其辖域内的成分一定是句子的信息中心（语义焦点），否则不能使用"已经"，只能使用"了$_1$"来标记"实现体"。例如：

（23）a. 你吃了饭过来一下。

　　* b. 你已经吃了饭过来一下。

（24）a. 他上了大学后便开始沉迷于网络。

　　* b. 他已经上了大学后便开始沉迷于网络。

（25）a. 明天你到了，我们都出发了！

　　* b. 明天你已经到了，我们都出发了！

（26）a. 我的确是吃了饭再过来的。

　　= b. 我的确是已经吃了饭再过来的。

（27）a. 他是上了大学以后才开始沉迷网络的。

　　　＝b. 他是已经上了大学以后才开始沉迷网络的。

（28）a. 明天我们出发的时候，你一定到了！

　　　＝b. 明天我们出发的时候，你一定已经到了！

例（23）—（25）b 不能使用"已经"，正是因为其辖域内的成分不是句子的语义焦点。例（26）—（28）b 能使用"已经"，正是因为其辖域内的成分是句子的语义焦点。

第三节　"已经"与"了₂"的体标记功能羡余研究

我们接着考察"已经"与"了₂"之间的共现与互隐对句子的影响。

一　"已经"的隐现对句子的影响

"已经"隐现的情况如下：

（29）a. 我已经写了回信了。　　　＝b. 我写了回信了。

（30）a. 我昨天已经买了车票了。　＝b. 我昨天买了车票了。

（31）a. 这篇课文我已经朗读三遍了。　＝b. 这篇课文我朗读三遍了。

（32）a. 我已经在北京住了两年了。　＝b. 我在北京住了两年了。

（33）a. 他昨天已经离开上海了。　＝b. 他昨天离开上海了。

显然，例（29）—（33）a 中的"已经"省略后，没有影响句子的自足，句子的基本语义也没有变化，只是在语气上有一些微殊。"已经"附带有强调的语气功能，"了₂"也兼有"申明/确认"的语气功能。因此，"已经"和"了₂"共现，与"了₂"单独出现的差别就在于语气的强弱不同，共现时其"申明/确认"语气相对更强一些。

不过，"啦"（"了₂＋啊"）也能起到增强语气的作用。因此，我们发现在实际语料中（包括书面语和口语），"已经"和"了₂"二者共现的频率是很低的（"已经"和"了₁"、"了₂"三者共现的情况更是极少）。并且，在口语文献中，"已经"和"了₂"两者共现的频率甚至远低于"啦"的使用频率（参见本章附表），这跟语言经济原则是有一定关系的。

二 "了₂"的隐现对句子的影响

"了₂"隐现的情况如下：

（34）a. 我已经写了回信了。　　　　　= b. 我已经写了回信。

（35）a. 我昨天已经买了车票了。　　　= b. 我昨天已经买了
车票。

（36）a. 这篇课文我已经朗读三遍了。　= b. 这篇课文我已经
朗读三遍。

（37）a. 我已经在北京住了两年了。　　= b. 我已经在北京住
了两年。

（38）a. 他昨天已经离开上海了。　　　= b. 他昨天已经离开
上海。

同样，例（34）—（38）中的"了₂"省略后，没有影响句子的自足，句子的基本语义也没有变化。"已经"和"了₂"共现，与"已经"单独出现的差别也只是在于"申明/确认"语气的强弱不同。这是可以理解的，因为句末语气词在句中的作用，只是用来强化语气，而句子语气的表达并非专由语气词来承担。当句中的"了₂"省略之后，"已经"承担了类似的"申明"语气功能，使得句子仍具备"现时相关性"，同样使得事件对言语情景发生了某种联系或产生了某种影响。所以，正如"了₂"的隐现有时会影响到句子基本语义的表达（参见第七章第三节"一"），"已经"的隐现有时也会影响到句子的基本语义，如"我已经在北京住了两年"，如果去掉其中的"已经"，句子的语义就有所改变，这也正是"已经"所具有的"现时相关性"所带来的结果。如果不承认"已经"所具有的"现时相关性"，就没法解释这一点。

这样看来，"已经"和"了₂"在基本功能上是互为羡余的。不过，我们发现，"了₂"省略，"已经"单独出现，有时也会影响句子的自足。

但这不是因为"了$_2$"的基本功能缺失造成的，而是因为受其他因素影响造成的。

1. 受节律的制约。杨永龙（2002）认为，现代汉语中，"已经"不能出现在光杆的单音节动词、形容词之前。例如：

（39）a. 他昨天已经走了。

　　　 b. 他昨天已经离开。

　　　＊c. 他昨天已经走。

（40）a. 先生已经老了。

　　　 b. 先生已经苍老。

　　　＊c. 先生已经老。

（41）a. 这本书他已经读了。

　　　 b. 这本书他已经阅读。

　　　＊c. 这本书他已经读。

显然，"已经走"、"已经老"和"已经读"之所以不自足，主要就是受节律因素的制约。

2. 受语体的制约。不同语体中表达同一意思的句子对"了$_2$"隐现的要求是不同的。比如：

（42）我们学校已经成立100周年了！（口语）

（43）本校已经成立100周年！（书面语）

例（42）是口语，在句末加上"了$_2$"语气上更加自然些；但是，例（43）又确实以不加句末"了$_2$"更为贴切。

根据前面（第七章第三节"二"）所述，典型的书面语材料，极少使用"了$_2$"，典型的口语材料，"了$_1$"和"了$_2$"都使用，但"了$_2$"使用频次明显高于"了$_1$"。由此可见，"了$_2$"的使用情况跟语体的关系是十分密切的。[①] 这是可以解释的，书面语中的句子是一种非交流句，其对言

---

① 近代汉语中，"了$_2$"的前身——句末的"了也"，也基本出现在对话（口语）中，如："和尚云：'送师兄去来?'对曰：'送了也。'"

语情景的联系本来就不如口语那么紧密。

书面语中倾向不使用"了₂"不等于书面语的句子中不存在"申明/确认"的语气功能和"现时相关性",而是"了₂"的这种功能可由"已经"来承担。根据我们的统计(参见本章附表),在书面语中,"了₂"很少出现,"已经"却较多地单独出现;在口语中,"了₂"大量出现,"已经"却很少单独出现。可见,"已经"与"了₂"在语体功能上具有比较明显的互补性(但这又只是一种倾向性,而不具有绝对的界限)。下面再举几个在历年国务院《政府工作报告》中所出现的"已经"独用的例子:

(44)今年是实现这个目标的关键一年。国有企业改革的思路和方针政策已经明确。(1999)

(45)现在,中央关于改革和发展的大政方针已经明确,一些重要的法律、法规也已颁布。(2000)

(46)人均国民生产总值比1980年翻两番的任务,已经超额完成。(2001)

(47)本届政府履行职责已经一年。(2004)

三 几种比较特殊的情况

以下几种情况较为特殊,需要注意。

1. 有的"形容词+了₂"中的"了₂"凸显的是它的"申明/确认"的语气功能,而"实现体"标记功能则已淡化,相当于一个比较纯粹的语气词。这时,"已经"是不能跟"了₂"组配在一起的,即只能使用"了₂",不能使用"已经"①,否则,句子不合法或语义发生明显变化。例如:

(48)a. 这出戏可好了! ≠b. 这出戏已经可好了!

---

① 这主要是因为"了₂"本身具有"了₁+也"的功能,即兼有体标记功能和语气功能,可以称为"兼有实现体标记功能的语气词"。"已经"是具有实现体标记功能的时间副词,其所表现出来的强调语气,只是其作为"左向"的时间副词所附带产生的。

(49) a. 这双鞋太小了。   ≠b. 这双鞋已经太小了。
(50) a. 这个办法最好了。   ≠b. 这个办法已经最好了。

例（48）—（50）a 的句末"了₂"甚至可以省略或使用其他语气手段而不影响基本语义：

(51) 这出戏真好（哇）！
(52) 这双鞋太小（哇）！
(53) 这个办法最好（哇）！

由此可见，例（48）—（50）a 的句末"了₂"与"树叶红了"、"她变漂亮了"等句子中的"了₂"有明显的差别，后者的"实现体"标记功能是明显的，因而是无法被省略的。

2. 还有学者认为下面两种情况，"了₂"是纯表语气的。

第一，在表示催促、提醒的句子中。例如：

(54) 小明，吃饭了！
(55) 各位安静，上课了！
(56) 该出发了！

第二，在祈使句中。例如：

(57) 你帮我把这封信寄了。
(58) 咱得把这杯酒干了！
(59) 你把那扇门开了。

我们认为上述两种情况中的"了₂"还具有"实现体"的标记功能。第一种情况，可以理解为"到～时间了"或"已经可以～了"或"已经该～了"，所以例（54）—（56）还可以进行如下变换：

(60) 小明，可以吃饭了！
(61) 各位安静，已经到上课时间了！

（62）已经该出发了！

第二种情况，是要求别人实现某种行为，这个句末"了₂"的体标记功能倒是更主要的，因此，与其说它是"了₂"，不如认为它是单纯的体标记"了₁"，因为句子中不需要"申明/确认"的语气，而是祈使。因此，例（60）—（62）的三个句子可以进行如下变换而基本语义不变。

（63）你帮我把这封信寄掉。
（64）咱得把这杯酒干完！
（65）你把那扇门开开来。

因为时间副词"已经"附带有强调和"申明/确认"的语气功能，因此，类似例（57）—（59）、例（63）—（65）表示祈使语气的句子中也是不能加上"已经"的，否则句子不合法。

这样看来，虽然句子末位的"了₂"在绝大多数情况下兼有体标记功能和"申明/确认"的语气功能，但也可能出现凸显体标记功能（近于单纯体标记"了₁"的功能）或者出现凸显语气功能（近于一个单纯语气词的功能）这样两种比较特殊的情况。

第四节 "已经"与"都"的体标记功能羡余研究

一 "已经"与"都"的共性与个性

具有"实现体"标记功能的不定时时间副词，除了"已经"之外，还有一个"都"。

一般认为，"都"是一个多功能副词，除了表体之外，还可表示总括（如"全家都搞文艺工作"），表示强调语气（如"连这么重的病都给治好了"）。本节只涉及"都"的体标记用法。

因为"已经"与"都"具有相同的"实现体"标记功能，所以"已经"常常可以用"都"替换而基本语义保持不变。例如：

（66）a. 现在已经十二点了，还不睡！　=b. 现在都 12 点了，还不睡！

（67）a. 饭已经凉了，快吃吧！　=b. 饭都凉了，快吃吧！

（68）a. 明年这个时候，我已经毕业了。　=b. 明年这个时候，我都毕业了。

（69）a. 我们赶到时，他早已经离开了。　=b. 我们赶到时，他早都离开了。

当"已经"与"都"可以互换时，它们也可以连用共现，基本语义仍然保持不变。连用的顺序基本上都是"都 + 已经"而不是相反。如前例（66）—（69）可以变换成如下句子：

（70）现在都已经十二点了，还不睡！

（71）饭都已经凉了，快吃吧。

（72）明年这个时候，我都已经毕业了。

（73）我们赶到时，他早都已经离开了。

不过，同为"实现体"标记词，"已经"的应用范围远比"都"广泛，能够用"都"的句子，几乎都能替换为"已经"，而使用"已经"的句子则不一定可以替换为"都"。郭春贵（1997）对时间副词"已经"和"都"的使用次数作过抽样统计，结果如表 8 - 1 所示：

表 8 - 1

调查材料	已经	都
《龙须沟·茶馆》（162 页）	33	4
《苏叔阳剧本选》（296 页）	35	15
《张杰小说剧本选》（263 页）	133	10
《肃反小说选》（304 页）	139	5

郭文认为，"都"带有浓厚的感情色彩，主要表示一种不满、惋惜、提醒或劝慰等感情色彩，类似一种语气副词。我们赞同这一看法。我们认为，因为时间副词"都"具有明显的感情色彩和强烈的"申明/确认"的

语气功能，加上"都"本身又是一个多功能副词，其使用会在以下几个方面受到限制。①

（一）语体受限

我们发现，使用时间副词"都"的语料均出自人物访谈录或小说、剧本中的人物对话，即"都"只能用于口语，用于现场的交流性语言，与言语情景的联系十分密切。以下两点能够很明显地看出"都"受语体的制约。

1. "都"不用能用于描写性、说明性、介绍性的非交流性语言。例如：

> （74）a. 资本主义经济在封建社会末期就已经产生。
> ＊b. 资本主义经济在封建社会末期就都产生。

2. "都"要与句末的"了₂"配合使用，而根据前述，"了₂"跟语体的关系十分密切，用于口语语体的倾向性十分明显。例如：

> （75）a. 他都成年了，有些事情你不能管得太多。
> ＊b. 他都成年，有些事情你不能管得太多。（他已经成年，有些事情你不能管得太多。）

与"了₂"配合使用，"都"的体标记功能是羡余的，"都"在句中主要体现其较为强烈的语气功能，目的是为了传达不满、惋惜、提醒或劝慰等感情。就这一点来看，"都"到底算不算一个真正的体标记确实值得进一步探讨。

（二）句类受限

时间副词"都"所在的句子（或小句）往往表达感叹语气，不能表达疑问语气，因而"都"一般不能用于疑问句。例如：

> （76）a. 饭都凉了，快吃吧！
> ＊b. 饭都凉了吗？快吃吧！（饭已经凉了吗？快吃吧！）

---

① 参见郭春贵《时间副词"已经"和"都"的异同》，《世界汉语教学》1997 年第 2 期。

（三）搭配受限

因为副词"都"还有表示总括的用法，为避免"都"产生歧义，时间副词"都"不宜用于主语是复数的句子里。例如：

（77）a. 他都成年了，有些事情你不能管得太多。（"都"是时间副词）

    ＊b. 他们都成年了，有些事情你不能管得太多。（"都"倾向理解为统括副词）

时间副词"都"也不能直接用于判断动词"是"的前面。例如：

（78）a. 现在都十二点了。

    ＊b. 现在都是十二点了。（现在都已经是十二点了。）

而时间副词"已经"则不存在以上几个方面的限制。因此，"都"能替换成"已经"，而"已经"不一定可以替换为"都"。

接下来主要考察"已经"与"都"之间的共现与互隐对句子的影响。

二 "已经"的隐现对句子的影响

"已经"隐现的情况如下：

（79）a. 现在都已经十二点了，还不睡！

    ＝b. 现在都十二点了，还不睡！

（80）a. 饭都已经凉了，快吃吧。

    ＝b. 饭都凉了，快吃吧。

（81）a. 明年这个时候，我都已经毕业了。

    ＝b. 明年这个时候，我都毕业了。

（82）a. 我们赶到时，他早都已经离开了。

    ＝b. 我们赶到时，他早都离开了。

显然，例（79）—（82）a 中的"已经"省略后，没有影响句子的合法性，句子的基本语义也没有变化，甚至在语气上也很难区分有什么变化。这是因为句子的"实现体"意义和"申明/确认"的语气功能均由句中的"都"和"了₂"共同体现了,加上句子所表现出来的不满、惋惜、提醒或劝慰等感情色彩本来就是由"都"传达出来的,与"已经"无关。因此,可以认为"已经"在此类句子中属于功能完全羡余。

三 "都"的隐现对句子的影响

"都"隐现的情况如下:

> (83) a. 现在都已经十二点了,还不睡!
> = b. 现在已经十二点了,还不睡!
>
> (84) a. 饭都已经凉了,快吃吧。
> = b. 饭已经凉了,快吃吧。
>
> (85) a. 明年这个时候,我都已经毕业了。
> = b. 明年这个时候,我已经毕业了。
>
> (86) a. 我们赶到时,他早都已经离开了。
> = b. 我们赶到时,他早已经离开了。

例(83)—(86)a中的"都"省略后,也没有影响句子的合法性,句子的基本语义也没有变化,但是在语气上有比较明显的差别。这是因为虽然句子的"实现体"意义和"申明/确认"的语气功能均由句中的"已经"和"了₂"共同体现了,但是"都"所表示的不满、惋惜、提醒或劝慰等感情色彩是"已经"和"了₂"所不具备的。因此,可以认为"都"在此类句子中,其功能并非完全羡余,只能属于基本功能羡余。

第五节 汉语时间副词的扩容功能和强调功能

根据前述,具有体标记功能的虚词主要包括:1. 谓语前位的时间副词,如"已经"、"曾经"、"正在"等,它们是通过右向作用于整个谓语部分来完成对事件状态的标记;2. 谓词末位的表体助词,如"了₁"、"过"、"着"等,它们语法化程度最高,是直接作用于谓词来完成对事件状态的标记;3. 句子末位兼有体标记功能的语气词"了₂"、"来着"、"来",它们是通过左向作用于整个句子来完成对事件状态的标记。

　　由于汉语的各种体意义大多还是由谓语前位的时间副词和谓词末位的表体助词来实现，加上句末位置的语气词"了₂"、"来着"、"来"本来就不是专职的体标记，因此本节主要从宏观上就谓语前位的时间副词和谓词末位的表体助词的功能差别展开讨论。论述过程也会涉及句末兼有体标记功能的语气词。

　　由于句位不同，表体助词与时间副词的功能有明显差别，主要体现在：时间副词具有句法上的扩容功能和表达上的强调功能。时间副词的扩容功能主要是指它允准蕴涵其他体标记，从而组配成一个复合态的功能。时间副词的强调功能则会对句子的语义或语用义产生影响。前人对时间副词的扩容功能和强调功能讨论甚少。本节将就此两种功能展开讨论。

一　时间副词的扩容功能

　　我们先看以下一组例子：

　　　　（87）a. 他曾经主持少儿节目。
　　　　　　　b. 他主持过少儿节目。
　　　　　　　c. 他曾经主持过少儿节目。

　　（87）a、b、c 都是合格句子，且基本语义相同。这说明，时间副词"曾经"和表体助词"过"具有相同的"经历体"标记功能，它们可以配套使用，也可以单独使用。

　　我们再看下面一组例子：

　　　　（88）a. 他曾经长期主持少儿节目。
　　　　　　 ＊b. 他长期主持过少儿节目。
　　　　　　 ＊c. 他曾经长期主持过少儿节目。

　　例（88）a 是合格的句子，而 b、c 是不合格的句子。这是因为时间副词"曾经"和表体助词"过"的辖域不同，前者作用于整个谓语部分，后者仅仅作用于谓语的中心动词。受辖域的影响，时间副词"曾经"具有蕴涵另一种体标记，从而组配成一个复合态的功能。

杨国文（2001）曾对汉语复合态在有限受控条件下的递归生成过程进行过系统描述，总结出了若干条规律，其中有一条规律是："完全态"与"非完全态"复合①，首先生成的应是"非完全态"，然后与"完全态"复合。② 因此，当经历体（一种"完全态"）与长持续体（一种"非完全态"）复合的时候，也应该是经历［长持续］，如例（88）a，而不可能是"长持续［经历］"，如例（88）b。至于例（88）c 不合格，仍然跟"过"的辖域有关，汉语中不可能有"经历［长持续〈经历〉］"这种复合态的递归形式。

同样，时间副词"已经"和表体助词"了₁"具有相同的"实现体"标记功能，它们可以配套使用，也可以单独使用。例如：

（89）a. 我已经看见他。

　　　b. 我看见了他。

　　　c. 我已经看见了他。

不过，同样受到辖域的影响，时间副词"已经"可以蕴涵另一种体标记，表体助词"了₁"不可以。例如：

（90）a. 他已经在做作业。

　　＊b. 他在做了作业。

　　＊c. 他已经在做了作业。

例（90）a 是合格的句子，"已经"和"在"所构成的复合态是"实现［进行］"，符合"完全态"与"非完全态"的复合规律。而 b、c 是

---

① "完全态"（perfective），也称"完整体"，包括"实现"、"经历"、"近经历"等；"非完全态"（imperfective），也称"未完整体"，包括"持续"、"进行"、"起始"、"继续"等。

② 这条规律是基于对语言事实进行分析后得出的。比如："〈一直在家〉来着"属于"近经历［长持续］"复合形式；"〈坐着〉来着"属于"近经历［持续］"复合形式；"已经〈在吃〉了"属于"实现［动作持续］"复合形式；"已经〈打起来〉了"属于"实现［起始］"复合形式。这些双态复合形式都是不可逆的，即不可能有"长持续［近经历］"、"持续［近经历］"、"动作持续［实现］"、"起始［实现］"这样的复合形式。

不合格的句子，因为汉语中不可能有"进行［实现］"这种复合态的递归形式。

当然，句子末位的兼有"实现体"标记功能的语气词"了₂"，是左向通过作用于整个句子来完成对事件状态的标记，因而它同样可以蕴涵其他的体标记，因此，若例（90）b、c 由"了₁"改为"了₂"，便又可以成为合格的句子了：

（91）a. 他在做作业了。
b. 他已经在做作业了。

也有学者可能会提出类似"一直等了三天"这样的例子作为反例。我们有必要对之加以深入讨论。

关于"一直等了三天"这一双态复合的生成过程，目前存在这样两种分析：第一种是语法学界一般的分析方法，认为"一直等了三天"这样的结构，其组合层次关系是"一直〈等了三天〉"。第二种分析方法，认为"一直等了三天"这样的结构，首先生成的是"一直等"，以表示事件在较长时段上延续，"了"＋时量补语（长时段）是对这种长持续状态的补充说明，即它内部的关系是"〈一直等〉了三天"。

如果持第一种观点，那么它就推翻了前面所提到的"完全态"与"非完全态"的复合规律："完全态"与"非完全态"复合，首先生成的应是"非完全态"，然后与"完全态"复合。就是说，"长持续"与"实现"的双态复合，其生成过程应该是"实现［长持续］"，即首先生成的是"长持续"这一种"非完全态"，然后与"实现"这一种"完全态"进行复合，而不能相反。

如果持第二种观点，不但与学界一般的分析方法产生了抵牾，而且最主要的是，否定了学界一般所认为的谓词末位（非句末位置）的体标记"了₁"，以及"着"、"过"均是作用于谓词本身来完成对事件状态的标记，从而认为类似"了₁"、"着"、"过"这样的表体助词，其辖域也可以扩展至整个谓语部分，同样具有蕴涵其他体标记的扩容功能。可是，这又与一般的语言事实是不相符合的，例（88）b、c 和例（90）b、c 均是不合格的句子也正好说明了这一点。

这样看来，上述两种分析方法确实陷入了两难境地。

我们的观点是"一直等了三天"这类"长持续"与"实现"的双态复合形式并不是递归的结果，而是两种简单态（处于两个语义结构中）整合的结果，即："一直等"+"等了三天"→"一直等（等）了三天"。沈家煊（2006）称这种现象为"噬同"（cannibalism），它属于"截搭"的一种，是把两个相邻而又相同的成分"吃掉"一个。这种现象在汉语中很普遍，例如"教育部长"（实为"教育部部长"），"留学生"（实为"留学学生"），"那个卖菜的筐子"（实为"那个卖菜的的筐子"）。

将"一直等了三天"这类"复合态"分析为"长持续"和"实现"两种简单态整合的结果，可以与语法形式上的层次分析完全脱离干系，因为这种复合态的生成本来就不是递归的结果。当然，语法上的层次分析将"一直等了三天"分析为"一直〈等了三天〉"也只是一种权宜之举。事实上，对语言结构进行层次分析，并不都是可以清晰地作出二分（即不都是递归的结果），例如兼语短语"你去叫小王过来"可以分析成"你去叫小王"+"小王过来"，其中的"小王"既属前，是"叫"的受动者，也属后，是"过来"的施动者，一身兼两职。

认为"一直等了三天"不是递归生成，还有一个直接的证据，即"一直等了三天"不可以再添加一个"实现体"标记词"已经"：

(92) ＊a. 已经〈一直等〉了三天
     ＊b. 一直〈已经等了〉三天

例（92）a 不可以接受，说明"一直等了三天"根本不是"实现［长持续］"这种递归方式复合生成；b 不可以接受，则说明"一直等了三天"也不是"长持续［实现］"这种递归方式复合生成。如果需要加上一个"已经"，那只能将"一直等了三天"分拆成两个结构（分属两个简单态），即"一直等，已经等了三天"。

既然"一直等了三天"这种复合态的生成不是递归的结果，那么它也就不能对我们所得出的结论构成反例，我们仍然可以坚持这个结论：时间副词具有蕴涵另一种体标记，从而组配成一个复合态的功能，而表体助词基本不具备这种扩容功能。这个语言事实，可以认为是跟时间副词和表体助词各自的辖域有关，也可以认为是跟汉语复合态的形成过程原本就是以左向扩展，右向递归为主有关①，而这一点也与汉语的多项修饰语和后面中心语的关系以右向递加式为主是一致的。

二　时间副词的强调功能

根据前述，时间副词"已经"附带有强调的语气功能，而句子一旦赋予强调的语气，即表明说话人认为，对听话人来说这是一个新信息、新情况。而报道、申明这种新信息、新情况，实际上也就具备了一种类似于"了₂"的"现时相关性"，即"已经"包含着某种提示性信息，暗示着动作行为对现在（言语情景）的影响。试比较：

（93）a. 我已经在上海住了三年。

　　　b. 我在上海住了三年。

（94）a. 孩子现在已经三岁。

　　　b. 孩子现在三岁。

例（93）、（94）a 与 b 之间在语气上的差别是明显的，这种差别甚至可能影响到句子意义的表达：例（93）a 所反映的动作行为还将继续进行（即继续在上海住下去），除非有终止动作行为的特别说明，而 b 只是对实现了的动作行为加以说明，该动作行为是封闭的和终止了的（即不再住在上海）；例（94）a 传达出"孩子比较大了"的暗含信息，而 b 是没有这层暗含信息的。

马真（2003）也指出："已经"强调句子所说的事情、情况在说话之前，或在某个行为动作之前，或在某个特定的时间之前就成为事实了，其影响与效应具有延续性和有效性。也正是因为"已经"具有一定强调的语气功能，其辖域内的成分一定是句子的信息中心（语义焦点），否则不能使用"已经"，只能使用"了₁"来标记"实现体"。（参见本章第二节"三"）

同样，根据前面（本章第四节"一"）所述，实现体标记词"都"

---

① 以下两种体标记除外：一是由句末语气词兼任的体标记，它们是左向作用于整个句子来完成对事件状态的标记；二是由动词后与动词关系紧密的趋向动词或个别补语成分（"完"、"好"等）充当的体标记，它们是左向作用于谓词来完成对事件状态的标示，它们的语法化程度比较高，功能已接近表体助词。

具有明显的感情色彩和强烈的"申明/确认"的语气功能,这就使得它与"已经"一样具有了强调和标记焦点功能,其强调功能甚至更为凸显。

事实上,不仅是"已经"和"都",其他的时间副词,如"曾经"、"正在"等,也都具有一定的强调功能。

马真(2003)在将"曾经"跟"已经"进行比较时指出,"曾经"强调句中所说的事情或情况是以往的一种经历,其影响与效应具有非延续性和非有效性。他认为,"已经"和"曾经"的重要差别(区别性特征)在于〔±延续性〕、〔±有效性〕,而与事件发生时间的远近、先后关系不大。我们赞同马真的观点。他所谓的"延续性"、"有效性"基本上等同于我们所说的"现时相关性"。尽管"曾经"只能用于说过去的事,但"已经"却没有时间上的限制,因此,当说过去的事时,"曾经"和"已经"都可以用,两者甚至都可以分别与"了₁"和"过"组配。例如:

(95) a. 三年前我曾经去过一次三亚。
     b. 三年前我曾经去了一次三亚。
     c. 三年前我已经去过一次三亚。
     d. 三年前我已经去了一次三亚。

杨国文(2001)总结出的汉语复合态递归生成的规律当中,还有一条规律是:两种简单态同属于"完全态"、"非完全态"、"将行态"中的一个子系统时,可以复合。因此,上述例(95)b、d分别属于"经历〔实现〕"、"实现〔经历〕"这两种常见的复合态形式(即"经历"和"实现"这两种"完全态"的复合)。而例(95)a、c则分别属于"经历"、"实现"这两种简单态。

例(95)a、b、c、d正好说明,"已经"、"曾经"最重要的差别并不是在于时间是过去还是现在,是从前的事还是最近的事,而是在于前者强调发生了的事件具有延续性或有效性,即与现在(言语情景)具有一定的相关性,后者强调发生了的事件不具有延续性或有效性,与言语情景的关系不密切。正如马真所说的,"曾经"主要强调句中所说的事情或者情况是以往的一种经历,往往含有"过去一度如此,现在不如此了"或"那是以前的事了,现在又当别论"这样的意思;"已经"往往含有"所说的事情在某个特定的时间之前就成为事实,其效应与影响一直作用于那

个特定时间之后"的意思。因此，例（95）a、b 暗含的信息是：我去过
三亚，但那是过去的事了；例（95）c、d 暗含的信息是：我去过三亚，
所以现在的一些想法或决定都可能与此有关。"已经"、"曾经"所具有的
这种强调功能，是表体助词"了₁"和"过"所不具备的。

　　此外，表体助词"着"和与之对应的同属"非完全态"范畴的时间
副词"正"、"在"、"正在"、"一直"等，具有大致相同的体标记功能，
因此"着"与这些时间副词之间经常相互组配。但是，时间副词内部在
体意义表达上的分工相对细致，各自都有侧重的内涵，都具有一定的强调
功能。吕叔湘（1999：672）对"正"、"在"、"正在"进行过比较，认
为三者"表示动作进行或状态持续的意思基本相同"，但"'正'着重指
时间，'在'着重指状态，'正在'既指时间又指状态"。至于"一直"，
我们则认为着重指量（主观大量）。"正"、"在"、"正在"、"一直"等各
自所强调的要素，表体助词"着"本身是无法独立体现的。由于学界已
经对时间副词"正"、"在"、"正在"以及表体助词"着"的功能差异有
较多的研究，本节不再赘述。

　　当然，本节对相关问题只是作了初步的研究，得出的结论还相对笼
统，很多问题值得进一步深入探讨。比如，时间副词的强调功能是如何产
生的？是否跟它们的虚化程度不高，尚存一定的词汇意义有关？时间副词
除了具有句法上的扩容功能、表达上的强调功能之外，还有哪些未被发现
的功能？汉语时间副词的扩容功能和强调功能是否具有类型学意义？其他
语言是如何在表达某种体意义的基础上蕴涵另一种体标记，从而组配成一
个复合态的？其他语言中是否也有一些体标记兼有强调等语用功能？等
等，都值得讨论。

第六节　结语

　　以往有的研究也涉及"已经"和"了"之间的组配，但往往语焉不
详，经常把"已经"、"了₁"、"了₂"三者之间发生的各种组配都纠缠在
一起，在下面几个问题上没有更深入地展开：第一，"已经"、"了₁"、
"了₂"三者之间到底有哪些共性和个性？第二，"已经"、"了₁"、"了₂"
三者之间所发生的各种组配，在功能上分别是怎样的一种重合关系？第
三，"已经"与"了₁"之间、"已经"与"了₂"之间、"了₁"和"了₂"

之间、"已经"、"了₁"、"了₂"三者之间、几个"了₁"之间发生的各种组配，以及"了₁"、"了₂"的独用在语义和语用功能上会产生怎样的差别？前面第七章加上本章的研究，主要就是针对上述几个问题进行了一些探讨。其中第一个问题是基本问题，第二、三个问题是最终的落脚点。

综合本章研究，"已经"和"了₁"、"了₂"都具有"实现体"标记功能，但三者句位不同，功能并不完全一致："了₁"是功能比较单纯的体标记；"了₂"兼有体标记功能和"申明/确认"的语气功能；"已经"是附带有强调语气功能的体标记。"已经"与"了₁"、"了₂"共现与互隐会出现比较复杂的情况，可能会影响到句子的可接受度或基本语义，也可能对句子的语用表达产生影响。因此，尽管"已经"与"了₁"、"了₂"共现，会出现体标记功能羡余，但它们并非句中真正的羡余成分。

"已经"与"了₁"共现，"已经"凸显了其强调的语气功能，从而使句子具有了一种"现时相关性"，"已经"的隐现往往会影响句子的基本语义和可接受度；尽管"已经"的功能蕴涵了"了₁"的体标记功能，但在体标记的选择使用上，一般倾向于使用紧贴动词虚化程度更高的形式"了₁"，因此"已经"独用会有一定的条件限制，一般要求 VP 本身具有［＋结果］或［＋趋向］语义特征，或者 V 为双音节动词。

"已经"与"了₂"共现，尽管多数情况下，两者的基本功能互为羡余，但任何一方的隐现会对"申明/确认"语气的强弱造成细微影响。此外，"已经"独用也会明显受到节律和语体的制约。

此外，除了"已经"之外，具有"实现体"标记功能的不定时时间副词，还有一个"都"。虽然"已经"与"都"之间共现，也会出现体标记功能的羡余，但是它们之间的互隐会对句子产生不同的影响。这是因为"已经"的"实现体"意义和"申明/确认"的语气功能均由句中的"都"和"了₂"共同蕴涵了，因而"已经"在句子中属于功能完全羡余。而"都"所表示的不满、惋惜、提醒或劝慰等感情色彩是"已经"和"了₂"所不具备的，因而"都"在句子中的功能并非完全羡余。

最后，本章从宏观上考察了谓语前位的时间副词与谓词末位的表体助词之间的功能差异。以往对时间副词的研究，更多的是对它们的体意义（时态功能），以及它们与表体助词的共性和组配关系作出细致的分析。我们更感兴趣的是，为什么汉语中表达实现、经历、持续等体意义时，除了在谓词末位有较为纯粹的语法标记"了₁"、"过"、"着"之外，在谓词前位甚至句子末位还有标记相同体意义的体标记呢？我们认为，任何一种语言形式和语法标记，都有自己独立的句法功能、语义功能或表达功能，因而也就不可能存在两个不同的语言形式和语法标记功能完全一致的情况。句子末位的体标记（如"了$_2$"、"来着"、"来"），它们首先是句末语气词，兼而具有体标记的功能，它们是通过作用于整个句子来完成对事件状态的标记，因而也往往具有句法上的完句功能，并且具有标明句子语气类别的功能。那么谓词前位的时间副词相对于表体助词又有哪些特有的功能呢？我们主要运用替换的方式，考察时间副词和表体助词各自单用或配合使用时在句法功能和语义上产生的差异，从而概括出时间副词特有的功能：句法上的扩容功能和表达上的强调功能。

　　总之，本章与前面第七章主要从共时平面功能羡余的角度出发，对几个"实现体"的标记成分进行了考察，虽然力求描写和解释尽量充分，但限于篇幅，很多细节问题还未能充分展开。特别是对历时情况、方言影响，以及一些非语言规则本身的因素，如个体的语言风格、篇章题材和体裁等，都未能涉及。我们也深深感到，要在一、二章内容中把与"实现体"相关的一些问题都谈透的确是做不到的，因而只能在我们所关注的层面进行一些剖析，作出一些说明和解释。

附　表

　　附表 1、附表 2 是实现体标记成分"已经"、"了$_1$"、"了$_2$"的各种组配形式，在一些典型的书面语文献和典型的口语文献中的出现次数的统计。

附表 1

书面语文献 / 形式	政府工作报告（2004—2012）	中共党代会报告（十六大—十八大）	人民日报（1995.09.04）	科技论文（5 篇）	总数
"了$_1$"独用	310	96	493	167	1066
已经 + 了$_1$	0	1	40	4	45
"已经"独用	26	6	78	51	161
"了$_2$"独用	1	2	45	1	49
已经 + 了$_2$	0	0	4	1	5

续表

书面语文献 形式	政府工作报告 (2004—2012)	中共党代会报告 (十六大—十八大)	人民日报 (1995.09.04)	科技论文 (5篇)	总数
$了_1 + 了_2$	0	0	0	0	0
已经 + $了_1 + 了_2$	0	0	0	0	0
文献字数	177721	84545	81066	45715	389047

附表2

口语文献 形式	话剧《茶馆》剧本	话剧《西望长安》剧本	话剧《方珍珠》剧本	小品剧本 (7部)	相声《百吹图》剧本	总数
"$了_1$"独用	136	258	232	113	6	745
已经 + $了_1$	8	11	7	0	0	26
"已经"独用	6	20	14	1	0	41
"$了_2$"独用	234（90）	247（28）	339（76）	208（7）	82（65）	1110（266）
已经 + $了_2$	4	7	4	7	0	22
$了_1 + 了_2$	5（4）	1	4（4）	3（1）	1（1）	14（10）
已经 + $了_1 + 了_2$	0	0	0	0	0	0
文献字数	31430	42113	40293	19861	3567	137264

对附表1、附表2的几点说明：

1. 我们对语料采取人工逐条统计归类的方式。因为我们的语料中并未对"$了_1$"、"$了_2$"及其他们所处的结构层次进行标注，在统计中还要排除非体标记的"了"、"啦"（如"受得了"等"×得了"格式中的"了"，"忘不了"等"×不了"格式中的"了"；"为了"、"除了"等介词中的"了"；"了解"、"了结"等动词中的"了"；"没完没了"、"叽里呱啦"等固定格式中的"了"、"啦"；"劲啦味啦的"等格式中表列举的"啦"等）。虽然经过复查尽量做到精确，但仍有可能存在个别差错。

2. 数据中，所有涉及"已经"的，都包括了其简式"已"，不再分列数据。

3. 当"了呢"、"了吗"、"了吧"、"了没有"、"了没有啊"、"了呀"、"了的"位于句末时，其中的"了"都统一处理成"$了_2$"。这种处理只是一种权宜之举，因为考虑到这种情况绝大多数出现于口语文献当中。

4. "了$_2$"的出现次数包括"啦"（即"了$_2$＋啊"的合音）在内。因为"了$_2$"和"啦"在语气强弱上有些差别，特在表中括号内再标出"啦"的出现次数。在我们统计的书面语文献中未出现"啦"。口语文献中，当"了$_1$"、"了$_2$"同现的时候，句末的"了$_2$"以"啦"的形式出现居多，以示与"了$_1$"的功能区分。

5. 我们并不是根据"已经"和"了"是否在一个小句中同时出现来确定它们的组配关系，而是从结构层次关系来分辨它们之间是否真正发生组配关系。

6. 附表 1 中的五篇科技论文分别是：《超高层建筑防雷设计研究》、《蒙库铁矿地质特征及成因探讨》、《关于电力电子技术与谐波抑制、无功功率补偿技术的研究》、《当前电信业热点技术综述以及未来发展趋势分析》、《对加强水利科技推广体系建设的回顾与展望》。

7. 7 部小品剧本分别是：《卖药》、《万能诊所》、《作弊记》、《女生宿舍门口》、《搞好英语》、《天堂地狱大比拼》、《考试疯云》。

8. 附表 1 显示《人民日报》中"了$_2$"有一定量的出现，主要有以下几个原因：一是有些报道为了煽情，采用了文学性较浓的语言形式，如："一转眼四年过去了，现在这两个村子怎么样了呢？""一场在党领导下的抗洪救灾重建家园的战斗打响了。"这些表达都有意识地融入了一种具有现时交流性的语言，目的是为了拉近与读者的心理距离，使读者身临其境，达到一种煽情的效果。二是直接引用告白或是心理的独白，而这些是纯粹的口语形式。因此，从这个角度来看，政论文比起新闻报道来，书面语语体色彩更为典型。从我们统计的数据来看，典型的书面语（非交流性的语言）在形式上不使用"了$_2$"，这个倾向性还是非常明显的。2004—2012 年的《政府工作报告》中，仅仅在 2010 年的《政府工作报告》中出现 1 例"了$_2$"，原文是："从财政收入看，上年一次性特殊增收措施没有或减少了，还要继续实施结构性减税政策，财政收入增长不会太快。"从整个句子的语气来看，仅有的这一个"了$_2$"其实还不算十分典型，完全可以略去。所统计的中共党代会报告中，仅仅在十七大报告中的两个连续的具有排比关系的句子中出现 2 例"了$_2$"，原文是："从农村到城市、从经济领域到其他各个领域，全面改革的进程势不可当地展开了；从沿海到沿江沿边，从东部到中西部，对外开放的大门毅然决然地打开了。"排比句本身语气比较强烈，具有一定抒情性，因而在两个排比句的末尾使用"了$_2$"也便在情理之中。

9. 附表2中的相声剧本是口语文献中比较极端的一种。表演者说话情绪非常高昂，矛盾冲突尖锐，常处于一种交锋状态，语气比较强烈，因而"啦"的使用频率相当高。

第九章　语义标记词用作语用标记的个案研究

第一节　副词"还是"的元语用法

我们先看下面的几个"还是"：

（1）我看还是去颐和园吧，十三陵太远。

（2）还是你来吧，我在家等你。

（3）想来想去，还是亲自去一趟的好。

（4）我看还是你来办理一下的好。

吕叔湘（1999：255）对例（1）—（4）中"还是"的解释是：表示经过比较、考虑，有所选择，用"还是"引出所选择的一项。

说这些"还是"是"引出所选择的一项"，这是形式上的描写，还未揭示出"还是"的真正功能。其中"还是"的有无不影响命题内容（真值条件意义）和句子的合法性，同时又具有较强的主观情态功能。①

我们认为，上述几个句子中的"还是"可以归结为"还是"的元语用法。

一　"还是"的元语用法

（一）元语与"还是"的元语用法

"元"（meta）概念最早用于现代逻辑学，后来逐步扩展到了许多相关领域。最简单的理解，"元 X"就是"关于 X 的 X"，比如，元认知（metacognition）是关于认知的认知，元科学（metascience）是研究科学

---

① 周娟（2005）也认为这种"非类同用法"的"还是"的功能"主要用来表示说话人或当事人比较思量后所形成的主观态度"。

本身特性的科学。语言学范畴内所谓的元语言（metalanguage），是指用来指称和描述语言的语言（Lyons，1977：10；Matthews，1997：223），其内涵与有些论著提到的元话语（metadiscourse）大体一致（Crismore，1989；成晓光，1999；李佐文，2001）。沈家煊（2009）指出："一个词语如果以引述的形式出现，引述的用意不在传递命题内容，而在表明说话人对所引述的话语的态度，它就是典型的元语。虚词的元语用法是虚词进一步虚化的表现。"

沈家煊（2001）探讨了副词"还"的元语增量用法。沈家煊（2009）又考察了"不"、"好"等副词，以及"因为"、"如果……就"、"虽然……但是"、"不但……而且"、"与其……不如"、"不过"等连词的元语用法。张谊生（2010）则从副词（主要是评注性副词）的标记作用、评价作用和关联作用三个方面，宏观地分析了副词的元语用法。

我们接下来专门就评注性副词"还是"的元语用法加以个案考察。①
试比较：

（5）a. 上回我们去颐和园，这回还是去颐和园吧。（"仍然"义，一般用法）

b. 甲：这回去颐和园还是十三陵？这两个地方咱都没有去过。

乙：我看这回还是去颐和园吧，十三陵太远。（元语用法）

（6）a. 虽然在城市生活了很多年，我还是喜欢农村的生活。（"仍然"义，一般用法）

b. 甲：你觉得住大城市好还是住农村好？

乙：论吃穿享受，住大城市合适，图清静省心，还是住农村好。（元语用法）

"还是"的元语用法便是：引出某种说法、想法、建议或主张，而引出的这种说法、想法、建议或主张是说话人或当事人经过比较、考虑的，

---

① 参见张谊生《现代汉语副词的性质、范围与分类》，《语言研究》2000 年第 2 期。作者将"还是"归为评注性副词。

如前例（1）—（4）。经过比较、考虑后作出选择，明显具有"非断然"的特点。因此，"还是"的元语用法表达的是主观上的"非断然"选择，往往起到舒缓语气的作用。试比较：

　　（7）a. 其他人说还是改了好，店主不会注意的。那人说既然店主不会注意何苦去改，反正无所谓。那三人笑着坚持说还是改过来。（王朔：《玩的就是心跳》）

　　　　b. 其他人说改了好，店主不会注意的。那人说既然店主不会注意何苦去改，反正无所谓。那三人笑着坚持说改过来。

　　（8）a. 副厂长赶紧附和"对对对，还是不知道的好，还是不知道的好"。（梁晓声：《疲惫的人》）

　　　　b. 副厂长赶紧附和"对对对，不知道的好，不知道的好"。

显然，例（7）a 中的"其他人"和例（8）a 中的"副厂长"在表达意见时的语气相对于例（7）b、（8）b 舒缓许多。

（二）元语"还是"的常见组配

元语用法的"还是"所处的句子，句末经常出现语气词"吧"，如前例（1）、（2）。"吧"在一定的语境中可以表示"揣测"、"犹豫不决"、"让步"等语气（吕叔湘，1999：57），这与元语"还是"所具有的"非断然"情态功能十分吻合。

句末也经常出现"好"、"的好"、"为好"，如前例（3）、（4）。又如：

　　（9）你情况知道得多，又主管这方面工作，还是你出席［的/为］好。（引自侯学超 1998：257）

　　（10）还是先去天安门［的/为］好，景山、故宫、天坛可在一天内游览完。（同上）

　　（11）我考虑来考虑去，觉得还是请沈老先题［的/为］好。（同上）

　　（12）我们认为，无论失业救济，无论医疗基金，无论危房改造，还是国家、企业、个人都负担一点［的/为］好。（同上）

其中又有两种情况：一种，"好"、"的好"、"为好"与"还是"共同引述主观上认为"非断然"的说法、建议。例如：

(13) 甲：你想打球还是下棋？
　　　乙：打球太热，还是下棋〔的／为〕好。

另一种，"好"、"的好"、"为好"本身就是被引述的内容。例如：

(14) 甲：你们认为北方好，还是南方好？
　　　乙：我看还是北方好，冬天有暖气。
　　　丙：我看还是南方好，热总比冷好受。

此外，元语用法的"还是"所处的句子，句首经常出现"我看"、"我们认为"等，如前例 (1)、(4)、(12)、(14)。

句首也经常出现"想来想去"、"考虑再三"、"想（了）想"等，显然，这些成分也与元语"还是"的"非断然"情态功能有密切关联，如前例 (3)、(11)。又如：

(15) 想来想去，还是回家乡工作的好。(引自张斌 2001：228)

(16) 他想来想去，觉得还是不说对了。（高嵩：《最后的时光》）

(17) 我们考虑再三，还是决定出专号。（王朔：《一点正经没有》）

(18) 我想了想，还是得告诉他们，"我给老邱的地址也是这个酒钻。"（王朔：《橡皮人》）

(三) 语境的制约作用

"还是"的元语用法是从非元语用法进一步虚化而来的，两者的界限并非泾渭分明。① 因此，有时候要辨别句子中的"还是"到底是元语用法

----

① 参见彭小川、胡玲《转折句中的"还是"》，《汉语学习》2009 年第 6 期。作者专门研究了"还是"从"延续义"到"选择义"的形成过程。

还是一般用法需要借助语境。例如：

> （19）甲：这回去颐和园还是十三陵？
>
> 　　　乙：还是去颐和园吧。
>
> （20）这位专家还是由小王联系吧。

例（19）中的"还是"在不同的语境中可能有两种不同的理解：一种表示"仍然"去之前去过的颐和园，这是"还是"的一般用法；另一种则是经过比较、考虑后接受"去颐和园"这种想法或建议，至于之前是否去过颐和园，并不重要。例（20）中的"还是"也可以作出两种理解：一种表示"仍然"由小王联系之前他联系过的这位专家，或者除了联系其他专家，"仍然"由小王接着联系这位专家，这两个意思都是"还是"的一般用法；另一种则表示经过比较、考虑后选择"由小王联系"这种想法或建议，至于小王是否是第一次联系这位专家，或者是否还联系其他专家，都不得而知。

二　元语"还是"的弱因果关联功能

（一）元语"还是"的因果关联功能

我们认为元语用法的"还是"兼有因果关联功能，这主要基于以下两点考虑：一是在复句中，元语"还是"所处的正句，通常与偏句构成因果关系[①]；二是有时偏句中出现关联词"因为"、"既然"等，而正句中只有"还是"与之呼应。例如：

> （21）因为这件事比较棘手，还是你来办理一下好。
>
> （22）因为后一种方案群众意见较大，还是用前一种方案好。
>
> （23）既然你这么了解情况，还是你去找有关部门谈一谈吧。

一般认为，"因为……所以"等"这些常配合使用的关联词语，如果出现前项，后项一般要出现，如果出现后项，前项则不一定非得出现"（张斌，2002：477）。例如：

---

① 但具有"仍然"义的一般用法的"还是"用于转折关系复句和因果关系复句都很常见。

（24）a.（因为）人的生命是以时间计算的，所以浪费时间就等于浪费生命。

　　　　？b. 因为人的生命是以时间计算的，浪费时间就等于浪费生命。

（25）a.（由于）路途太遥远，因而没能及时赶到。

　　　　？b. 由于路途太遥远，没能及时赶到。

既然例（21）—（23）的偏句中出现关联词语"因为"、"既然"等，按理正句中应该有一个与之呼应的因果关联词语。这样看来，这些例子的正句之所以未出现"所以"、"因而"等典型的因果关联词语，与其中元语用法的"还是"已经具有了因果关联功能有关。不过，"还是"如果不用于复句，不在复句的分句间起关联作用，就无所谓因果关联功能，即"还是"不是专职的因果关联词语。

（二）元语"还是"的弱因果关联功能

毋庸置疑，在因果关系复句中，元语用法的"还是"标记的是语义上的弱因果关系。所谓弱因果关系，是指原因与结果之间不存在必然性。这与"还是"所具有的"非断然"情态功能有着密切的关系。即由于某种原因选择的某种说法、想法、建议或主张，说话人主观上认为是相比较而言或非必然的。但是，语义关系与形式关系虽然密切相关却又有所不同，如果说话人想要在形式上凸显分句间语义上的因果相承性，也是可以同时使用因果关系强标记（"因为……所以"等专职的因果关系连词）。[1]例如：

（26）从粉碎"四人帮"至今，寄到北影外稿组的剧本，绝不下六七万之多。经过扶植最后拍摄或发表了的，不超过五个。所以我真希望许许多多在业余创作电影剧本的人，还是量力而行……（梁晓声：《京华见闻录》）

（27）而白雪思来想去，怕夏风若不回来，村人要知道是夏天智不让告诉他，或许不会怨他，但村人不知道的就会说夏风不孝顺了，

---

[1]　参见邢福义《汉语复句研究》，商务印书馆 2001 年版，第 31—37 页。作者曾专门研究了复句关系词语的显示、选示、转化和强化作用。

所以最后还是给夏风打了电话。(贾平凹:《秦腔》)

不过,我们随机抽样考察实际语料发现,元语用法的"还是"所处的因果关系复句在形式上使用因果关系强标记的情况并不多,即"还是"与专职的因果关系连词同现的概率比较小。用例统计情况见下表9-1:

表9-1

	因果关系复句	正句有其他因果连词		正句无其他因果连词	
		偏句有其他因果连词	偏句无其他因果连词	偏句有其他因果连词	偏句无其他因果连词
还是(元语用法)	300	4	8	9	279
		12		288	

我们认为,元语用法的"还是"所处的因果关系复句之所以在形式上较少使用因果关系强标记的原因有三个:一是,元语用法的"还是"本身表示的是语义上的弱因果关系,尽管可以在形式上使用因果关系强标记词,但多数情况下不必凸显;二是,主观上如果要突出原因与结果之间存在的必然性,可以将"还是"改为"当然",因为"当然"表达主观上的"断然"抉择(参见本节"三");三是,因果关系复句的分句间是一种"顺接"关系,据我们初步考察分析,"顺接"关系的复句相比较"转接"关系的复句,本来就较少使用关联词语。

"还是"所处的因果关系复句,最常见的形式是正句和偏句都没有其他的关联词语。例如:

(28)斜川呵呵笑道:"你即不是文纨小姐的'倾国倾城貌',又不是慎明先生的'多愁多病身',我劝你还是'有酒直须醉'罢。"(钱钟书:《围城》)

(29)老知青实在是吊儿郎当,他们坚定不移地唱坏歌,如"嫁给干部怕下放,嫁给军人怕打仗,还是嫁给油子哥,有吃又有喝"之类。(池莉:《怀念声名狼藉的日子》)

(30)"澄侯,你说团练办好,还是不办好?"

"我看还是办好,至少可以对付小股土匪、枪王。"(唐浩明:《曾国藩·血祭》)

（31）现在只有两个法子，第一个法子到银行里去透支一笔，第二个法子是零碎借去。不过第一着，怕碰钉子，还是实行第二着罢。（张恨水：《金粉世家》）

与一般的因果关系复句相比，元语用法的"还是"句，正句在前，偏句在后的比例很高，接近总数的一半，如前例（29）、（30）。又如：

（32）落座后，我说："沃克，我请你吃顿便饭吧。"沃克说："还是我请你，我比你有钱。"（梁晓声：《我的大学》）

（33）"天时、地利、人和，最要紧的还是人和，人和了，天时不好也好了，地利不利也利了。"（萧红：《呼兰河传》）

（34）有的说，让她出马就算了。有的说，还是不出马的好，年轻轻的就出马，这一辈子可得什么时候才能够到个头。（萧红：《呼兰河传》）

此外，正是因为元语用法的"还是"具有"非断然"情态功能，故选择任何一种说法、想法、建议或主张等，在说话人看来都具有一定的可能性，又都不是必然的。如前所述，在通常情况下，"还是"所引出的某种选择，与偏句之间构成"顺接"的关系，"还是"体现的是其弱因果关联功能。但是，在少数情况下，"还是"所引出的某种选择，如果与偏句之间构成"转接"的关系，那么"还是"甚至也可以具有弱转折关联功能。试比较下面例句中乙的四种回答：

（35）甲：这回去颐和园还是十三陵？这两个地方咱都没有去过。

乙：a. 颐和园比较近，这回还是去颐和园吧。

b. 十三陵太远，这回还是去颐和园吧。

c. 颐和园虽然人很多，这回还是去颐和园吧。

d. 十三陵虽然值得一游，这回还是去颐和园吧。

显然，例（35）乙的 a、b 两种回答是常见形式，内部分句之间是顺接关系，体现"还是"的弱因果关联功能，c、d 两种回答并不常见，内部分句之间是转接关系，体现"还是"的弱转折关联功能。

三 "还是"与"当然"的元语对立

（一）"还是"与"当然"的元语对立

我们认为，副词"当然"具有典型的元语用法。例如：

（36）群众有困难，当然应该帮助解决。

（37）橘子皮还是绿的，当然不好吃。

（38）取得这么好的成绩，心里高兴是当然的。

（39）狐皮的当然暖和，可是太贵。

例（36）—（39）中的"当然"都是以引述的形式出现，"当然"的有无不影响命题内容，但它表明了说话人对所引述的话语的态度：引出某种说法、想法、建议或主张，说话人或当事人对这种说法、想法、建议或主张，态度是"确信"或"坚定"的。因此，"当然"的元语用法表达的是主观上的"断然"抉择，有增强肯定语气的作用。

这样，"还是"与"当然"在元语用法上显示出"非断然"与"断然"的对立。试比较下面例句中乙的两种回答：

（40）甲：这回去颐和园还是十三陵？这两个地方咱都没有去过。

乙：a. 当然去颐和园啦，十三陵太远。

b. 还是去颐和园吧，十三陵太远。

（41）甲：你去吗？

乙：a. 当然去啦。

b. 还是去吧。

（42）甲：你这样说，有根据吗？

乙：a. 我这样说，当然有根据了。

b. 我这样说，还是有根据的。

不过，我们也发现了极少数"当然"与"还是"连用的情况。例如：

　　（43）"当然还是上海好，当然还是上海好……"对方搭讪道，大脸盘上均匀地布满了失望，又往后一靠，烟灰落了自己一身。（梁晓声：《我的大学》）

　　实际上，例（43）中的"当然"与"还是"之间并未造成冲突，"当然"是对"还是上海好"加以引述，肯定了"还是上海好"这种说法。

　　（二）元语"还是"与"当然"的关联功能差异

　　正是由于"当然"具有"断然"的情态功能，因此，如果用于复句的正句，只能构成"顺接"的因果关系复句，如前例（36）—（38）。又如：

　　（44）甲：他没看见你吗？
　　　　　乙：我在他背后，他当然没看见我。
　　（45）甲：这件衣服干净吗？
　　　　　乙：刚洗过，当然干净啦。

　　只有"当然"用于复句的偏句时，才构成转折关系复句，如前例（39）。又如：

　　（46）我去当然可以，就是路不太熟。
　　（47）住二楼当然好，住五楼也没什么。

　　这一点与"还是"的元语用法有所不同，后者用于复句的正句，除了通常情况下构成因果关系复句之外，在少数情况下还可以构成转折关系复句，如前例（35）。

　　此外，在因果关系复句中，"当然"标记的是语义上的强因果关系。所谓强因果关系，是指主观上认为所引述的某种说法、想法、建议或主张，是必然的。既然"当然"本身可以表示强因果关系，它所处的因果关系复句的正句中，不再需要其他专职的因果关系连词，因此一般不会出现"当然"与"所以"、"因此"等连用的情况。例如：

(48) a. 这屋子两个月没住人，当然脏了。

? b. 这屋子两个月没住人，所以当然脏了。

四 "还是"与"还"的元语差异

(一) "还"的元语增量用法

需要说明的是，"还是"的元语用法与"还"的元语用法不同。沈家煊（2001/第6期）指出后者表示的是"引述增量"，对一个引述的命题表明说话人的主观态度，即认为这个命题提供的信息量不足，带"还"的命题才提供足量的信息。元语"还"常构成递进关系复句。例如：

(49) 大车通不过，小车还通不过呢。（小车还通不过呢，就别提大车了。）

(50) 长江比淮河长，比黄河还长呢。（长江比黄河还长，就别提比淮河长了。）

(51) 他是大学生怎么了？我还大学生呢。（我还大学生呢，就别提他是大学生了。）

如果"还"后是一个名词性成分，如例（51），其中的"还"形式上可以替换为"还是"：

(52) 他是大学生怎么了？我还是大学生呢。

但我们认为，例（52）仍是"还"的元语用法，不是"还是"的元语用法，整个句子是对"是大学生"加以引述。如果认为"还是"具有"引述增量"用法，则很难解释例（49）、（50）中的"还"为什么又不能用"还是"来替换。因此，我们认为此处的"还是"并未完成词汇化。

(二) "还"的其他元语用法

"还"除了"引述增量"外，还有两种元语用法：

一是表达主观上"出乎意料"。例如：

(53) 下这么大雨，没想到你还真准时到了。

（54）还亏了你们来得早，要不然，这些活儿我一个人怎么干得完呢？

（55）亏你还上过大学呢，这个字也不认得！

这种元语用法的"还"也常用于回声句中。例如：

（56）你还搬不动？那我怎么办？

（57）什么？唱了一个，还唱一个？

（58）他还大学生呢？这么简单的问题都做不来！

同样，如果"还"后是一个名词性成分，如例（58），其中的"还"形式上也可以替换为"还是"：

（59）他还是大学生呢？这么简单的问题都做不来！

但我们也认为，例（59）仍是"还"的元语用法，不是"还是"的元语用法，整个句子是对"他是大学生"加以引述。如果认为"还是"表示"出乎意料"，那么同样很难解释例（53）—（57）中的"还"为什么不能用"还是"来替换。因此，我们认为此处的"还是"也未完成词汇化。

二是表达主观上"勉强认同"。① 例如：

（60）小李的英语成绩还可以，数学成绩就糟糕了。

（61）这篇文章还写得不错，可以修改后发表。

（62）这件衣服还比较时尚，可以试一试。

这类"还"形式上都可以替换为"还是"（但句末必须加上语气词"的"）：

---

① 马真（1984）将这类"还"归纳为表示程度浅的副词。我们认为，这类"还"本身不表示程度，而是表主观情态的，是对某事物达到某个程度量级的"勉强认同"。因为它可以跟各种程度量级的词语组配，如"还马马虎虎"、"还可以"、"还比较优秀"、"还很不错的"、"还算非常出色的"。

（63）小李的英语成绩还是可以的，数学成绩就糟糕了。

（64）这篇文章还是写得不错的，可以修改后发表。

（65）这件衣服还是比较时尚的，可以试一试。

我们同样认为，例（63）—（65）仍是"还"的元语用法，不是"还是"的元语用法。理由是：①当"还"替换为"还是"时，句末必须加语气词"的"，实际上构成了"是……的"结构，这些句子是"还"对"是 X 的"加以引述，而不是"还是"对"X 的"加以引述。②如果在"还是 X 的"的结构内再增加动词"算"（表"算做"义），可以插入"还ˇ是"的中间。例如：

（66）他虽然年纪这么大了，身子骨看上去还算是硬朗的。

因此，我们认为此处的"还是"也未完成词汇化。

以往对"还"与"还是"的研究，有些问题未能理得很清楚，是因为没有很好地把副词"还"与"还是"的功能区分开来，把一些仍属于"还"的功能也看作"还是"的功能。从一些例句的表面形式来看，副词"还是"的功能似乎很复杂，与"还"的功能多有重合，但事实上，副词"还是"的功能要相对单纯得多，而且很多时候两者并不能互相替换。

五　小结

张谊生（2010：163—183）认为，汉语的一些评注性副词具有元语言的基本作用，"主要表示说话人的主观态度，还能组织话语结构"。又认为，"副词的元语用法，必须具备以下四项中的三项：本身不涉及话题内容；指称或描述语言自身；显示较强的主观情态；组织或调控话语结构"。而这几项又是"互相关联、互相促进的"。经过考察，我们认为评注性副词"还是"具有典型的元语用法：其作用在于"引述"而不影响命题内容；表达的是主观上的"非断然"选择；"还是"在一定的语境中，所具有的弱因果关联功能，与"还是"的"非断然"情态功能有密切的关系。

此外，"还是"与"当然"在元语用法上显示出"非断然"与"断然"的对立。"还是"与"还"的元语用法也存在明显的差异，有时形式上使用了"还是",实际上是"还 + 是",仍是"还"的元语用法。

"还是"从表示"仍然"义的非元语用法发展到表达主观上的"非断然"选择的元语用法,实际上是从一个标记"重复"义的语义标记词发展成为了一个语用标记词,经历了语义功能消减,情态功能凸显的过程,即实现了功能转移。当"还是"作为一个语义标记词时,它的省略会影响到句子的真值条件意义,而作为一个语用标记词时,它的省略虽然不会影响到句子的真值条件意义,但会对句子的语用功能产生影响。

第二节 "一个样"的功能及其词汇化过程

本节将"一个样"与"一样"进行比较,并在此基础上重点分析"一个样"的句法、语义、语用功能及其词汇化的过程。

在现代汉语里,"一样"和"一个样"都是多义多功能的词语(两者都有作为词和作为短语的情况),两者之间在句法和语义上存在明显的差异。不过,"一样"与"一个样"都可做形容词,表"相同"义,且形式接近。当"一个样"与"一样"同为形容词时,往往可以互相替换而不影响基本语义。此时"一个样"中的"个"似乎成了构词层面的羡余成分,但事实上,即使可以互替的时候,两者在语用上也存在着明显的差异。研究发现,形容词"一个样"是在形容词"一样"的基础上发展而来的,而并非如我们事先所推测的"一样"从"一个样"发展而来。"一个样"中的"个"是一个具有形态意义的词内标记成分,类似于一个中缀,具有特定的语用标记功能。"一个样"相对于"一样"在主观上强调和凸显了"等同"义(义同"一模一样")。

一 "一个样"的句法和语义功能

(一)"一样"的句法和语义功能

"一样"是一个兼类词,即形容词兼比况助词,有时还可以看作一个数量短语(数词"一" + 类别量词"样")。

"一样"做形容词时,表示"同样,没有差别",例如:

(67)姐妹俩爱好(完全)一样。

(68)她和她妈长得(完全)一样。

（69）一样也好，不一样也好，与大家无关。

例（67）"一样"充当谓语，例（68）"一样"充当补语，例（69）"一样"充当主语。

"一样"做比况助词时，表示比拟，同"似的、一般"，它和所附着的词或短语一起组成比况短语，例如：

（70）旧社会广大劳动人民过着牛马一样的生活。
（71）他飞一样的跑开了。
（72）同学们一个个落汤鸡一样。
（73）火箭像流星一样划过了夜空。

例（70）是比况短语充当"生活"的定语，例（71）是比况短语充当"跑开"的状语，例（72）是比况短语充当句子的谓语，例（73）是比况短语充当"像"的宾语。

"一样"做数量短语时，表示数量义，充当定语，例如：

（74）爸爸送我一样礼物。

也经常有直接充当宾语的情况，例如：

（75）念书是好意思，可是有一样，你父亲能供给你吗？（老舍：《老张的哲学》）

"样"还可以重叠，成为"一样样"或"一样一样"，表示"逐一"，充当状语，例如：

（76）她把小凳上的零碎儿一样一样拿起来瞧。（老舍：《小坡的生日》）

（二）"一个样"的句法和语义功能

"一个样"可以做形容词，表示"同样，没有差别"，例如：

（77）我的高考分数跟他的（确实）一个样。

（78）她和她妈长得（简直）一个样。

（79）一个样也好，看上去整齐些。

例（77）"一个样"充当谓语，（78）"一个样"充当补语，（79）"一个样"充当主语。

其实，在上述情况下，将"一个样"看作词还是短语，值得商榷。我们倾向将它看作一个词，因为此时"一个样"内部结合紧密，且意义较为固化，并且，它的前面可以加上副词"简直、完全、确实"等，用法上更接近一般的形容词，与一般名词性偏正短语的功能差别较大。

但"一个样"的确有作为名词性偏正短语的情况，即"一个样子、一种式样"，例如：

（80）有的说，有的唱，穿章打扮一人一个样。（老舍：《茶馆》）

（81）三星变化很大，一年一个样。（CCL）

例（80）中的"一个样"和例（77）—（79）中的"一个样"之间的差异是明显的。但类似例（80）、（81）的例子很少发现，这说明"一个样"主要功能是作为形容词，其意义确实已固化，表示"等同"义。

"一个样"不能做数量短语，不表示数量义，因此不可能出现下面的例子：

（82）＊爸爸送我一个样礼物。

"一个样"也没有比况助词的用法，不表示比拟，没有"似的、一般"这种意义，因此不可能出现下面的例子：

（83）＊旧社会广大劳动人民过着牛马一个样的生活。

（84）＊他飞一个样的跑开了。

（85）＊同学们一个个落汤鸡一个样。

（86）＊火箭像流星一个样划过了夜空。

但下面的例子：

（87）她瘦得跟芦柴棒一个样。

也许有人会认为其结构上与"她瘦得跟芦柴棒一样"这个句子一致，其中的"一个样"是比况助词。其实不然，它仍是一个形容词，表示"同样，没有差别"，我们将其中的"跟芦柴棒"分析为介宾短语充当"一个样"的状语。这样分析的理由是，"一个样"前面可以带上副词"完全、简直"等，例如：

（88）她瘦得跟芦柴棒完全一个样。

而且其中的"跟"不能替换为"像"，因为不可能出现下面的句子：

（89）＊她瘦得像芦柴棒一个样。

至于"她瘦得跟芦柴棒一样"这个句子，我们倾向分析为："跟"是动词，"一样"是比况助词，"芦柴棒一样"是比况短语作"跟"的宾语。因为，此时"跟"可以替换为"像"，"一样"可以替换为"似的"，如"她瘦得跟芦柴棒似的"、"她瘦得像芦柴棒似的"、"她瘦得像芦柴棒一样"这三个句子和"她瘦得跟芦柴棒一样"都成立，并且表义一致。

其实，就"跟 X 一样"格式本身而言，有两种可能结构[①]：一种是述宾结构，表示比拟，如"她瘦得跟芦柴棒一样"，其中"跟"是动词，同"像、好像、如"，"一样"是比况助词，同"似的"，并且"一样"在实际读音上有所弱化；一种是状中偏正结构，表示比较，如"她长得跟她妈一样"，其中"跟"是介词，"一样"是形容词，表"相同"义。那么，诸如"她瘦得跟芦柴棒一样"有没有可能是后一种结构呢？我们认为在少数情况下也是可能的，即当主观上是把"芦柴棒"作为比较的对象而非比拟的对象出现时。这时，"一样"前可以带上副词"完全、简直"等，例如：

———————————

① 参见陆俭明《析"像……似的"》，《语文月刊》1982 年第 1 期。

（90）她瘦得跟芦柴棒完全一样。

但此时，其中的"跟"就不能替换成"像"了，如没有下面的说法：

（91）＊她瘦得像芦柴棒完全一样。

（三）"一个样"和"一样"同为形容词时的功能差异

当"一个样"和"一样"同为形容词时，两者在句法功能上还存在着很大的差别。

"一个样"和"一样"虽然都能充当谓语中心或补语，但是"一样"有相应的否定形式，而"一个样"带上否定形式，很不合语感（这是可解释的，参见本节"二"），例如：

（92）a. 姐妹俩爱好一样。　　　b. 姐妹俩爱好不一样。
（93）a. 姐妹俩爱好一个样。　　? b. 姐妹俩爱好不一个样。
（94）a. 她和她妈长得一样。　　b. 她和她妈长得不一样。
（95）a. 她和她妈长得一个样。　? b. 她和她妈长得不一个样。

但是，当对别人的陈述做出否定（即所谓的"引述性否定"）时，"一个样"也可带上否定形式，例如：

（96）甲：她和她妈长得一个样。
　　　乙：她和她妈长得（可）不是一个样。

乙的回答强调"有些差异，非等同"，这跟"她和她妈长得（可）不一样"强调"差异很大"还是有区别的。

另外，"一样"能充当定语，但"一个样"一般不行，例如：

（97）a. 姐妹俩穿着一样的衣服。　　＊b. 姐妹俩穿着一个样的衣服。
（98）a. 他俩取得了一样的好成绩。　　＊b. 他俩取得了一个样的好成绩。

"一样"还能充当状语，但"一个样"一般不行，例如：

（99）a. 这两根铁丝一样粗。

   ＊ b. 这两根铁丝一个样粗。

（100）a. 我右手虽受过伤，但一样（可以）干活、写字。

   ＊ b. 我右手虽受过伤，但一个样（可以）干活、写字。

但"一个样"充当状语也并非绝对不行，实际语料中我们发现了这样的例子：

（101）我们还能够有余力替别一国人来保留这文化，则当然许多自己的也一个样的有意无意捏着了。（沈从文：《老实人》）

二 "一个样"的语用功能和常见搭配

（一）"一个样"的语用功能

从上面的分析可以看出，"一样"和"一个样"无论在句法还是语义上存在着相当大的差异。但是当"一样"和"一个样"都作为形容词时，往往可以互替而不影响基本语义（都表示"相同"义）。但即使可以互替的时候，两者在语用上也存在着明显的差异，即表达上的微殊对这两个词有着不同的选择倾向。

试比较下面三组例句：

（102）a. 姐妹俩爱好一样。   b. 姐妹俩爱好一个样。

（103）a. 她和她妈长得一样。   b. 她和她妈长得一个样。

（104）a. 一样也好，看上去整齐些。b. 一个样也好，看上去整齐些。

很明显，相对"一样"来说，"一个样"更强调两者的"等同"关系，表达"非常一样"的意思。而"一样"并非强调"等同"关系，实际上，它在很多情况下表达的是两者的"近似"关系，例如：

（105）她什么都和男人一样，连骂人也有男人的爽快，有时候更多一些花样。（老舍：《骆驼祥子》）

（106）老百姓的日子天天一样，原来挺着的也能给捂蔫了。（王朔：《玩的就是心跳》）

例（105）中虽说"她什么都和男人一样"，但后面补充道："有时候更多一些花样"；例（106）中"老百姓的日子"也不可能天天完全一样。所以此两例中的"一样"要表达的都是一种"近似"。其实，世界上不可能有完全相同的事物，即便用了"一个样"强调"等同"，也只是一种主观"等同"。就是说，使用"一个样"时带有一种强烈的主观色彩，往往具有夸张、出乎意料或超出预期的意味。也因此，"一个样"前往往还带上具有评注功能的副词或介词，例如：

（107）我俩的意见<u>简直</u>一个样。

（108）哥俩不仅相貌一个样，<u>就连</u>脾气也一个样。

（109）<u>果然</u>，粉红色信封和蜜色信纸，一个样的，给她买到了。（胡也频：《胡也频作品集》）

（110）什么小老婆，大老婆，<u>横竖</u>都是一个样，我看你还很封建呢。（蒋光慈：《蒋光慈文集》）

既然"一个样"主观上强调"等同"，那么当表达否定义，即"不相同"时，根据语言的经济性，完全就可以用"不一样"来表示，所以，"一个样"一般没有否定式。如果出现"不一个样"那也只能是对"等同"的否定，表示"有些差异，非等同"，相当于"不完全一样"。这跟"不一样"很多情况下是对"近似"的否定，表示"差异很大"还是有明显区别的。

（二）"一个样"的常见搭配

"一个样"和"一样"在句法和语义上的种种差异，导致两者跟别的成分的常见搭配关系也不一样。（搭配关系，应属于句法平面，但也可属于广义的语用范畴，我们特别提出来，目的是为了把问题就说得更透彻些。）

"一样"的常见搭配有："像/好像/如/如同/好似……一样"、"当作/

看作……一样"、"跟/和/同/与……一样",例如:

　　(111)当他进了屋飞快地脱衬衫时,肉皮儿和织物之间都拉出丝儿<u>像</u>揭膏药<u>一样</u>。(王朔:《我是你爸爸》)

　　(112)这学生是那么相信士平先生敬仰士平先生的,把士平先生<u>当成</u>母亲<u>一样</u>毫不隐瞒的倾诉了心上的一切,末了还这样放肆的哭!(沈从文:《一个女剧员的生活》)

　　(113)我的看法<u>跟</u>你<u>一样</u>,再生孩子太恐怖了。(王朔:《我是你爸爸》)

而"一个样"的常见搭配是:"跟/和/同/与……一个样"。

　　(114)自从转过年来,这溜儿女孩子们,<u>跟</u>男小孩<u>一个样</u>,都白种花儿,白打药针,也都上了学。(老舍:《龙须沟》)

　　(115)节前的几天,索非亚的脸色比平日更惨白些,嘴唇白得几乎<u>和</u>脸色<u>一个样</u>,我也再不要求她跳舞。(萧红:《萧红散文集》)

　　(116)像鱼,像虾,像鳖——可不是,还是圆的,<u>与</u>鳖<u>一个样</u>!(沈从文:《老实人》)

"一个样"不能和"像/好像/如/如同/好似……一样"、"当作/看作……一样"搭配,所以不可能出现下面的例子:

　　(117)*<u>如</u>睡在摇篮里<u>一个样</u>,倦了的我们便又入梦了。

　　(118)*她把我们<u>看作</u>自己的亲儿女<u>一个样</u>。

　　又如例(116)前面用"像鱼,像虾",后面跟"一个样"搭配使用时便改用"与"。

　　其中的原因可以从两个角度来解释:

　　一是因为,"一样"能做比况助词,"一个样"不能做比况助词。"一样"做比况助词与其前面的成分(大多是名词性成分,也有谓词性成分)构成的比况短语,在语义上是独立的,所以,可以位于"像"、"当作"等之后做宾语,当然,也可以单独做谓语、定语、状语或补语,例如:

（119）同学们个个落汤鸡一样。

（120）暴风雨一样的掌声。

（121）杨二嫂飞一样的跑了。

（122）脚冷得站在冰窟窿里一样。

而"一个样"与其前面的成分不能自成结构，在语义上也是不成立的，所以，不能位于"像"、"当作"等之后做宾语，当然也不能充当任何句法成分，而必须是由一个介词（如"跟"等），介引出其前面的成分，再与"一个样"构成一个状中结构，例如：

（123）a. 同学们个个跟落汤鸡一个样。　＊b. 同学们个个落汤鸡一个样。

（124）a. 脚冷得跟站在冰窟窿里一个样。　＊b. 脚冷得站在冰窟窿里一个样。

二是因为，"像"只能表达"近似"义，而"一样"也可以用来表达"近似"义，因此两者在语义上可以搭配，比如，从语义上看，"他像狐狸" ＝ "他狐狸一样" ＝ "他像狐狸一样"。而"一个样"主观上强调"等同"，因此它和"像"在语义上形成矛盾，是不能搭配使用的。

（三）"一个样"的语体色彩

"一样"和"一个样"在语体色彩上也有差异。由于使用"一个样"时带有强烈的主观色彩，"一个样"多用于口头语体，或小说、散文等文学语体中；而"一样"则在口头语体和正式的书面语体中都较为通用。

从我们所调查的语料发现，"一样"在使用频度上远高于"一个样"。就所有单个文本的语料来看，"一个样"的使用频度都是很低的。另外，"一个样"的使用可能还存在着作者的习惯性问题，在一些现当代著名作家，如冰心、许地山、瞿秋白、朱自清、徐志摩、郁达夫、叶紫、王朔的文集中就未曾发现"一个样"，尽管有大量"一样"的存在。也许在这些作家的个人词汇中压根儿就没有"一个样"，他们主观上要强调"等同"时，使用的是句法手段，即前加状语"完全、确实、真的"等，例如：

（125）小方真地像回家一样，每个星期天都来。（冰心：《冰心作品集》1988 年）

若要表达"不一个样"，即"有些差异，非等同"（差异不是很大时），也可使用类似的句法手段，例如：

（126）他现在虽是与他们一同受苦，可是受苦的程度到底不完全一样。（老舍：《骆驼祥子》）

三　"一个样"的词汇化

（一）"一样"的发展和虚化

我们所考察的语料中，至唐代开始较多出现"样"、"样子"，而"一样"的出现则是在宋代。通过对历史语料的考察，我们发现现代汉语中表示"样子、式样、模样"的名词在古汉语中（尤其唐代）大量以单音节"样"表示，例如：

（127）帝乃胡跪曰："请师塔样。"（《祖堂集》）
（128）心期尽处身虽丧，如来弟子沙门样。（《祖堂集》）

当然，很多也用双音节的，例如：

（129）师指云："这个便是样子也，还有人得相似摩？"（《祖堂集》）
（130）师曰："不曾作模样。"（《五灯会元》）

特别是宋代后，双音节的趋势越来越明显，单音节的"样"往往保留在对举的形式中，例如：

（131）钵盂著柄新翻样，牛上骑牛笑杀人。（《五灯会元》）

（132）学者体不如，求者难得样。（《五灯会元》）

也保留在"起模画样、依模画样、打模画样、作模作样"等习语中，例如：

（133）德山入门便棒，犹是起模画样。（《五灯会元》）

（134）上堂，拈拄杖曰："买帽相头，依模画样。"（《五灯会元》）

既然双音节的"样子"和单音节的"样"做名词同时并存，那么，宋代出现的"一样"到底是一个形容词了呢，还是一个名词性偏正短语？例如：

（135）师乃呵云："看总是一样底。无一个有智慧。"（《景德传灯录》）

（136）师曰："杲日当轩际，森罗一样观。"（《五灯会元》）

我们认为，其中的"一样"已经凝固为一个形容词了。因为如前所述，在宋代"样"单独做名词往往是有条件的（在对举形式或习语中）。《祖堂集》中的"塔样"（如前例（127））到了《五灯会元》中便成了"塔样子"，例如：

（137）上庵主曰："某甲也要造一个，就兄借取塔样子。"（《五灯会元》）

而且，同时出现的下面这个例子中的"一样"明显是作为形容词来使用的：

（138）师曰："几般云色出峰顶，一样泉声落槛前。"（《五灯会元》）

其中的"一样"与"几般"形成对仗，表示"同样"义。这样看来，"一样"几乎在它出现之时便已凝固为形容词，而不是一个名词性偏正短语。① 若要表达后者，几乎都用"一个样子（模样、榜样）"等，其常用的句式是"V（一）个样子"，例如：

（139）汝若更不会，老僧今夜为汝作个样子。（《五灯会元》）

（140）云盖不惜性命，亦为诸人打个样子。（《五灯会元》）

"样"在以后的发展中，进一步虚化，至迟到明代便衍生出了量词的用法，例如：

（141）不要别样铁，着镔铁打。（《朴通事》）

（142）没多时，庄客掇张桌子，放下一盘牛肉，三四样菜蔬。（《水浒传·第5回》）

（143）洞庭有一样橘树绝与他相似，颜色正同，香气亦同。（《初刻拍案惊奇·卷1》）

（144）如此两三度，搅入一两样不按君臣的药末，馏起成糕。（《初刻拍案惊奇·卷6》）

（145）令小厮拿两个桌盒，三十样都是细巧果菜、鲜物下酒。（《金瓶梅·第36回》）

如果说例（141）中的"样"尚处于从名词到量词虚化的过程当中②，那么例（142）—（145）中的"样"已是一个典型的"量词"了。"一样"至迟在清代有了比况助词的用法，例如：

（146）独那史老太君还是命根一样。（《红楼梦·第2回》）

（147）里面盛着一盒，如玫瑰膏子一样。（《红楼梦·第44回》）

（148）病的蓬头鬼一样，如今贴了这个，倒俏皮了。（《红楼

---

①　在以后的语料中，也极少有"一样"做名词性偏正短语的用法，我们只在《红楼梦》中发现1例：晴雯等笑道："你们还不快看人去！谁知宝姐姐的亲哥哥是那个样子，他这叔伯兄弟形容举止另是一样了，倒像是宝姐姐的同胞弟兄似的。"

②　与此同时，我们发现"这样、那样"等也正处在从名词性偏正结构到代词的虚化过程中，例如："假如明日这样儿上的颜色，但有些儿不象时，你便替我再染。"（《朴通事》）

梦·第 52 回》）

（149）远远的看着，就似烟雾一样，所以叫作"软烟罗"。（《红楼梦·第 40 回》）

这是"一样"整个做比况助词的情况，单就"样"本身类似比况助词的用法，可以追溯到元末明初①，例如：

（150）有几等鹤儿，鹅老翅鹤儿、鲇鱼鹤儿、八角鹤儿、月样鹤儿、人样鹤儿、四方鹤儿，有六、七等鹤儿。（《朴通事》）

（151）相公支分怎的盖？卷篷样做。木植都有麽？（《朴通事》）

明代大量出现，例如：

（152）方中内竹箨冠，罩着银丝样几茎乱发。（《初刻拍案惊奇·卷 12》）

（153）正当中放一张蜻蜓腿、螳螂肚、肥皂色起楞的桌子，桌子上安着绦环样须弥座大理石屏风。（《金瓶梅·第 49 回》）

但是清代以后，随着"一样"做比况助词的情况大量出现后，单个"样"做比况助词的情况就极少了。直至近现代，又有所增加。我们因此推测，近现代汉语中，"样"做比况助词的情况，可能是从比况助词"一样"脱落"一"后产生的，也因此，"样"做比况助词时，前面有和"像"搭配使用的情况，这在之前未有发现，例如：

（154）他像小孩子见着亲姐姐样的亲热。（老舍：《老张的哲学》）

（155）我痛极，就杀猪样乱挣狂嗥。（沈从文：《老实人》）

（156）近日只觉得一堆一堆苦恼，竟如同蜂子样飞拥上身来。

---

① 当时的比况助词"样"没有和"像"等词搭配合使用的情况。也许有人将例（150）—（153）这些做比况助词的"样"仍理解为名词，认为整个是名词性偏正结构，这值得商榷，但如何解释当大量双音节的"样子"、"模样"、"式样"出现时，偏偏这里的"样"还是单音节形式呢？

（沈从文：《老实人》）

（157）一注阳光像闪电样落在左边峭壁上。（刘白羽：《长江三日》）

"一样"虽虚化出新的句法功能，但其原有的作为形容词的用法至今一直大量存在，此不赘述。

（二）"一个样"的词汇化

我们最早在明代发现一例"一个样儿"，例如：

（158）爹心里要处自情处，他在家和不在家一个样儿，也少不的打这条路儿来。（《金瓶梅·第38回》）

其中的"一个样儿"理解为名词性偏正短语可能更为合适。因为类似的例子极少发现，而且在《红楼梦》中没有发现"一个样"，但有多例"一个样子"。因此我们认为，作为形容词的"一个样"的出现应该是近现代的事，如前例（114）—（116），又如：

（159）可是，他是低声下气的维持事情，舍着脸为是买上车，而结果还是三天半的事儿，跟那些串惯宅门的老油子一个样，他觉得伤心。（老舍：《骆驼祥子》）

（160）当连长因了一点小事未能在妇人处宿，约到吃早饭号吹完以后出营时，那早上吃饭喇叭，便同专为连长情妇所吹一个样。（沈从文：《老实人》）

到了现当代，形容词"一个样"的用例激增。例如：

（161）干与不干一个样，干多干少一个样。（CCL）

（162）海报下面是计划生育委员会的一句标语，叫：生男生女一个样！（CCL）

（163）强烈的阳光照射，使他们一个个黑得跟孟加拉人一个样。（CCL）

关于形容词"一个样"的形成，可以有两种意见：

第一种意见，可以认为形容词"一个样"是从"一个样儿/一个样子"紧缩凝固虚化而来的。理由是：形容词"一个样"与"一个样儿/一个样子"之间在语义上的引申关系比较明显。同时，"一个样"也确实有个别作为名词性偏正短语的用法，即表示"一个样子"，如前例（80）、（81）。这也正是许多学者不将"一个样"看作一个词，而仍将它看作名词性偏正短语的原因。①

第二种意见，可以认为"一个样"是由形容词"一样"的基础上插入一个类似中缀的"个"，起到强调和凸显"等同义"的作用。持这种意见的理由是：根据前述，在语料中，形容词"一样"出现的历史比短语"一个样儿/一个样子"要早许多，而且使用频率很高。既然已经有一个表示"相同"义的形容词"一样"，似乎没有理由再从短语"一个样儿/一个样子"发展出另一个表"相同"义的形容词"一个样"。而且，从频率角度来看，形容词"一个样"更不可能从名词性偏正短语的"一个样"发展而来，因为根据前述，作为偏正短语的"一个样"的用频实在太低。

综上分析，我们倾向认为，形容词"一个样"是在"一样"的基础上（将"一样"作为词干），插入一个具有形态意义的标记成分"个"而形成的，以强调和凸显比较对象之间的"等同义"，插入成分"个"的功能完全是语用上的。至于为什么插入"个"而非其他成分，是因为插入"个"可以使"一样"通过扩展的方式还原其内部各语素的实义性（即"一样"→"一个样子"），使其原本有所磨损的语素义有所还原。正因为如此，形容词"一个样"的意义相对于"一样"而言更加实在一些，也因此，"一样"可以用作意义更为虚化的比况助词，而"一个样"不能。

至于有没有可能现代汉语中作为形容词的"一样"，其另一个来源是从"一个样"进一步虚化，脱落"个"而产生的呢？这不太可能。如前所述，形容词"一样"的产生远早于"一个样"的产生。当"一样"经过一段时期的使用，意义有所磨损，表达"近似"义而不是强调"等同"义时，形容词"一个样"的产生也正好使之能够与"一样"产生互补。

---

① 几乎所有的工具书均未将"一个样"列为一个词条。

四　小结

综上所述，"一样"和"一个样"在句法、语义、语用等平面上存在明显的差异："一样"是形容词兼比况助词，有时还是数量短语，而"一个样"基本上做形容词，偶有做名词性偏正短语的情况；语义上，前者既可表"相同"义，又可表比拟，还可表数量义，而后者基本上表"相同"义；同为形容词，表"相同"义时，前者可以做谓语、补语、主语、定语、状语，后者一般只做谓语、补语、主语，并且很少有否定形式"不一个样"；语用上，"一个样"主观强调和凸显"等同"，"一样"不足以反映说话者的这种主观情态，且在很多情况下表达的是两者的"近似"关系。

形容词"一个样"是在形容词"一样"的基础上，插入一个具有形态意义的标记成分"个"形成，而并非如我们事先所推测的"一样"从"一个样"发展而来，因为前者的产生远早于后者，且两者在语用上形成互补。"一样"的出现是在宋代，几乎在它出现之时便已凝固为形容词了，之后它进一步虚化，至迟到明代便有了数量短语的用法，到清代出现了比况助词的用法。尽管，元末明初便有单个"样"出现类似比况助词的用法，但近现代汉语中"样"做比况助词的情况，则可能是从比况助词"一样"脱落"一"后产生的。形容词"一个样"的形成是近现代的事。在"一样"的基础上插入"个"可以使"一样"通过扩展的方式还原其内部各语素的实义性，使其原本有所磨损的语素义有所还原，因此，形容词"一个样"的意义相对于"一样"而言更加实在一些，从而具有强调和凸显"等同"义的语用功能。

总　结

汉语虚词有两大类：一类虚词（如句末语气词、语气副词、关联副词、连词等）是一种语用标记，涉及话题标记、焦点标记、关联标记、语气标记等。它们的隐现相对自由，因为它们对句子的基本语义（真值条件意义）不会产生影响，它们原本影响的就是话语的表达功能和修辞效果。另一类虚词（如介词、方位词、时间副词、否定副词、时体助词、表数助词等）本质上是一种语义标记，涉及题元标记、时体标记、数量标记、否定标记等。虚词所具有的语义标记功能，当属句法语义的范畴，它们能够影响句子的基本语义。本书所指的句法语义标记词主要是指这一类作为语义标记的虚词。

羡余性特征是近数十年间语言学家新揭示的语言的本质特征之一。羡余现象是人类语言的共性，是语言动态发展过程中出现的合理现象。羡余成分的产生、固化、弱化或者功能转移都是有一定理据的。前人对羡余现象研究的关注点主要还是在词汇语义层面上的羡余现象。本书则从现代汉语虚词的语义标记功能入手，对句法语义层面的羡余问题作大致的梳理。

以往学者对句法语义层面羡余现象的研究主要集中在否定标记词的功能羡余问题，但对其他语义标记词的功能羡余现象基本还未作过全面、系统的研究。本书重点研究了题元标记词和时体标记词的功能羡余问题。

第一章阐述与研究相关的理论前提和研究方法。根据语义语法学的观点，汉语的许多虚词是显示特定的范畴义和关系义的一种语义标记。具有语义标记功能的虚词，在句中的缺省，会影响到句子的真值语义，甚至会影响到句子的合法度。如果句中另外的语言成分或语法手段具有与某个虚词相同的语义标记功能，那么该虚词的语义标记功能便羡余了。语义标记功能羡余的虚词在句中是不是羡余成分还需要具体分析，存在着一个羡余度等级序列。汉语虚词在一定条件下使用上的灵活性，部分地跟它的语义标记功能羡余有关。

第二章至第五章考察汉语题元标记词的功能羡余现象。第二章是宏观考察。描写题元标记词羡余的两种情况：一是题元标记词与其他语法手段的赋元功能重合而造成羡余。二是题元标记词之间的赋元功能重合而造成羡余。在描写的基础上，分析汉语题元标记词功能羡余后会出现的两种可能结果：一是弱化或脱落；二是功能转移。第三章专门考察处所题元标记词"在"的功能羡余问题。认为"在"的处所题元标记功能羡余直接导致其弱化，从而间接地对"V在L"格式的重新分析产生了很大影响。并分析"在"等前置介词因赋元功能羡余而脱落或弱化，破坏了联系项居中的平衡原则，对介词短语（PP）前移产生了一定的助推作用。第四章进一步考察"在一起"格式中"在"的功能羡余问题。第五章个案分析羡余题元标记词"给"形成的几种可能途径，以此管窥汉语题元标记词功能羡余产生的原因及过程。

第六章至第八章考察汉语时体标记词的功能羡余现象。第六章是宏观考察。分别描写时制标记词和体标记词的功能羡余现象。时体标记词的内部成员之间来源各异，在句中所处的位置不同，虚化程度不一。它们之间的共现，会产生一些复杂的情况，许多虚词在某种时体标记功能上可能出现功能羡余，但它们在句中往往不是真正的羡余成分，而是功能的部分重合。第七章和第八章专门考察"实现体"标记词的功能羡余问题。其中第七章在分析"了₁"与"了₂"共性和个性的基础上，考察了"了₁"与"了₂"之间、几个"了₁"之间所发生的各种组配在语义和语用上产生的差异。第八章则主要考察了"已经"与"了₁"、"了₂"、"都"之间发生的各种组配在语义和语用上产生的差异，并从宏观上分析了谓语前位的表体副词与谓词末位的表体助词之间的功能差异。

第九章则是对由语义标记词演变而来的语用标记"还是"以及"一个样"中的"个"进行了个案考察。前者是一个词单位，是作用于句子层面的一个语用标记词；后者是一个具有形态意义的词内标记成分，类似于一个中缀，是构词层面的语用标记。

本书主要从语言功能出发，坚持用动态的、发展的、联系的观点，有所选择地运用语义语法学理论、语法化理论、标记理论，以及认知和类型学的相关理论，从一种新的视角考察汉语句法语义层面的标记词羡余现象及相关问题。本书立足于具体的语言事实，不避繁难，既从共时的角度对虚词的语义标记功能及其羡余现象作相对细致的描写，又从历时的角度考察部分羡余标记词的产生、固化、弱化或功能转移的过程和理据，及其对语言系统产生的影响。研究过程力求描写和解释相结合，宏观研究和微观的个案分析相结合，并根据实际情况各有侧重。相信这些基础性研究将对汉语语法研究、对外汉语教学以及中文信息处理在相关领域的深入起到积极作用。

本课题研究也存在一些问题：

第一，本课题的初衷便是对现代汉语句法语义层面的羡余问题作一个大致的梳理。该课题其实涉及了汉语中多个棘手的问题，可以说许多地方都暗藏玄机，研究过程非常艰辛。由于自身才疏学浅，在具体的分析中，不管在认识上还是在论述中不可避免地存在着这样或那样的缺陷。而被本人忽略掉的重要问题可能还更多。

第二，本人的精力主要放在了基础性研究，而基于中介语考察的句法语义标记词的羡余偏误（或称"冗余"或"赘余"）研究未能展开。

第三，由于篇幅受限，我们缩减了不少在原订计划中打算成文的内容，尤其对汉语数量标记词的功能羡余研究未能全面、系统展开。

今后将继续完成的内容主要有：

1. 继续对虚词的题元标记功能、时体标记功能的羡余现象进行个案考察。

2. 还要专门详细考察数量标记词的功能羡余问题。

3. 在微观考察的基础上，进一步从较为宏观的角度分析句法语义层面的各类标记词羡余现象。包括：第一，结合方言研究的成果，并从语言类型学角度考察标记词羡余现象具有多大程度的普遍性和对应性；第二，各类标记词羡余现象的产生有哪些共同的理据和认知机制在起作用。

4. 将基础性研究与应用性研究结合起来，为基础研究提出新的课题和研究方向。比如通过对外国留学生中介语语料库中的各类句法语义标记词的羡余偏误加以整理、分析，并通过对汉语句法语义标记词功能羡余的类型、产生的过程和机制进行研究，探索留学生羡余偏误的大致情况，有效预测和防止产生句法语义标记词使用过程中的羡余偏误。我们认为，教学中的问题常常是语言基础研究的突破口，必定会为基础研究提出新的课题和研究方向。

参考文献

［丹］奥托·叶斯柏森：《语法哲学》，何勇等译，语文出版社 1988 年版。

［法］白梅丽：《现代汉语中"就"和"才"的语义分析》，《中国语文》1987 年第 5 期。

曹广顺、龙国富：《再谈中古汉语处置式》，《中国语文》2005 年第 4 期。

陈昌来：《现代汉语动词的句法语义属性研究》，学林出版社 2002 年版。

陈昌来：《介词与介引功能》，安徽教育出版社 2002 年版。

陈昌来：《现代汉语语义平面问题研究》，学林出版社 2003 年版。

［新加坡］陈重瑜：《"在+处所"的几个注脚》，《语言研究》1983 年第 1 期。

陈德人：《现代言语中的隐性介词》，《九江师专学报》2002 年第 2 期。

陈刚：《试论"动—了—趋"式和"动—将—趋"式》，《中国语文》1987 年第 4 期。

陈国亭、陈莉颖：《汉语时、体问题思辨》，《语言科学》2005 年第 7 期。

陈开举：《英汉会话中末尾标记语的语用功能分析》，《现代外语》2002 年第 3 期。

陈立民：《论动词重叠的语法意义》，《中国语文》2005 年第 2 期。

陈平：《释汉语中与名词性成分相关的四组概念》，《中国语文》1987 年第 2 期。

陈平：《论现代汉语时间系统的三元结构》，《中国语文》1988 年第 6 期。

陈平：《英汉否定结构对比研究》，载《现代汉语语言学研究——理论、方法与事实》，重庆出版社 1991 年版。

陈前瑞：《"来着"的发展与主观化》，《中国语文》2005 年第 4 期。

陈前瑞：《汉语的进行体与未完整体》，载《对外汉语研究》第 1 期，商务印书馆 2005 年版。

陈小荷：《主观量问题初探——兼谈副词"就"、"才"、"都"》，《世界汉语教学》1994 年第 4 期。

陈信春：《"对 + NP"的"对"的隐现》，《河南大学学报》1995 年第 1 期。

陈信春：《介词运用的隐现问题研究》，河南大学出版社 2001 版。

陈一：《句类与词语同现关系刍议》，《中国语文》2005 年第 2 期。

陈月明：《时间副词"在"与"着₁"》，《汉语学习》1999 年第 4 期。

陈振宇：《话语标记"你看"、"我看"与现实情态》，《语言科学》2006 年第 2 期。

陈勇：《语言学研究中的标记理论》，《外语研究》2002 年第 6 期。

陈忠：《认知语言学研究》，山东教育出版社 2006 年版。

成晓光：《亚语言的理论与应用》，《外语与外语教学》1999 年第 9 期。

储泽祥：《"在"的涵盖义与句首处所前"在"的隐现》，《汉语学习》1996 年第 4 期。

储泽祥：《汉语"在 + 方位短语"里方位词的隐现机制》，《中国语文》2004 年第 2 期。

储泽祥：《处所角色宾语的判定及其典型性问题》，《语言教学与研究》2004 年第 6 期。

储泽祥：《汉语处所词的词类地位及其类型学意义》，《中国语文》2006 年第 3 期。

储泽祥、彭建平：《处所角色宾语及其属性标记的隐现情况》，《语言研究》2006 年第 4 期。

崔希亮：《"在"字结构解析》，《世界汉语教学》1996 年第 3 期。

崔希亮：《语言理解与认知》，北京语言文化大学出版社 2001 年版。

［美］戴浩一：《时间顺序和汉语的语序》，黄河译，《国外语言学》1988 年第 1 期。

[英] 戴维·克里斯特尔:《现代语言学词典》,商务印书馆 2000 年版。

戴耀晶:《现代汉语时体系统研究》,浙江教育出版社 1997 年版。

戴耀晶:《试论现代汉语的否定范畴》,《语言教学与研究》2000 年第 3 期。

戴耀晶:《试说冗余否定》,《修辞学习》2004 年第 2 期。

丁声树等:《现代汉语语法讲话》,商务印书馆 1961 年版。

董晓敏:《"V 在了 N"结构新探》,《华中师范大学学报》1997 年第 3 期。

范继淹:《论介词短语"在 + 处所"》,《语言研究》1982 年第 1 期。

范开泰、张亚军:《现代汉语语法分析》,华东师范大学出版社 2000 年版。

范晓:《动介式组合体的配价问题》,载《现代汉语配价语法研究》第 2 辑,北京大学出版社 1998 年版。

方经民:《汉语语法变换研究》,河南人民出版社 2000 年版。

方经民、孟子敏、增野仁:《〈金瓶梅词话〉和近代汉语的嬗变》,《松山大学综合研究所所报》2005 年第 46 号。

方梅:《自然口语中弱化连词的话语标记功能》,《中国语文》2000 年第 5 期。

方梅:《从"V 着"看汉语不完全体的功能特征》,载《语法研究与探索》(九),商务印书馆 2000 年版。

[美] 菲尔墨:《格辨》,胡明扬译,商务印书馆 1979 年版。

冯春田:《近代汉语语法研究》,山东教育出版社 2000 年版。

冯春田:《〈醒世姻缘传〉与现代山东方言的"可不"类句式》,《古汉语研究》2002 年第 2 期。

冯光武:《汉语语用标记语的语义、语用分析》,《现代外语》2004 年第 1 期。

冯光武:《语用标记语和语义/语用界面》,《外语学刊》2005 年第 3 期。

冯胜利:《汉语韵律句法学》,上海教育出版社 2000 年版。

高名凯:《汉语语法论》,商务印书馆 1986 年版。

葛婷:《现代汉语协同副词研究》,硕士学位论文,上海师范大学,

2006 年。

葛婷：《"X 上"和"X 里"的认知分析》，《暨南大学华文学院学报》2004 年第 1 期。

龚千炎：《谈现代汉语的时制表示和时态表达系统》，《中国语文》1991 年第 4 期。

龚千炎：《现代汉语的时间系统》，《世界汉语教学》1994 年第 1 期。

龚千炎：《汉语的时相、时制、时态》，商务印书馆 1995 年版。

［日］郭春贵：《时间副词"已经"和"都"的异同》，《世界汉语教学》1997 年第 2 期。

郭风岚：《论副词"在"与"正"的语义特征》，《语言教学与研究》1998 年第 2 期。

郭锐：《汉语动词的过程结构》，《中国语文》1993 年第 6 期。

郭志良：《时间副词"正""正在"和"在"的分布情况》，《世界汉语教学》1991 年第 3 期。

郭志良：《时间副词"正""正在"和"在"的分布情况（续）》，《世界汉语教学》1992 年第 2 期。

韩陈其：《汉语羡余现象研究》，齐鲁书社 2001 年版。

何乐士：《敦煌变文与〈世说新语〉若干语法特点的比较》，载《隋唐五代汉语研究》，山东教育出版社 1992 年版。

何乐士：《古汉语语法研究论文集》，商务印书馆 2000 年版。

胡敕瑞：《动结式的早期形式及其判定标准》，《中国语文》2005 年第 3 期。

胡德明：《安徽芜湖清水话中的"无宾把字句"》，《中国语文》2006 年第 4 期。

胡附、文炼：《句子分析漫谈》，《中国语文》1982 年第 3 期。

胡明扬主编：《词类问题考察》，北京语言学院出版社 1996 年版。

胡裕树主编：《现代汉语》（重订本），上海教育出版社 1995 年版。

胡裕树、范晓：《动词研究综述》，山西高校联合出版社 1996 年版。

黄美金：《"了"：汉语中一个标示"界限"的符号》，载《台湾学者汉语研究文集》，天津人民出版社 1997 年版。

侯敏：《"在＋处所"的位置与动词的分类》，《求是学刊》1992 年第 6 期。

侯学超编:《现代汉语虚词词典》,北京大学出版社 1998 年版。

江蓝生:《近代汉语探源》,商务印书馆 2000 年版。

江蓝生:《概念叠加与构式整合》,《中国语文》2008 年第 6 期。

江蓝生:《"好容易"与"好不容易"》,载《历史语言学研究》第 3 辑,商务印书馆 2010 年版。

江蓝生:《近代汉语研究新论》,商务印书馆 2013 年版。

蒋冀骋、龙国富:《中古译经中表尝试态语气词的"看"及其历时考察》,《语言研究》2005 年第 4 期。

蒋绍愚:《近代汉语研究概况》,北京大学出版社 1994 年版。

蒋绍愚:《"给"字句、"教"字句表被动的来源——兼谈语法化、类推和功能扩展》,载《语法化与语法研究》(一),商务印书馆 2003 年版。

蒋绍愚、曹广顺主编:《近代汉语语法史研究综述》,商务印书馆 2005 年版。

蒋同林:《试论动介复合词》,《安徽师范大学学报》1982 年第 1 期。

金昌吉:《汉语介词和介词短语》,南开大学出版社 1996 年版。

金昌吉:《现代汉语介词的进一步虚化》,《言语文化研究》(日本)2005 年第 25 卷第 1 号。

金立鑫:《"把 OV 在 L"的语义、语法、语用分析》,《中国语文》1993 年第 3 期。

金立鑫:《试论"了"的时体特征》,《语言教学与研究》1998 年第 1 期。

金立鑫:《词尾"了"的时体意义及其句法条件》,《世界汉语教学》2002 年第 1 期。

金立鑫:《"S 了"的时体意义及其句法条件》,《语言教学与研究》2003 年第 2 期。

金立鑫:《"没"和"了"共现的句法条件》,《汉语学习》2005 年第 1 期。

[法] 柯理思:《方言语法研究和"书面汉语中的不同层次"问题:从趋向范畴说起》,载《日本中国语学会第 56 回全国大会予稿集》,2006 年。

[法] 柯理思、刘淑学:《河北冀州方言里"拿不了走"一类格式》,《中国语文》2001 年第 5 期。

劳允栋主编：《英汉语言学词典》，商务印书馆 2004 年版。

［美］黎天睦：《论"着"的核心意义》，载《功能主义与汉语语法》，北京语言学院出版 1994 年版。

李葆嘉等：《语义语法学导论——基于汉语个性和语言共性的建构》，中华书局 2007 年版。

李崇兴：《处所词发展历史的初步考察》，载《近代汉语研究》，商务印书馆 1992 年版。

李晋霞：《表处置的"给"字句》，载《现代汉语虚词研究与对外汉语教学》，复旦大学出版社 2005 年版。

李临定：《"在"格的类型、比较及变换》，载《汉语比较变换语法》，中国社会科学出版社 1988 年版。

李人鉴：《关于动词重叠》，《中国语文》1964 年第 4 期。

李申：《近代汉语词语的羡余现象》，《徐州师范大学学报》1998 年第 3 期。

李胜梅、张振亚：《现代汉语"一起"的义项和语法功能》，《浙江树人大学学报》2004 年第 5 期。

李铁根：《"了₁""了₂"区别方法的一点商榷》，《中国语文》1993 年第 3 期。

李宇明：《论词语重叠的意义》，《世界汉语教学》1996 年第 1 期。

李宇明：《"一 V……数量"结构及其主观大量问题》，《汉语学习》1999 年第 4 期。

李宇明：《汉语量范畴研究》，华中师范大学出版社 2000 年版。

李宗虹：《"P……的时候"介词框架前后项隐现规律考察》，《上海师范大学学报》（对外汉语研究增刊）2006 年 11 月。

李佐文：《论元话语对语境的构建和体现》，《外国语》2001 年第 3 期。

林齐倩：《"VP + 在 L"和"在 L + VP"》，《暨南大学华文学院学报》2003 年第 3 期。

林齐倩：《外国留学生使用"在 NL"的调查分析》，载《对外汉语研究》第 2 期，商务印书馆 2006 年版。

林焘：《现代汉语轻音和句法结构的关系》，《中国语文》1962 年 7 月号。

刘兵：《汉语介词的隐现与论元标识功能的转换》，《云南师范大学学报》2005 年第 4 期。

刘丹青：《赋元实词与语法化》，载《东方语言与文化》，东方出版中心 2002 年版。

刘丹青：《汉语中的框式介词》，《当代语言学》2002 年第 4 期。

刘丹青：《汉藏语言的若干语序类型学课题》，《民族语文》2002 年第 5 期。

刘丹青：《语序类型学与介词理论》，商务印书馆 2003 年版。

刘丹青：《方所题元的若干类型学参项》，载《汉语研究的类型学视角》，北京语言大学出版社 2004 年版。

刘丹青：《先秦汉语语序特点的类型学观照》，《语言研究》2004 年第 1 期。

刘丹青：《汉语关系从句标记类型初探》，《中国语文》2005 年第 6 期。

刘丹青主编：《语言学前沿与汉语研究》，上海教育出版社 2005 年版。

刘丹青、徐烈炯：《焦点与背景、话题及汉语"连"字句》，《中国语文》1998 年第 4 期。

刘继超：《"被""把"同现句的类型及其句式转换》，《江西师范大学学报》1997 年第 1 期。

刘继超：《〈儿女英雄传〉中的"把""被"同现句》，《古汉语研究》1999 年第 2 期。

刘坚等主编：《近代汉语语法资料汇编》（元明卷），商务印书馆 1995 年版。

刘丽艳：《作为话语标记语的"不是"》，《语言教学与研究》2005 年第 6 期。

刘勋宁：《现代汉语句尾"了"的来源》，《方言》1985 年第 2 期。

刘勋宁：《现代汉语词尾"了"的语法意义》，《中国语文》1988 年第 5 期。

刘勋宁：《现代汉语句尾"了"的语法意义及其与词尾"了"的联系》，《世界汉语教学》1990 年第 2 期。

刘月华：《实用现代汉语语法》（增订本），商务印书馆 2001 年版。

刘永耕：《动词"给"语法化过程和义素传承及相关问题》，《中国语文》2005 年第 2 期。

鲁川：《介词是汉语句子语义成分的重要标志》，《语言教学与研究》1987 年第 2 期。

陆丙甫：《作为一条语言共性的"距离——标记对应律"》，《中国语文》2004 年第 1 期。

陆俭明：《现代汉语中一个新的语助词"看"》，《中国语文》1959 年 10 月号。

陆俭明：《汉语口语句法里的易位现象》，《中国语文》1980 年第 1 期。

陆俭明：《析"像……似的"》，《语文月刊》1982 年第 1 期。

陆俭明：《关于定语易位的问题》，《中国语文》1982 年第 3 期。

陆俭明：《"V 来了"试析》，《中国语文》1989 年第 3 期。

陆俭明：《八十年代中国语法研究》，商务印书馆 1993 年版。

陆俭明：《关于语义指向分析》，载《中国语言学论丛》第 1 辑，北京语言文化大学出版社 1997 年版。

陆俭明：《关于句处理中所要考虑的语义问题》，《语言研究》2001 年第 1 期。

陆俭明：《现代汉语语法研究教程》，北京大学出版社 2003 年版。

陆俭明：《"句式语法"理论与汉语研究》，《中国语文》2004 年第 5 期。

陆俭明、马真：《关于时间副词》，载《现代汉语虚词散论》，语文出版社 1999 年版。

陆俭明、沈阳：《汉语和汉语研究十五讲》，北京大学出版社 2003 年版。

吕叔湘：《中国文法要略》，商务印书馆（首版于 1947 年）1956 年版。

吕叔湘：《关于"语言单位的同一性"等等》，《中国语文》1962 年第 11 期。

吕叔湘：《方位词使用情况的初步考察》，《中国语文》1965 年第 3 期。

吕叔湘：《疑问·否定·肯定》，《中国语文》1985 年第 4 期。

吕叔湘：《从主语宾语的分别谈国语句子的分析》（首次发表于 1946 年），载《吕叔湘文集》第 2 卷，商务印书馆 1990 年版。

吕叔湘：《关于汉语词类的一些原则性问题》（首次发表于 1954 年），载《吕叔湘文集》第 2 卷，商务印书馆 1990 年版。

吕叔湘：《汉语语法分析问题》（首次发表于 1979 年），载《吕叔湘文集》第 2 卷，商务印书馆 1990 年版。

吕叔湘主编：《现代汉语八百词》（增订本），商务印书馆 1999 年版。

马贝加：《近代汉语介词》，中华书局 2002 年版。

马庆株：《时量宾语和动词的类》，《中国语文》1981 年第 2 期。

马庆株：《自主动词和非自主动词》，载《中国语言学报》第 3 期，商务印书馆 1988 年版。

马庆株：《数词、量词的语义成分和数量结构的语法功能》，《中国语文》1990 年第 3 期。

马庆株：《多重定名结构中形容词的类别和次序》，《中国语文》1995 年第 5 期。

马庆株：《汉语语义语法范畴问题》，北京语言文化大学出版社 1998 年版。

马真：《关于表示程度浅的副词"还"》，《中国语文》1984 年第 3 期。

马真：《"已经"和"曾经"的语法意义》，《语言科学》2003 年第 1 期。

孟子敏：《句末语气助词"也"的意义及其流变》，《语言教学与研究》2005 年第 3 期。

孟子敏：《从"了₁"、"了₂"的分布看口语和书面语的分野》，载《汉语书面语通时共时研究》（日本），日本松山大学综合研究所 2007 年版。

莫超：《"动宾短语＋开/起"西北方言补例》，《中国语文》2005 年第 2 期。

聂仁发：《关于现代汉语时间研究的几个问题》，《广播电视大学学报》2003 年第 2 期。

潘先军：《汉语羡余现象与留学生的羡余偏误》，《云南师范大学学报》（对外汉语教学与研究版）2007 年第 5 期。

彭小川、胡玲：《转折句中的"还是"》，《汉语学习》2009 年第 6 期。

齐沪扬：《有关介词"给"的支配成分的省略的问题》，《上海师范大学学报》1995 年第 4 期。

齐沪扬：《现代汉语空间问题研究》，学林出版社 1998 年版。

齐沪扬：《现代汉语短语》，华东师范大学出版社 2000 年版。

齐沪扬：《语气词与语气系统》，安徽教育出版社 2002 年版。

齐沪扬、唐依力：《与"把 + O + V + L"句式中动词配价相关的几个问题》，《现代中国语研究》2001 年第 3 期。

齐沪扬、唐依力：《带处所宾语的"把"字句中 V 后格标的脱落》，《世界汉语教学》2004 年第 3 期。

［日］杉村博文：《论现代汉语"把"字句"把"的宾语带量词"个"》，《世界汉语教学》2002 年第 1 期。

邵洪亮：《"V 在 + L"格式的表义和表达功能》，《暨南大学华文学院学报》2003 年第 1 期。

邵洪亮：《"V 在 L"格式的发展和虚化历程》，《上海师范大学学报》2005 年第 4 期。

邵洪亮：《浅析"一样"和"一个样"》，载《现代汉语虚词研究与对外汉语教学》，复旦大学出版社 2005 年版。

邵洪亮：《"在"的处所题元标记功能的羡馀问题研究》，《言语文化研究》（日本）2008 年 27 卷第 2 号。

邵洪亮：《试析助词"给"的三个可能来源》，载《语文论丛》第 9 辑，上海教育出版社 2009 年。

邵洪亮：《现代汉语虚词赋元功能羡余研究》，《语言教学与研究》2010 年第 1 期。

邵洪亮：《"一起"的句法语义功能及其嬗变过程》，载《对外汉语研究》第 6 期，商务印书馆 2010 年版。

邵洪亮：《虚词功能的羡余及其修辞作用》，《当代修辞学》2011 年第 6 期。

邵洪亮：《"了1"、"了2"的"实现体"标记功能羡余研究》，载《对外汉语研究》第 8 期，商务印书馆 2012 年版。

邵洪亮：《副词"还是"的元语用法》，《语言教学与研究》2013 年

4 期。

邵洪亮：《"已经"的体标记功能羡余研究》，《汉语学习》2013 年第 6 期。

邵敬敏：《"把"字句与"被"字句合用小议》，《汉语学习》1983 年第 2 期。

邵敬敏：《论汉语语法的语义双向选择性原则》，载《中国语言学报》第 8 期，北京语言大学出版社 1997 年版。

邵敬敏：《"语义语法"说略》，《暨南学报》2004 年第 1 期。

沈家煊：《"差不多"和"差点儿"》，《中国语文》1987 年第 6 期。

沈家煊：《句法的象似性问题》，《外语教学与研究》1993 年第 7 期。

沈家煊：《"有界"与"无界"》，《中国语文》1995 年第 5 期。

沈家煊：《类型学中的标记模式》，《外语教学与研究》1997 年第 1 期。

沈家煊：《不对称和标记论》，江西教育出版社 1999 年版。

沈家煊：《语言的"主观性"和"主观化"》，《外语教学与研究》2001 年第 7 期。

沈家煊：《跟副词"还"有关的两个句式》，《中国语文》2001 年第 6 期。

沈家煊：《如何处置"处置式"？——论把字句的主观性》，《中国语文》2002 年第 5 期。

沈家煊：《"王冕死了父亲"的生成方式——兼说汉语"糅合"造句》，《中国语文》2006 年第 4 期。

沈家煊：《"糅合"和"截搭"》，《世界汉语教学》2006 年第 4 期。

沈家煊：《副词和连词的元语用法》，载《对外汉语研究》第 5 期，商务印书馆 2009 年版。

沈家煊、吴福祥、马贝加主编：《语法化与语法研究》（二），商务印书馆 2005 年版。

石定栩、胡建华：《"被"的句法地位》，《当代语言学》2005 年第 3 期。

石毓智：《论现代汉语的"体"范畴》，《中国社会科学》1992 年第 6 期。

石毓智：《对"差点儿"类羡余否定句式的分析》，《汉语学习》

1993 年第 1 期。

石毓智：《时间的一维性对介词衍生的影响》，《中国语文》1995 年第 1 期。

石毓智：《试论汉语的句法重叠》，《语言研究》1996 年第 2 期。

石毓智：《语法的认知语义基础》，江西教育出版社 2000 年版。

石毓智：《肯定和否定的对称与不对称》，北京语言文化大学出版社 2001 年版。

石毓智：《兼表被动与处置的"给"的语法化》，《世界汉语教学》2004 年第 3 期。

石毓智：《论判断、焦点、强调与对比之关系——"是"的语法功能和使用条件》，《语言研究》2005 年第 4 期。

石毓智：《语法的概念基础》，上海外语教育出版社 2006 年版。

石毓智、李讷：《汉语语法化的历程——形态句法发展的动因和机制》，北京大学出版社 2001 年版。

史彩霞：《介词的添加与语序的变化》，《语文学刊》2004 年第 5 期。

孙锡信：《"V 在 L"格式的语法分析》，载《语文论集》（四），外语教学与研究出版社 1991 年版。

唐钰明：《唐至清的"被"字句》，《中国语文》1988 年第 6 期。

陶红印、张伯江：《无定把字句在近、现代汉语中的地位问题及其理论意义》，《中国语文》2000 年第 5 期。

王艾录：《"动词 + 在 + 方位词"刍议》，《语文研究》1982 年第 2 期。

王灿龙：《说"VP 之前"与"没（有）VP 之前"》，《中国语文》2004 年第 5 期。

王光全、柳英绿：《同命题"了"字句》，《汉语学习》2006 年第 3 期。

王健：《"给"字句表处置的来源》，《语文研究》2004 年第 4 期。

王仁法、徐以中：《副词"分别"与"一起"的歧义讨论》，《语言科学》2003 年第 3 期。

王鸿宾：《春秋左传介词研究》，世界图书出版社 2005 年版。

王还：《说"在"》，《中国语文》1957 年第 2 期。

王还：《再说说"在"》，《语言教学与研究》1980 年第 3 期。

王还：《再谈现代汉语词尾"了"的语法意义》，《中国语文》1990年第 3 期。

王森、王毅、姜丽：《"有没有/有/没有 + VP"句》，《中国语文》2006 年第 1 期。

王维贤：《现代汉语语法研究的一些方法论问题》，载《语法修辞方法论》，复旦大学出版社 1991 年版。

王助：《现代汉语和法语中否定赘词的比较研究》，《外语教学与研究》2006 年第 6 期。

王助：《汉语否定羡余词的特性》，《现代语文》（语言研究版）2009年第 3 期。

温锁林、范群：《现代汉语口语中自然焦点标记词"给"》，《中国语文》2006 年第 1 期。

文炼：《词语之间的搭配关系》，《中国语文》1982 第 1 期。

文炼：《处所、时间和方位》，上海教育出版社 1984 年版。

文炼、胡附：《谈词的分类》，《中国语文》1954 年第 2—3 期。

文炼、胡附：《词类划分中的几个问题》，《中国语文》2000 年第 4 期。

吴安其：《语言的羡余现象》，《民族语文》1991 年第 3 期。

吴福祥主编：《汉语语法化研究》，商务印书馆 2005 年版。

吴福祥：《汉语语法化演变的几个类型学特征》，《中国语文》2005 年第 6 期。

吴福祥、洪波主编：《语法化与语法研究》（一），商务印书馆 2003 年版。

武果：《语气词"了"的"主观性"用法》，载《语言学论丛》第 36 辑，商务印书馆 2007 年版。

吴为善：《汉语韵律句法探索》，学林出版社 2006 年版。

吴锡根：《"动介式"研究综述》，载《动词研究综述》，山西高校联合出版社 1996 年版。

伍铁平：《读三本新出版的语言学概论教科书》，《中国语文》1983 年第 2 期。

邢福义：《词类辨难》，甘肃人民出版社 1981 年版。

邢福义：《否定形式的语境对否定度量的规约》，《世界汉语教学》

1995 年第 3 期。

邢福义：《汉语语法学》，东北师范大学出版社 1996 年版。

邢福义：《V 为双音节的 "V 在了 N" 格式》，《语言文字应用》1997 年第 4 期。

邢福义：《汉语复句研究》，商务印书馆 2001 年版。

肖奚强：《协同副词的语义指向》，《南京师范大学学报》2001 年第 6 期。

肖治野：《 "到" 字结构中 "从" 的隐现之管见》，《河北师范大学学报》2003 年第 6 期。

肖治野、沈家煊：《 "了₂" 的行、知、言三域》，《中国语文》2009 年第 6 期。

徐丹：《汉语里的 "在" 与 "着"》，《中国语文》1992 年第 6 期。

徐杰主编：《汉语研究的类型学视角》，北京语言大学出版社 2004 年版。

徐杰、李英哲：《焦点和两个非线性语法范畴： "否定" "疑问"》，《中国语文》1993 年第 2 期。

徐烈炯、刘丹青：《话题的结构与功能》，上海教育出版社 1997 年版。

徐前师：《 "已经" 成词于唐前说不可靠》，《中国语文》2006 年第 6 期。

徐枢：《宾语和补语》，黑龙江人民出版社 1985 年版。

徐通锵：《语言论》，东北师范大学出版社 1997 年版。

许宝华、〔日〕宫田一郎主编：《汉语方言大词典》，中华书局 1999 年版。

杨炳钧：《介词的功能语言学解释》，《外国语》2001 年第 1 期。

杨成凯：《Fillmore 的格语法理论》，《国外语言学》1986 年第 1—3 期。

杨国文：《汉语态制中 "复合态" 的生成》，《中国语文》2001 年第 5 期。

杨荣祥：《近代汉语副词研究》，商务印书馆 2005 年版。

杨永龙：《 "已经" 的初见时代及成词过程》，《中国语文》2002 年第 1 期。

杨永龙：《从稳紧义形容词到持续体助词》，《中国语文》2005 年第 5 期。

俞咏梅：《论"在 + 处所"的语义功能和语序制约原则》，《中国语文》1999 年第 1 期。

袁毓林：《汉语动词的配价研究》，江西教育出版社 1998 年版。

袁毓林：《论元角色的层级关系和语义特征》，《世界汉语教学》2002 年第 3 期。

袁毓林：《汉语语法研究的认知视野》，商务印书馆 2004 年版。

詹卫东：《确立语义范畴的原则及语义范畴的相对性》，载《汉语语法研究的新拓展》，浙江教育出版社 2002 年版。

詹卫东：《论元结构与句式变换》，《中国语文》2004 第 3 期。

张斌：《汉语语法学》，上海教育出版社 1998 年版。

张斌主编：《现代汉语虚词词典》，商务印书馆 2001 年版。

张斌主编：《新编现代汉语》，复旦大学出版社 2002 年版。

张伯江：《否定的强化》，《汉语学习》1996 年第 1 期。

张伯江：《被字句和把字句的对称与不对称》，《中国语文》2001 年第 6 期。

张伯江、方梅：《汉语功能语法研究》，江西教育出版社 1996 年版。

张赪：《论决定"在 L + VP"或"VP + 在 L"的因素》，《语言教学与研究》1997 年第 2 期。

张赪：《现代汉语介词词组"在 L"与动词宾语的词序规律的形成》，《中国语文》2001 年第 2 期。

张赪：《汉语介词词组词序的历史演变》，北京语言文化大学出版社 2002 年版。

张发祥：《英汉话语标记语语用功能对比》，《洛阳师范学院学报》2006 年第 1 期。

张宏胜：《从汉维语的对比中看句首介词"在"的省略》，《语言与翻译》1996 年第 3 期。

张宏胜：《汉语介词"在"位于句首时的隐现形式描写》，《新疆教育学院学报》1996 年第 3 期。

张济卿：《汉语并非没有时制语法范畴——谈时、体研究中的几个问题》，《语文研究》1996 年第 4 期。

张济卿：《论现代汉语的时制与体结构（上、下）》，《语文研究》1998 年第 3—4 期。

张静：《汉语语法问题》，中国社会科学出版社 1987 年版。

张黎：《"谓了 C"和"谓 C 了"》，《中国语学》（日本）1997 年第 244 号。

张旺熹：《"把"字结构的语义及其语用分析》，《语言教学与研究》1991 年第 3 期。

张旺熹：《汉语特殊句法的语义研究》，北京语言文化大学出版社 1999 年版。

张旺熹：《汉语介词衍生的语义机制》，载《汉语研究的类型学视角》，北京语言大学出版社 2004 年版。

张谊生：《现代汉语副词研究》，学林出版社 2000 年版。

张谊生：《现代汉语虚词》，华东师范大学出版社 2000 年版。

张谊生：《现代汉语副词的性质、范围与分类》，《语言研究》2000 年第 2 期。

张谊生：《"N"＋"们"的选择限制与"N 们"的表义功用》，《中国语文》2001 年第 3 期。

张谊生：《助词与相关格式》，安徽教育出版社 2002 年版。

张谊生：《助词"被"的使用条件和表义功用》，载《语法化与语法研究》（一），商务印书馆 2003 年版。

张谊生：《现代汉语副词探索》，学林出版社 2004 年版。

张谊生：《试论"由"字被动句——兼论由字句和被字句的区别》，《语言科学》2004 年第 3 期。

张谊生：《羡馀否定的类别、成因与功用》，载《语言学论丛》第 31 辑，商务印书馆 2005 年版。

张谊生：《近代汉语"把个"句研究》，《语言研究》2005 年第 3 期。

张谊生：《现代汉语"把＋个＋NP＋VC"句式探微》，《汉语学报》2005 年第 3 期。

张谊生：《试论主观量标记"没"、"不"、"好"》，《中国语文》2006 年第 2 期。

张谊生：《现代汉语副词分析》，上海三联书店 2010 年版。

张谊生：《介词叠加的方式与类别、作用与后果》，《语文研究》2013

年第 1 期。

赵红梅:《义位组合中的羡余》,《社会科学家》2006 年第 6 期。

赵金铭:《现代汉语补语位置上的"在"和"到"及其弱化形式 de》,载《中国语言学报》(第 7 期),语文出版社 1995 年版。

赵金铭:《敦煌变文中所见的"了"和"着"》,《中国语文》1979 年第 1 期。

赵淑华:《连动式中动态助词"了"的位置》,《语言教学与研究》1990 年第 1 期。

[美] 赵元任:《汉语口语语法》,吕叔湘译,商务印书馆 1979 年版。

中国社会科学院语言研究所词典编辑室编:《现代汉语词典》(第 5 版/第 6 版),商务印书馆 2005 年/2012 年版。

周国光:《动词"给"的配价功能及其相关句式发展情况的考察》,《南京师大学报》1993 年第 1 期。

周娟:《副词"还是"的非类同用法试析》,《汉语学习》2005 年第 5 期。

周小兵:《表示处所的"在"字结构》,载《中国语言学报》第 8 期,北京语言大学出版社 1997 年版。

朱楚宏:《词语累赘与信息羡余》,《荆州师范学院学报》2002 年第 6 期。

朱德熙:《说"差一点"》,《中国语文》1959 年第 9 期。

朱德熙:《与动词"给"相关的句法问题》,《方言》1979 年第 2 期。

朱德熙:《汉语句法里的歧义现象》,《中国语文》1980 年第 2 期。

朱德熙:《语法讲义》,商务印书馆 1982 年版。

朱德熙:《语法答问》,商务印书馆 1985 年版。

朱德熙:《现代汉语语法研究的对象是什么?》,《中国语文》1987 年第 5 期。

邹韶华:《现代汉语方位词语法功能补议》,《中国语文》2007 年第 1 期。

祝敏:《明清白话小说中被动式和处置式套用句式研究》,硕士学位论文,华中师范大学,2007 年。

Blake, Barry, J., *Case*. Cambridge: Cambridge University press, 1994.

Chen, Chung-yu., "Aspectual features of the verb and the relative position of the locatives", *Journal of Chinese Linguistics*, 1978, Vol. 6, No. 1.

Cormrie, B., *Aspect*, Cambridge：Cambridge University press, 1976.

Cormrie, B., *Tense.*, Cambridge：Cambridge University press, 1985.

Corbett, Greville, G., *Number*, Cambridge：Cambridge University Press, 2000. 北京大学出版社, 2005 年引进版。

Crismore, A., *Talking with Readers：Metadiscourse as Rhetorical Act*, New York：Peter Lang, 1989.

Halliday, M. A. K., *An Introduction to Functional Grammar (Second Edition)*, London：Edward Arnold, 1994.

Hein, B., U. Claudi & F. Hünnemeyer, *Grammaticalization：A Conceptual Framwork*, Chicago：University of Chicago Press, 1991.

Hopper, P. J. & E. C. Traugott, *Grammaticalization (Second Edition)*, Cambridge：Cambridge University Press, 2003.

Langacker, Ronald, W., *Foundations of Cognitive Grammar* (Vol. I)：*Theoretical Prerequisities*, Redwood City：Stanford University Press, 1987, 北京大学出版社, 2004 年引进版。

Langacker, Ronald, W., *Foundations of Cognitive Grammar* (Vol. II)：*Descriptive Application*, Redwood City：Stanford University Press, 1991, 北京大学出版社, 2004 年引进版。

Levinson, Stephen, C., *Pragmatics*, Cambridge：Cambridge University Press, 1983.

Li, Charles, N. & Sandra, A. Thompson, "Co-verbs in Mandarin Chinese：verbs or prepositions?" *Journal of Chinese Linguistics*, 1973, 3.

Li, Charles, N. & Sandra A. Thompson, *Mandarin Chinese：A Functional Reference Grammar*, Berkeley：University of California Press, 1981.

Lyons, J., *Semantics* (Vols. 1—2), Cambridge：Cambridge University Press, 1977.

Matthews, P. H., *The Concise Oxford Dictionary of Linguistics*, Oxford：Oxford University Press, 1997.

Spencer, A. & Arnold M. Zwicky, *The Handbook of Morphology*, Oxford：Blackwell Publishing Ltd., 2001, 北京大学出版社, 2007 年引进版.

Sweetser, Eve, E., *From Etymology to Pragmatics：Metaphorical and*

Cultural Aspects of Semantics Structure, Cambridge: Cambridge University Press, 1990.

Traugott, E. C. & B. Heine, *Approaches to Grammaticalization*, Amsterdam: John Benjamins, 1991.

Xiao, R. & T. McEnery, *Aspect in Mandarin Chinese: A Corpus-based Study*, Amsterdam: John Benjamins, 2004.

Yang, Guowen. The Semantics of Chinese Aspects: Theoretical Descriptions and a Computational Implementation. Frankfurt am Main: Peter Lang, 2007.

后　记

　　如果从 1998 年发表第一篇小论文算起，自己从事汉语语言学相关的研究将近 17 载。一路走来，留下的脚印虽浅，却不曾中断。其间经历了很多事情，任何一个插曲都有可能使自己的人生轨迹和工作性质发生变化，然而因为心中对语言学的执着与坚持，让我与语言学结缘至今，不计结果，无怨无悔。

　　朱德熙先生曾经讲过："现代书面汉语是包含许多不同层次的语言成分的混合体。无论从句法上或词汇上看都是如此。"（《中国大百科全书·语言文字卷》）此言的意思就是指现代汉语书面语事实上是由不同时期的汉语、不同地域的汉语方言甚至外族语积淀、混合而成的。因此，研究现代汉语，有必要了解不同时期的汉语面貌，并尽可能多地掌握一些方言知识，才能区别语料中的不同层次以保证研究对象内部的均匀和一致，才能将问题分析清楚。但是，面对如此丰富、庞杂的汉语材料，并将之一一理清又谈何容易。加上目前语言学的研究文献浩如烟海，任何语言现象似乎都可以从不同的角度加以描写和解析。因而，每当自己深入研究某个语言现象之时，常常会感到心有余而力不足，感叹自身知识储备的贫乏而很难有所突破。尽管如此，却又经常凭着一腔热血，乐在其中不能自拔。

　　本书是在我的博士学位论文基础上修订而成的。整体构想和大致的框架早在 2005 年博士一年级的时候，在导师齐沪扬教授的首肯下便已初定下来。真正开始系统写作是从 2007 年 3 月正式开题通过，去日本松山大学做客座研究员后开始进行的。集中花了一年时间，至 2008 年 4 月完成了博士学位论文。对于当时那段日子，脑海里留下的最深的印象便是，自己一个人在悄无声息的研究室里度过的一个个夜晚，因为当时大楼里的那种静，静得常常使人心发怵。尽管当年完成的博士学位论文在"双盲"评审中得到了积极的反馈并获得了答辩委员会授予的优秀等级，但我十分清楚，其中尚有不少问题，离自己的预期还有很大一段距离。

　　之后的这些年，经历了工作变动，举家乔迁，还需抚养两个幼儿，适应新的环境。其间，也对原来博士学位论文的内容作了一些增删和调整，但时断时续，难以集中精力，进度非常缓慢，故迟至今日才得以将拙著付梓，然而心中仍十分忐忑。希望自己瞎子摸象般的研究，能够抛砖引玉，对后来的研究有所裨益。

　　本书包含着我的导师齐沪扬教授的心血。齐老师在我的成长道路上占有很重要的地位。与齐老师认识结缘是在 1998 年的元月。长达 17 年的师生情谊，点点滴滴铭记在心。17 年时光，齐老师从中年步入老年，而我也已从青年步入了中年。自从聆听老师开设的多门课程之后，逐渐接受其治学和为人的道理，进而根深蒂固。非常感佩老师的敬业和勤奋，他对时间的珍惜和把握，令我们年轻人汗颜。也非常感佩老师的睿智，他对语言问题的发现和观察很独到，而每每又都是言简意赅，我们常深受启发而豁然开朗。虽然老师对己对人对事要求都非常高，近乎追求完美，但其内心对学生十分爱护，业务上、生活上都关怀备至。跟他相处，亲如家人。当年我的博士论文写作，从构思到最终完成，如果没有老师给我指导，给我鼓励，给我吃定心丸，恐怕是完成不了的。我一直认为，对于各种研究工作而言，理论的创新固然重要，但找到一种新的研究视角并加以聚焦，同样难能可贵。本书的研究视角，就是在齐老师的引领下打开的。事实证明，打开这扇窗，风光无限。

　　日本松山大学的久保进（Kubo Susumu）教授是我攻读博士学位期间的联合导师。跟他学习的一年时间里，每周一次的面授和讨论，都能有不少意外的收获。他十分了解西方语言学理论，尤其擅长语用学、认知语言学和语法化理论。在他的引领下，我逐渐品味到语言学理论的一些原汁原味的精彩片段。

　　我的硕士生导师张谊生教授，在我博士论文的完成过程中也给予我许多帮助和指导。自从硕士生阶段开始，张老师的学术思想一直熏陶着我。张老师开设的所有课程我几乎都认真听过，即使在博士生阶段还继续听了一年张老师专为博士生开设的课程。张老师对于学生的讨教，有求必应，而且还能够给出十分严谨和细致的解答。张老师学术思想开放，笔耕不辍，加上记忆力又特别好，经常能够如数家珍般地帮助学生罗列出一系列相关参考文献。张老师还是我的博士学位论文答辩委员会成员之一，提出了很多宝贵的建设性意见，本书的许多内容是受到张老师的启发完成的。

　　要特别感谢现年 95 岁高龄的张斌先生。我在攻读博士学位期间，能够上张先生的语法研究课程，经常面对面地聆听张先生的教诲和解惑，实属我的荣幸。此外，张先生能够仔细阅读我们这套丛书的所有研究课题，并欣然为这套丛书作序，更令我们晚辈感动。

　　要感谢曾经为我们博士生授课的范开泰教授、陈昌来教授，以及对我的研究课题进行过指导的吴为善教授。在我的知识结构中理所当然地包容着三位老师的学术思想。他们对我个人学习、工作和生活方面的关怀常常令我深深感动。范开泰教授还曾担任我的博士学位论文的校内评审专家。

　　要感谢日本松山大学的增野仁教授、孟子敏教授、王原生教授，以及当年在松山大学做外国人特别讲师的山东大学的张树铮教授。我在松大的一年时间里，他们对我的生活、学习和论文写作都是关怀备至，为我营造了一个很好的学术环境。孟子敏教授曾在他自己建立起来的尚未公开的语料库中亲自为我统计相关的语料。我至今还非常感怀那间我一人专用的研究室，那间研究室简直就是一个相当规模的语言学资料室，里面放满了由增野仁教授亲自堆积起来的与我的研究相关的参考资料。

　　还要感谢我的博士学位论文答辩委员会成员范晓教授、戴耀晶教授、王珏教授、胡范畴教授，以及校外的盲审专家、相关课题成果结项或发表时的评审专家，本书稿中当然也包含着他们针对论文提出的许多宝贵的建设性意见。万分不幸的是，戴耀晶教授于 2014 年 9 月 22 日溘然辞世，令人扼腕痛惜。

　　同门手足以及学界的许多老师、朋友在学业和生活上对我的关心和帮助，那真是言之不尽，点滴往事犹记心头，恕我不能一一致谢。

　　还要特别感谢我曾经的工作单位上海师范大学对外汉语学院，以及现在的工作单位南洋理工大学国立教育学院亚洲语言文化学部。我在上海师大工作了七年，同事们曾给了我莫大的帮助和支持。我在南洋理工大学转眼工夫也已工作五年，与同事们同甘共苦的日子里，相处非常愉快，又常能开阔眼界。

　　非常感谢中国社会科学出版社的任明老师。他是本套丛书的幕后功臣，为丛书的出版付出了艰辛的劳动。

　　最后要感谢我的家人。是父母把我辛苦培养成人，他们现已年过七旬，却仍在不停操劳而不图回报，替我们分担了许多家务琐事。我为自己不知不觉地也成了"啃老一族"而羞愧。我的岳父岳母以及我的哥哥、嫂子、姐姐、姐夫也都给了我们一家无私的关怀。我的两个孩子尚小，我的爱人董莉在工作、学习之余承担起了教育孩子的主要工作，还经常帮助我校稿，让我有尽可能多的时间安心教学和科研。

我心存感激，谨以这本小书献给所有培育我、关心我、帮助我的师长和亲友！

2015 年元旦于新加坡南洋理工大学